SCOPING REVIEW
SETE TEMAS SOBRE DOCÊNCIA EM REVISÃO

Editora Appris Ltda.
1.ª Edição - Copyright© 2024 dos autores
Direitos de Edição Reservados à Editora Appris Ltda.

Nenhuma parte desta obra poderá ser utilizada indevidamente, sem estar de acordo com a Lei nº
9.610/98. Se incorreções forem encontradas, serão de exclusiva responsabilidade de seus organizadores. Foi realizado o Depósito Legal na Fundação Biblioteca Nacional, de acordo com as Leis nos
10.994, de 14/12/2004, e 12.192, de 14/01/2010.

Catalogação na Fonte
Elaborado por: Josefina A. S. Guedes
Bibliotecária CRB 9/870

S422s 2024	Scoping review: sete temas sobre docência em revisão / Orlando Fernández Aquino, Tiago Zanquêta de Souza. – 1. ed. – Curitiba: Appris, 2024. 237 p. ; 21 cm. – (Educação, tecnologias e transdisciplinaridade). Inclui referências. ISBN 978-65-250-5546-6 1. Educação – Estudo e ensino (Pós-graduação). 2. Redação técnica. 3. Universidade e faculdades (Pós-graduação). 4. Professores universitários. I. Aquino, Orlando Fernández. II. Souza, Tiago Zanquêta de. III. Título. IV. Série. CDD – 378

Livro de acordo com a normalização técnica da ABNT

Appris
editora

Editora e Livraria Appris Ltda.
Av. Manoel Ribas, 2265 – Mercês
Curitiba/PR – CEP: 80810-002
Tel. (41) 3156 - 4731
www.editoraappris.com.br

Printed in Brazil
Impresso no Brasil

Orlando Fernández Aquino
Tiago Zanquêta de Souza

SCOPING REVIEW
SETE TEMAS SOBRE DOCÊNCIA EM REVISÃO

Com a participação de:
Abaporang Paes Leme Alberto
Adriana Rodrigues
Alice Goulart da Silva
Ana Carolina Gonçalves Correia
Cibele Caetano Resende
Lidiana Simões Marques
Sarah Rachel Gonczarowska Vellozo

FICHA TÉCNICA

EDITORIAL Augusto Coelho
Sara C. de Andrade Coelho

COMITÊ EDITORIAL Marli Caetano
Andréa Barbosa Gouveia - UFPR
Edmeire C. Pereira - UFPR
Iraneide da Silva - UFC
Jacques de Lima Ferreira - UP

SUPERVISOR DA PRODUÇÃO Renata Cristina Lopes Miccelli

ASSESSORIA EDITORIAL William Rodrigues

REVISÃO Andrea Bossato

PRODUÇÃO EDITORIAL William Rodrigues

DIAGRAMAÇÃO Luciano Popadiuk

CAPA João Vitor Oliveira dos Anjos

REVISÃO DE PROVA William Rodrigues

COMITÊ CIENTÍFICO DA COLEÇÃO EDUCAÇÃO, TECNOLOGIAS E TRANSDISCIPLINARIDADE

DIREÇÃO CIENTÍFICA Dr.ª Marilda A. Behrens (PUCPR) — Dr.ª Patrícia L. Torres (PUCPR)

CONSULTORES

Dr.ª Ademilde Silveira Sartori (Udesc)

Dr. Ángel H. Facundo
(Univ. Externado de Colômbia)

Dr.ª Ariana Maria de Almeida Matos Cosme (Universidade do Porto/Portugal)

Dr. Artieres Estevão Romeiro
(Universidade Técnica Particular de Loja-Equador)

Dr. Bento Duarte da Silva
(Universidade do Minho/Portugal)

Dr. Claudio Rama (Univ. de la Empresa-Uruguai)

Dr.ª Cristiane de Oliveira Busato Smith
(Arizona State University /EUA)

Dr.ª Dulce Márcia Cruz (Ufsc)

Dr.ª Edméa Santos (Uerj)

Dr.ª Eliane Schlemmer (Unisinos)

Dr.ª Ercilia Maria Angeli Teixeira de Paula (UEM)

Dr.ª Evelise Maria Labatut Portilho (PUCPR)

Dr.ª Evelyn de Almeida Orlando (PUCPR)

Dr. Francisco Antonio Pereira Fialho (Ufsc)

Dr.ª Fabiane Oliveira (PUCPR)

Dr.ª Iara Cordeiro de Melo Franco (PUC Minas)

Dr. João Augusto Mattar Neto (PUC-SP)

Dr. José Manuel Moran Costas
(Universidade Anhembi Morumbi)

Dr.ª Lúcia Amante (Univ. Aberta-Portugal)

Dr.ª Lucia Maria Martins Giraffa (PUCRS)

Dr. Marco Antonio da Silva (Uerj)

Dr.ª Maria Altina da Silva Ramos
(Universidade do Minho-Portugal)

Dr.ª Maria Joana Mader Joaquim (HC-UFPR)

Dr. Reginaldo Rodrigues da Costa (PUCPR)

Dr. Ricardo Antunes de Sá (UFPR)

Dr.ª Romilda Teodora Ens (PUCPR)

Dr. Rui Trindade (Univ. do Porto-Portugal)

Dr.ª Sonia Ana Charchut Leszczynski (UTFPR)

Dr.ª Vani Moreira Kenski (USP)

AGRADECIMENTOS

Os autores agradecem o apoio financeiro da Coordenação de Aperfeiçoamento de Pessoal de Nível Superior (Capes) na publicação da presente obra, cujo Código de Financiamento é: 88881.806763/2023-01. Os autores também agradecem o apoio financeiro da Fundação de Amparo à Pesquisa do Estado de Minas Gerais (FAPEMIG) na realização da pesquisa (processo: Programa Pesquisador Mineiro-00347-18).

As universidades que não têm um curso de redação científica
deveriam se envergonhar.

(Robert A. Day)

PREFÁCIO

Conheço o autor principal do presente livro, o professor e doutor Orlando Fernández Aquino, há mais de 30 anos. Desde então nos unem, além da amizade construída ao longo dessas três décadas, um interesse, um sonho e um projeto comuns: ajudar, por intermédio da pesquisa científica no campo da educação, a didática e a aprendizagem, a estabelecer os fundamentos teóricos e metodológicos necessários na edificação de uma escola mais inclusiva dos pontos de vista cognitivo e afetivo.

Provavelmente, o professor Aquino não tenha associado o convite para escrever o presente prefácio à história da nossa relação pessoal e profissional, contudo há, entre essa relação e o título, a problemática e o conteúdo dos capítulos que a integram, um vínculo que é surpreendente. Foi a pesquisa científica e a escrita dos resultados desses processos que nos aproximaram. Aquino, mesmo sendo um professor muito jovem, com pouco mais de 35 anos de idade, já desempenhava o cargo de docente universitário no Instituto Superior Pedagógico de Sancti Spíritus (Cuba), lecionava literatura-espanhol, oferecia cursos de redação linguística e enveredava no campo da pesquisa científica com seus estudos históricos e críticos sobre literatura espirituana. Suas primeiras obras foram publicadas na mesma época.

Eu, em compensação, era um jovem recém-graduado em Geografia no próprio instituto, curioso, amante da leitura e da pesquisa, com ótimas notas, mas com precária formação científica e com escassas habilidades e conhecimentos para escrever.

Foi em razão de minha curiosidade e da amizade de Aquino com um amigo comum (o professor Francisco Barroso) que nos conhecemos e fomos, aos poucos, selando uma sólida amizade e parceria intelectual. Já na época, Aquino, talvez como resultado de sua formação inicial, era extremadamente preocupado com a qualidade da produção científica. A frase que faz parte dos *Apontamentos introdutórios...* deste livro, em que se afirma que "o cientista não apenas precisa fazer ciência, senão também escrevê-la. A redação científica se caracteriza por sua clareza e objetividade", escutei-a da boca de Aquino mais de mil vezes.

Aquino não só afirma isso para os outros na condição de professor de metodologia da pesquisa científica. Ele pratica esse princípio consigo mesmo até hoje. Sempre procurou a perfeição nas ideias, pois achava (e ainda acha) que a pesquisa é algo para se levar a sério. Essa é a razão pela qual sempre considerou seus textos produções inacabadas, que volviam uma e outra vez até o cansaço.

Ele praticou essa forma de orientação científica comigo, mesmo sem jamais ter sido seu aluno na graduação ou na pós-graduação. Sempre tinha uma agenda muito cheia de compromissos e atividades, mas reiteradamente encontrava também um horário para revisar meus textos e debate-los comigo depois. Uma vez por semana, às vezes bem mais do que isso, recebia-me na sala ou no escritório de sua casa para longos debates sobre pesquisa, redação de artigos e trabalhos científicos. Aquino era de uma amabilidade infinita comigo, a tal ponto que mesmo eu escrevendo muito mal na época, não me deixava ofendido com seus comentários e críticas. Pelo contrário, ao final de cada encontro eu voltava para casa muito mais motivado do que antes.

Ficou muito claro para mim desde cedo que o trabalho de supervisão que Aquino realizou comigo, assim como o que realizaram os professores e colegas José Alfredo León e Francisco Barroso, foi essencial na minha formação pessoal, científica e acadêmica. Nesse processo eu desenvolvi várias habilidades: aprendi a escrever melhor do que escrevia antes; a melhoria na escrita elevou a qualidade de minha reflexão e meu pensamento teórico expandiu-se significativamente; passei a valorizar muito mais do que antes o trabalho colaborativo no campo da pesquisa; perdi o medo de submeter a minha produção científica ao escrutino dos pares da academia e; sobretudo, passei a desejar e a procurar muito mais na ciência a integração entre o conteúdo e a forma.

Uma prova da importância que Aquino sempre concedeu à produção científica de ideias ou à escrita científica evidencia-se em sua longa, sistemática e consistente obra acadêmica, desde 1992 até 2023. Nesses 30 anos publicou mais de 150 trabalhos científicos (85 artigos, 14 livros e 55 capítulos), em diferentes países e periódicos. Ele também me incentivou de maneira significativa para produzir, e a partir de 2004 iniciamos uma parceria científica que agora comemora vinte anos com sólidos frutos e numerosas publicações.

Já se passaram muitas décadas e Aquino comemorou em junho do presente ano seu setuagésimo aniversário. E ele continua a preservar a mesma paixão pela ciência, o mesmo rigor pela produção de conhecimento científico, a mesma fé nas novas gerações de pesquisadores e a mesma vontade de continuar a contribuir em sua formação. Esta obra é prova disso, é falar de sua inquebrantável energia, de seu entusiasmo sem limites e de seu sistemático trabalho de supervisão/orientação científica no nível da pós-graduação. Aliás, ainda eu não disse que Orlando Fernández Aquino residiu no seu país natal, Cuba, até 2007. A partir de então vive e trabalha no Brasil. Rapidamente se vinculou à pós-graduação brasileira e desde então tem contribuído incansavelmente na sua consolidação com base em sua experiência profissional e investigativa, assim como em sua história peculiar de vida. Nesse espaço de tempo de 15 anos ele têm contribuído com três programas de pós-graduação em educação diferentes, sendo que de dois deles ele foi o responsável pela implantação.

Conheço também pessoalmente a Adriana Rodrigues, uma das coautoras do livro e docente do Programa de Pós-Graduação em Educação da Universidade de Uberaba. Fui seu professor durante seus estudos de doutorado no PPGED na Universidade Federal de Uberlândia, participamos juntos de vários projetos de pesquisa e integrei a sua banca de qualificação e defesa de tese. Sendo assim, meu vínculo com ela, como com Aquino, está estreitamente relacionado ao importante trabalho de produção e supervisão científica, que é temática central deste livro.

Não pretendo abordar aqui o conteúdo da obra que prefacio. Seus organizadores principais, Orlando Fernández Aquino e Tiago Zanquêta de Souza, fazem isso com riqueza de detalhes. Desejo apenas fazer menção ao seu propósito fundamental, ao conjunto dos trabalhos que se agrupam, à temática central que abordam, à relação que todos eles guardam entre si e às suas principais contribuições teóricas e metodológicas.

Scoping review: sete temas sobre docência em revisão é uma obra peculiar por várias razões. Em primeiro lugar, porque usa no título uma expressão em inglês que, no entanto, não a torna nem brega, nem cafona, nem um vício de linguagem ou anglicismo. Considera-se um estrangeirismo ou um fenômeno linguístico caracterizado, no contexto da presente obra, pela apropriação de uma palavra ou expressão estrangeira de maneira necessária e pouco excessiva. *Scoping review (scoping study)*, que na língua portuguesa significa "revisão de escopo", representa um tipo de mapeamento dos principais conceitos que dão sustentação a determinada área de conhecimento, exame da extensão, alcance e natureza da investigação, bem como uma sumarização e divulgação dos dados da pesquisa e identificação das lacunas dos estudos existentes.

Em segundo lugar, tem uma motivação muito nítida e, além disso, emergente, atual e necessária no contexto da educação brasileira: a problemática da escrita acadêmica na formação doutoral. Vivemos, no Brasil, uma realidade paradoxal nesse sentido, pois, por um lado, temos problemas enormes de elaboração de textos científicos entre os alunos vinculados a programas de pós-graduação em educação expressos na baixa produtividade dos egressos e na duvidosa qualidade dessa produção, e, por outro, essa questão ainda não se transformou em objeto de pesquisa consolidado, de prestígio no interior da comunidade acadêmica e de justificada urgência. Tal e como os organizadores reconhecem na introdução, a construção e o desenvolvimento de pesquisas relacionadas ao tema da supervisão no nível doutoral é ainda muito recente (surge a partir da década de 1980).

Em terceiro lugar, a problemática da escrita acadêmica na formação doutoral é abordada em sete capítulos que revisam um objeto comum: à docência. No primeiro capítulo analisa-se, na perspectiva histórico-cultural, um conjunto de indicadores para o diagnóstico da atividade de estudo no processo de aprendizagem. Os Capítulos 2, 3 e 4 tratam da formação continuada de professores. Nos Capítulos 5 e 6, o objeto são as competências docentes. Já no Capítulo 7 é discutido o problema da saúde mental do professor em publicações brasileiras no período de 2018-2022. De um ponto ao outro, do diagnóstico da atividade de estudo à formação continuada até chegar aos problemas de saúde mental dos professores brasileiros em exercício, os resultados de pesquisas apresentados são atuais e fundamentam-se solidamente do ponto de vista metodológico na Extensão PRISMA ScR.

Por fim, em quarto lugar, a obra não apenas manifesta, mas testemunha que a supervisão/orientação é essencial na formação dos sujeitos participantes do processo doutoral por intermédio do incentivo à produção científica, com a apresentação de seis dos sete capítulos elaborados conjuntamente entre o sujeito em formação e os professores. Quase 70% dos coautores de capítulos foram ou são doutorandos no Programa de Pós-Graduação em Educação da Universidade de Uberaba (PPGE/Uniube) e estão vinculados, direta ou indiretamente, ao trabalho de supervisão dos três professores que participaram da concepção e da elaboração da presente obra (Adriana Rodrigues, Orlando Fernández Aquino e Tiago Zanquêta de Souza).

Fica assim comprovado que a produção científica em colaboração é fruto de um projeto de formação introduzido no Programa de Pós-Graduação em Educação da Universidade de Uberaba pelo professor Orlando Fernández

Aquino e demais professores colaboradores, que vem dando resultados relevantes e tem permitido que esses profissionais integrem em sua prática os fundamentos da redação científica, da epistemologia aplicada e da pedagogia doutoral, para dar lugar a uma estratégia de orientação/supervisão que aqui é denominada de "contratual", baseada na elevada capacidade de estruturação e apoio, nos altos índices de motivação dos alunos, na implementação de boas competências de gestão e na adequada relação interpessoal.

É verdade que no âmbito brasileiro produz-se abundantemente, sobretudo na academia e na área de educação. Contudo, uma obra com todos os atrativos que acabo de listar aqui não é comum. Sendo assim, considero que este livro representa uma importante contribuição para aqueles que se interessam pelo estudo da formação docente, da formação doutoral ou de pós-graduação em geral, assim como pelas análises orientadas na perspectiva metodológica do *Scoping Review*.

Agradeço aos organizadores pelo convite para elaborar o prefácio, assim como pela iniciativa na concepção da obra, pelo seu escopo e pela sua estrutura, pois nada é mais gratificante para um pesquisador do que esse tipo de reconhecimento. Por fim, parabenizo a todos os coautores pelas consistências teórica e metodológica de seus trabalhos. Sem a qualidade dos apontamentos introdutórios e dos capítulos que integram esta obra nenhum esforço em favor da defesa da formação docente, da produção de textos científicos e da supervisão doutoral teria o mais mínimo sentido. A maior virtude do livro *Scoping review: sete temas sobre docência em revisão* é a sua coerência consigo mesmo.

Por fim, desejo que esta publicação seja objeto de leitura e análise para todos aqueles que exercem a docência na pós-graduação e desempenham a nobre missão de contribuir no processo de formação das futuras gerações de pesquisadores e professores brasileiros.

Setembro de 2023

Prof. Dr. Roberto Valdés Puentes
Programa de Pós-Graduação em Educação/FACED/UFU
Uberlândia

SUMÁRIO

**APONTAMENTOS INTRODUTÓRIOS: A PROBLEMÁTICA DA
ESCRITA ACADÊMICA NA FORMAÇÃO DOUTORAL** 19
Orlando Fernández Aquino & Tiago Zanquêta de Souza

1

**INDICADORES PARA O DIAGNÓSTICO DA ATIVIDADE DE ESTUDO:
UMA REVISÃO DE ALCANCE** 33
Orlando Fernández Aquino & Adriana Rodrigues

INTRODUÇÃO..33

1.1 METODOLOGIA 36

1.2 RESULTADOS E DISCUSSÃO...40

    1.2.1 Sobre o conceito de Atividade de Estudo.......................40

    1.2.2 Sobre o diagnóstico de atividade de estudo....................46

    1.2.3 Contribuições de Davidov y Márkova (2021)....................48

    1.2.4 Contribuições de Repkina, Zaika (1993) e Zaika;

    e Repkin e Repkina (2021) 52

CONCLUSÕES...59

REFERÊNCIAS..61

2

**FORMAÇÃO CONTINUADA DE PROFESSORES DOS CURSOS DE
FISIOTERAPIA: UMA REVISÃO SISTEMÁTICA DE LITERATURA**..... 65
Lidiana Simões Marques & Orlando Fernández Aquino

INTRODUÇÃO..65

2.1 METODOLOGIA 66

2.2 RESULTADOS E DISCUSSÃO...68

    2.2.1 Análise das dissertações selecionadas como fontes de evidências...........69

    2.2.2 Análise das teses selecionadas como fontes de evidências 78

    2.2.3 Análise dos artigos selecionados como fontes de evidências................80

CONCLUSÕES...84

REFERÊNCIAS..87

3

FORMAÇÃO CONTINUADA DE PROFESSORES DA EDUCAÇÃO INFANTIL: UMA REVISÃO DE ALCANCE 93

Sarah Rachel Gonczarowska Vellozo, Orlando Fernández Aquino & Tiago Zanquêta de Souza

INTRODUÇÃO 93
3.1 METODOLOGIA 96
3.2 RESULTADOS E DISCUSSÃO 97
CONCLUSÕES 106
REFERÊNCIAS 108

4

A FORMAÇÃO CONTINUADA DE PROFESSORES DE EDUCAÇÃO AMBIENTAL: UMA REVISÃO DE ALCANCE 113

Cibele Caetano Resende & Orlando Fernández Aquino

INTRODUÇÃO 113
4.1 METODOLOGIA 114
4.2 RESULTADOS E DISCUSSÃO 116
    4.2.1 Dados gerais obtidos na pesquisa 116
    4.2.2 Análise das dissertações selecionadas como fontes de evidências 118
    4.2.3 Análise das teses selecionadas como fontes de evidências 124
    4.2.4 Análise dos artigos científicos selecionados como fontes de evidências 127
CONCLUSÕES 133
REFERÊNCIAS 134

5

AS COMPETÊNCIAS DIGITAIS DOCENTES: UMA REVISÃO DE ESCOPO SOBRE O TEMA 139

Abaporang Paes Leme Alberto & Orlando Fernández Aquino

INTRODUÇÃO 139
5.1 METODOLOGIA 143
5.2 RESULTADOS 145
5.3 DISCUSSÃO 155
    5.3.1 O conceito geral de Competência Digital 155
    5.3.2 A conceituação da Competência Digital Docente (CDD) 156
    5.3.3 Síntese das contribuições das dissertações revisadas 159
    5.3.4 Síntese das contribuições das teses revisadas 159
    5.3.5 Síntese das contribuições dos artigos revisados 160

Aquino e demais professores colaboradores, que vem dando resultados relevantes e tem permitido que esses profissionais integrem em sua prática os fundamentos da redação científica, da epistemologia aplicada e da pedagogia doutoral, para dar lugar a uma estratégia de orientação/supervisão que aqui é denominada de "contratual", baseada na elevada capacidade de estruturação e apoio, nos altos índices de motivação dos alunos, na implementação de boas competências de gestão e na adequada relação interpessoal.

É verdade que no âmbito brasileiro produz-se abundantemente, sobretudo na academia e na área de educação. Contudo, uma obra com todos os atrativos que acabo de listar aqui não é comum. Sendo assim, considero que este livro representa uma importante contribuição para aqueles que se interessam pelo estudo da formação docente, da formação doutoral ou de pós-graduação em geral, assim como pelas análises orientadas na perspectiva metodológica do *Scoping Review*.

Agradeço aos organizadores pelo convite para elaborar o prefácio, assim como pela iniciativa na concepção da obra, pelo seu escopo e pela sua estrutura, pois nada é mais gratificante para um pesquisador do que esse tipo de reconhecimento. Por fim, parabenizo a todos os coautores pelas consistências teórica e metodológica de seus trabalhos. Sem a qualidade dos apontamentos introdutórios e dos capítulos que integram esta obra nenhum esforço em favor da defesa da formação docente, da produção de textos científicos e da supervisão doutoral teria o mais mínimo sentido. A maior virtude do livro *Scoping review: sete temas sobre docência em revisão* é a sua coerência consigo mesmo.

Por fim, desejo que esta publicação seja objeto de leitura e análise para todos aqueles que exercem a docência na pós-graduação e desempenham a nobre missão de contribuir no processo de formação das futuras gerações de pesquisadores e professores brasileiros.

Setembro de 2023

Prof. Dr. Roberto Valdés Puentes
Programa de Pós-Graduação em Educação/FACED/UFU
Uberlândia

SUMÁRIO

APONTAMENTOS INTRODUTÓRIOS: A PROBLEMÁTICA DA ESCRITA ACADÊMICA NA FORMAÇÃO DOUTORAL 19
Orlando Fernández Aquino & Tiago Zanquêta de Souza

1

INDICADORES PARA O DIAGNÓSTICO DA ATIVIDADE DE ESTUDO: UMA REVISÃO DE ALCANCE 33
Orlando Fernández Aquino & Adriana Rodrigues

 INTRODUÇÃO 33
 1.1 METODOLOGIA 36
 1.2 RESULTADOS E DISCUSSÃO 40
  1.2.1 Sobre o conceito de Atividade de Estudo 40
  1.2.2 Sobre o diagnóstico de atividade de estudo 46
  1.2.3 Contribuições de Davidov y Márkova (2021) 48
  1.2.4 Contribuições de Repkina, Zaika (1993) e Zaika;
  e Repkin e Repkina (2021) 52
 CONCLUSÕES 59
 REFERÊNCIAS 61

2

FORMAÇÃO CONTINUADA DE PROFESSORES DOS CURSOS DE FISIOTERAPIA: UMA REVISÃO SISTEMÁTICA DE LITERATURA 65
Lidiana Simões Marques & Orlando Fernández Aquino

 INTRODUÇÃO 65
 2.1 METODOLOGIA 66
 2.2 RESULTADOS E DISCUSSÃO 68
  2.2.1 Análise das dissertações selecionadas como fontes de evidências 69
  2.2.2 Análise das teses selecionadas como fontes de evidências 78
  2.2.3 Análise dos artigos selecionados como fontes de evidências 80
 CONCLUSÕES 84
 REFERÊNCIAS 87

3

FORMAÇÃO CONTINUADA DE PROFESSORES DA EDUCAÇÃO INFANTIL: UMA REVISÃO DE ALCANCE 93

Sarah Rachel Gonczarowska Vellozo, Orlando Fernández Aquino & Tiago Zanquêta de Souza

INTRODUÇÃO 93
3.1 METODOLOGIA 96
3.2 RESULTADOS E DISCUSSÃO 97
CONCLUSÕES 106
REFERÊNCIAS 108

4

A FORMAÇÃO CONTINUADA DE PROFESSORES DE EDUCAÇÃO AMBIENTAL: UMA REVISÃO DE ALCANCE 113

Cibele Caetano Resende & Orlando Fernández Aquino

INTRODUÇÃO 113
4.1 METODOLOGIA 114
4.2 RESULTADOS E DISCUSSÃO 116
    4.2.1 Dados gerais obtidos na pesquisa 116
    4.2.2 Análise das dissertações selecionadas como fontes de evidências 118
    4.2.3 Análise das teses selecionadas como fontes de evidências 124
    4.2.4 Análise dos artigos científicos selecionados como fontes de evidências 127
CONCLUSÕES 133
REFERÊNCIAS 134

5

AS COMPETÊNCIAS DIGITAIS DOCENTES: UMA REVISÃO DE ESCOPO SOBRE O TEMA 139

Abaporang Paes Leme Alberto & Orlando Fernández Aquino

INTRODUÇÃO 139
5.1 METODOLOGIA 143
5.2 RESULTADOS 145
5.3 DISCUSSÃO 155
    5.3.1 O conceito geral de Competência Digital 155
    5.3.2 A conceituação da Competência Digital Docente (CDD) 156
    5.3.3 Síntese das contribuições das dissertações revisadas 159
    5.3.4 Síntese das contribuições das teses revisadas 159
    5.3.5 Síntese das contribuições dos artigos revisados 160

CONCLUSÕES...........162
REFERÊNCIAS...........166

6

EXPLORANDO O CONCEITO DE COMPETÊNCIA DOCENTE: UMA REVISÃO DE ESCOPO 171
Alice Goulart de Sousa & Orlando Fernández Aquino

INTRODUÇÃO...........171
6.1 METODOLOGIA...........176
6.2 RESULTADOS E DISCUSSÃO...........178
6.2.1 Tratamento das competências docentes nas dissertações selecionadas como fontes de evidências...........178
6.2.2 O tratamento das competências docentes nas teses selecionadas como fontes de evidências...........183
6.2.3 O tratamento das competências docentes nos artigos selecionados como fontes de evidências...........192
CONCLUSÕES...........199
REFERÊNCIAS...........201

7

SAÚDE MENTAL DO PROFESSOR EM ANÁLISE: UMA REVISÃO DE ESCOPO 209
Ana Carolina Gonçalves Correia, Orlando Fernández Aquino & Tiago Zanquêta de Souza

INTRODUÇÃO...........209
7.1 METODOLOGIA...........211
7.2 RESULTADOS E DISCUSSÃO...........212
7.2.1 Trabalho e saúde mental de professores: discussão...........218
7.2.2 Estratégias de promoção e cuidado à saúde mental do professor: discussão...........224
CONCLUSÕES...........225
REFERÊNCIAS...........227

SOBRE OS AUTORES...........233

APONTAMENTOS INTRODUTÓRIOS: A PROBLEMÁTICA DA ESCRITA ACADÊMICA NA FORMAÇÃO DOUTORAL

Orlando Fernández Aquino
Tiago Zanquêta de Souza

I

A escrita científica é uma das dimensões constitutivas da formação doutoral. Nossa experiência na pós-graduação *stricto sensu* indica-nos que um dos problemas que mais afeta o cumprimento do programa doutoral, ao menos em Educação, são as dificuldades dos alunos[1] para integrarem num só processo a investigação e a escrita dos produtos da atividade científica. O que pode parecer uma experiência isolada (com todo seu poder), encontra-se referendada na literatura científica.

Por exemplo, Day (2005) escreve que um trabalho científico é coisa séria, já que seu propósito é dar a conhecer à comunidade científica os resultados da investigação. Ou seja, o cientista não apenas precisa fazer ciência, mas também escrevê-la. A redação científica caracteriza-se por sua clareza e objetividade. A maioria dos artigos científicos que se aceitam para serem publicados em revistas de alto impacto deve-se a que expõem conteúdos novos com a maior transparência. Como explicado:

> A redação científica é a transmissão de um sinal claro ao receptor. As palavras desse sinal devem ser tão claras, simples e organizadas quanto possível. Uma redação científica não requer enfeites nem espaço para eles. [...] Simplesmente, a ciência é muito importante para ser comunicada de qualquer outra forma que não seja por palavras de significado indubitável (DAY, 2005, p. 18).

Essa caracterização da linguagem científica coloca-nos no caminho de compreender por que a escrita de trabalhos científicos, como o projeto

---

[1] Ao longo do texto, a opção foi pela apresentação dos termos no masculino – a exemplo: alunos, professores, orientadores/supervisores, doutorandos. No entanto destacamos que se trata de uma opção de grafia, uma vez que reconhecemos a importância da flexão de gênero também na academia.

de pesquisa, os artigos para revistas especializadas e as teses apresentam dificuldades para a maioria dos doutorandos. Geralmente, os alunos chegam ao doutorado com escassas ou nulas habilidades no domínio da linguagem escrita e a superação dessas limitações implica um esforço especial tanto para eles como para os professores das disciplinas e os orientadores de teses.

Nessa linha de raciocínio, Medina Zuta e Doroncele Acosta (2019) aprofundam-se nas dificuldades da construção científica-textual na pós--graduação dada a complexidade transdisciplinar que esse exercício implica:

> A prática de construção do texto torna-se um acontecimento *sui generis*, ao mesmo tempo que se apoia nos fundamentos e estratégias dos diferentes campos disciplinares. A essência da transdisciplinaridade é identificada nessa complexidade de contribuições. Algumas delas se fundamentam em perspectivas psicocognitivas, socioculturais e pedagógicas. Estes últimos são atualmente criptografados nas abordagens para o desenvolvimento da competência como uma integração do conhecimento (ZUTA; ACOSTA, 2019, p. 834).

Conforme esses autores, compreende-se que a produção de textos científicos mobiliza conhecimentos e habilidades prévias que entram em contradição com os novos saberes que pugnam por se objetivarem por meio do texto, numa teia de interações interdisciplinares, colocando em jogo as potencialidades do cientista em formação. Nesse embate de contradições, a construção do texto científico converte-se num processo de categorização e recategorização do novo conhecimento em processo de objetivação. Esse complexo processo de construção científico-textual é por natureza uma prática reflexiva, complexa e transdisciplinar.

Por sua vez, Pereira (2021) resenha um estudo de Michael Jones (2013), no qual ele revisa perto de mil artigos publicados entre 1971 e 2013 em 45 revistas científicas. Como resultado dessa revisão, o pesquisador propôs uma categorização dos estudos sobre a formação doutoral em seis área temáticas: "ensino, desenho do programa doutoral, escrita e investigação, empregabilidade e carreira, relação supervisor-supervisionado, experiências do doutorando" (PEREIRA, 2021, p. 172). Catorze por cento desses estudos correspondem à área temática da escrita e investigação. Como se compreende, a problemática da escrita-investigação está ligada à relação supervisor-supervisionado, do qual tratamos mais adiante.

Desde o ponto de vista da psicologia histórico-cultural, a dificuldade que apresenta a maioria dos doutorandos com a escrita científica deve-se ao fato de que ela é, implicitamente, uma função psicológica complexa, porque requer a codificação do conhecimento a um alto grau de elaboração, assim como a aplicação de habilidades intelectuais diversas num processo, também complexo, de objetivação do pensamento (VYGOTSKY, 1997). Mas a boa notícia é que, como mostramos nesta obra, quando acompanhamos esse processo integrando os conhecimentos que nos brindam a *redação científica*, a *epistemologia aplicada* e a *pedagogia doutoral*, e nesse âmbito o da supervisão/orientação,[2] é possível estabelecer rotas seguras de investigação e comunicação científica, nas quais a escrita pode converter-se numa singular experiência de formação crítica e reflexão por parte dos produtores textuais.

II

Nos últimos anos, nossa concepção sobre a formação de doutores em educação tem sido fortemente influenciada pelas ideias de Maletta (2009). Esse destacado epistemólogo peruano tem desenvolvido sua teoria da *epistemologia aplicada*. Ele vem mostrando a fragmentação histórica da atividade científica em três grandes âmbitos: a epistemologia clássica ou filosofia da ciência, a metodologia da pesquisa e a comunicação científica, consistente esta última na redação de teses, dissertações, artigos e livros.

> O assunto da ciência e sua metodologia têm sido tradicionalmente tratados em pelo menos três níveis completamente separados. Em primeiro lugar, existe uma grande bibliografia sobre **epistemologia**, ou seja, sobre a **teoria da ciência**. Essa teoria tem sido tradicionalmente vista como uma **filosofia da ciência** [...]; esta visão puramente filosófica da natureza da ciência foi complementada, nos últimos tempos, pela **ciência da ciência**, isto é, pelas disciplinas dedicadas ao estudo empírico da ciência como fenômeno social: a história da ciência, a sociologia da ciência, psicologia cognitiva aplicada ao caso do conhecimento científico, e outros. Em segundo lugar, existe uma extensa bibliografia dedicada a tratar dos **métodos e técnicas de pesquisa científica**, ou seja, os procedimentos para obtenção e análise de dados científicos. Em terceiro lugar, há uma abundância de manuais sobre

---

[2] Internacionalmente, o termo mais estendido para esa função docente no doutorado é "supervisor" (especialmente nos países língua inglesa). Em Portugal e Brasil, o termo mais usado é "orientador". Em Ibero-América usa-se principalmente a denominação de "autor"; em algumas universidades da Espanha, "diretor de tese".

> como escrever teses, artigos científicos e outras formas de discurso destinadas a **expor ou divulgar o conhecimento científico** (MALETTA, 2009, p. 17-18, grifos no original em espanhol – tradução nossa).

Em síntese, o autor elucida a existência de três campos temáticos dentro da atividade científica: um para explicar o que é a ciência e como se valida o conhecimento; outro para explicar a metodologia sobre como fazer a ciência; e um terceiro para explicar como fazer a comunicação dos resultados. Obviamente, a pesquisa contemporânea assinala o inconveniente da separação desses campos de conhecimentos e defende sua integração, o que modernamente é conhecido como *epistemologia aplicada*.

Por *epistemologia aplicada* entende-se que a atividade científica é uma atividade social, colaborativa, global, realizada por grupos e comunidades de pesquisadores, cujos resultados são validados pela comunidade científica, por meio dos produtos escritos e publicados pelos investigadores. Os produtos escritos são o meio de intercomunicação dos pesquisadores nas diferentes áreas do conhecimento científico. Isso significa que a produção escrita é consubstancial à investigação e que não deve ser vista como um produto à parte (MALETTA, 2009). Essas ideias têm-nos levado à compreensão de que na formação de doutores é preciso abandonar o velho método de pesquisar primeiro e escrever depois. A realização da tese doutoral deve ser um só processo criativo e crítico de pesquisa e comunicação científica.

III

Do outro lado, a *pedagogia doutoral* estende-nos também a mão para nos ajudar a solucionar essa aparente contradição na formação de novos cientistas educacionais. Obviamente, aqui nos referimos apenas a um dos ângulos da *pedagogia doutoral*, aquela que se refere ao complexo tema da supervisão/orientação do trabalho de doutoramento. Parte-se do pressuposto de que o professor universitário é um profissional do ensino e que a Pedagogia da Educação Superior faz parte de sua formação profissional.

Pereira (2021, p. 175) faz uma amplíssima revisão de literatura sobre o tema da supervisão/orientação doutoral e chega à conclusão de que "a construção e desenvolvimento da investigação sobre a supervisão é muito recente. Emerge na literatura a partir da década de 1980". A autora destaca que o tema tem tido algum desenvolvimento na atualidade, mas que a problemática mantém-se ainda dispersa em seus referenciais teóricos.

Ao mesmo tempo, a pesquisadora apoia-se em importantes referências que destacam a complexidade da supervisão/orientação das teses de doutoramento. Um dos autores citados é Connell (1985 *apud* por PEREIRA, 2021, p. 174), que afirma que a supervisão doutoral é "certamente uma das formas de ensino mais complexas e problemáticas" e "o nível de ensino mais avançado do nosso sistema educativo".

A pesquisadora citada destaca que o conceito de supervisão da pesquisa, como uma forma de ensino, vem sendo construído internacionalmente por uma longa lista de autores desde a década de 1980.

> A literatura da especialidade tem vindo a conceptualizar a supervisão doutoral (supervisão da investigação no doutoramento/orientação de teses) como prática educativa, inserida, para uns, na problemática da pedagogia da investigação (Manathunga, 2007) e para outros na da pedagogia da formação doutoral (Halse e Malfroy, 2010), mas ambos reclamando a sua inserção num espaço pedagógico marcado por uma intencionalidade e uma finalidade: o orientador pretende promover o desenvolvimento do orientando e a consecução finalizante da tese para obtenção do grau, e o orientando pretende aprender a investigar, passando do papel de estudante 'consumidor de conhecimento' a investigador 'produtor de conhecimento', obtendo o referido grau (Fastuca e Wainerman, 2015) (PEREIRA, 2021, p. 174-175, destaques no original).

Na comunidade científica parece haver consenso quanto à compreensão de que a supervisão/orientação doutoral é um fator-chave para o sucesso do doutoramento, quer para o êxito dos programas de formação, quer para os sujeitos participantes do processo: o doutorando e seu orientador.

> [...] a qualidade da supervisão de doutorado pode ser um fator chave no apoio à conclusão (Amundsen & McAlpine, 2009;). De fato, "O primeiro – e muitas vezes o mais influente – fator externo que afeta as experiências dos alunos de doutorado na pós-graduação é seu relacionamento com o(s) supervisor(es)" (Sverdlik *et al.*, 2018, p. 369). Um bom relacionamento entre o aluno de doutorado e seu orientador afeta os estudos e as taxas de sucesso. Uma relação desafiadora terá o efeito oposto, afetando a duração do programa e, às vezes, fazendo com que o aluno de doutorado abandone (McCallin & Nayar, 2012) (PEREIRA, 2021, p. 176, destaques no original – tradução nossa).

Tudo indica que a comunidade acadêmica começa a reconhecer o impacto, seja positivo ou negativo, da atividade pedagógica do supervisor/orientador. Tradicionalmente, a função pedagógica do orientador no plano do saber científico ou disciplinar sempre foi relevante, mas à luz do conhecimento pedagógico atual ela resulta insuficiente para uma efetiva tarefa educativa no terceiro nível de formação. Este último tem a ver com o caráter social da ciência, com o trabalho em grupos, por isso mesmo, colaborativos e solidários, com a tendência crescente da horizontalidade da comunicação no âmbito da pesquisa e da divulgação dos resultados, no alcance global dos produtos científicos, com a satisfação dos doutorandos e até com a empregabilidade no período pós-doutoral.

Assim, a supervisão/orientação na formação doutoral é sempre uma estratégia complexa a serviço dos objetivos do programa de doutoramento, dos doutorandos e da experiência e perspectivas dos orientadores, mas destacamos que no conjunto dessas relações distinguem-se três traços comuns:

> - a orientação/supervisão será sempre a orientação/supervisão de alguém num processo de investigação, seja esta dirigida exclusivamente à produção de conhecimento novo, isenta de uma finalidade prévia de aplicação, ou seja a investigação predeterminada por objetivos orientados para uma qualquer aplicação;
>
> - a orientação/supervisão será sempre uma modalidade complexa de ensino, na qual a aprendizagem de um conteúdo muito específico – investigação - é central: os doutorandos precisam de ser ensinados/ aprender sobre como se investiga, da construção de uma problemática e da concepção de um projeto à análise e interpretação de dados, da revisão da literatura à escrita e divulgação de resultados (Pearson e Brew, 2002).
>
> - a orientação supervisão será sempre mediada por uma relação entre um (ou mais) orientador/supervisor e um orientando/supervisionado Delany (2009) (PEREIRA, 2021, p. 183).

Como resultado dessa análise, encontra-se que a supervisão/orientação está mediada sempre por uma relação, muitas vezes complexa e não isenta de tensões, entre o orientando e o orientador, cuja finalidade é terminar o processo de doutoramento, atendendo às finalidades do programa de formação. Esse é o elemento nuclear e é em torno dele que decorrem os objetivos, as tarefas e os resultados que são instrumentalizados pelos participantes.[3]

---

[3] Convém destacar que a discussão acerca do processo de supervisão/orientação mereceu a atenção de pesquisadores/as da área de educação nos anos 1990, ocasião em que o professor Antônio Joaquim Severino problematizou

IV

Os autores deste livro, integrando a sua prática profissional aos fundamentos apresentados sobre a *redação científica*, a *epistemologia aplicada* e a *pedagogia doutoral*, têm aplicado uma estratégia de orientação/supervisão que pode ser denominada de contratual. Pereira (2021, p. 183), caracteriza o estilo contratual na orientação "por ter elevada estrutura e apoio, com um aluno motivado e proativo. O orientador vai direcionando e implementando boas competências de gestão e de relação interpessoal. É o estilo mais exigente em termos de gasto de tempo pelo supervisor".

Ou seja, o nosso trabalho de orientação esteve (e está) pautado por um estilo horizontal de comunicação, empatia e apoio aos doutorandos em questões que vão desde a revisão da literatura, e o estudo crítico, em grupos, de bons artigos científicos publicados nas melhores revistas, elaborados com as metodologias IMRD (Introdução, Metodologia, Resultados e Discussão) (DAY, 2005; MURILLO; MARTÍNEZ-GARRIDO; BELAVI, 2017; OLAVE ARIAS, 2010). E a metodologia PRISMA (Preferred Reporting Items for Systematic Reviews and Meta-Analyses) (MOHER *et al.*, 2009; TRICCO *et al.*, 2018; YEPES-NUÑEZ; HURRUTIA; ROMERO-GARCÍA; ALONSO-FERNÁNDEZ, 2021). Esses estudos críticos são feitos com apoio na teoria da comunicação científica dos autores referenciados neste parágrafo. Em etapa posterior, desafia-se os doutorandos a revisarem a área temática de seu objeto de pesquisa, nas melhores bases de dados, para finalmente chegarem a determinações sobre o problema de sua investigação. Desde o ponto de vista pedagógico, esse proceder implica uma complexa tarefa de orientação/supervisão e de sucessivas revisões dos textos científicos dos doutorandos, até que alcancem as competências necessárias para a produção de seus produtos científicos, em conjunto com o orientador/supervisor.[4]

A experiência demonstra que os doutorandos que se submetem a esse sistema de influências pedagógicas geralmente têm êxito na redação de seu primeiro trabalho científico original e dão continuidade às demais tarefas de seu doutorado com alta motivação, realizando-as sob bases sólidas ao mesmo tempo em que crescem a empatia e o trabalho em equipe

---

tal processo em seu capítulo intitulado: Pós-Graduação e pesquisa: o processo de produção e de sistematização do conhecimento no campo educacional, publicado no livro organizado por Lucídio Bianchetti e Ana M. N. Machado, com o título: *A bússola do escrever: desafios e estratégias na orientação de teses e dissertações.*

[4] Os Capítulos do 2 ao 7 deste livro são exemplos práticos do desenvolvimento de habilidades e competências que alcançam os doutorandos, integrando num só processo de orientação/supervisão a pesquisa e a produção de resultados científicos sobre seu tema de pesquisa.

com o orientador/supervisor. É obvio que a qualidade da formação desses doutorandos é superior à daqueles que não participam dessa forma de aprendizagem da pesquisa.

Essa metodologia de orientação tem sido empregada em duas vertentes: 1) no trabalho individual e em grupo de orientação com nossos orientandos; 2) a disciplina Seminário Temático do curso de Doutorado em Educação, que aborda a redação de artigos científicos para revistas de alto impacto, desenvolvido com doutorandos do respectivo Programa, da Universidade de Uberaba, MG.[5]

Dos sete capítulos apresentados neste livro, seis são resultados desse trabalho de orientação no processo de doutoramento. Esses capítulos são a prova de que os alunos aprendem a escrever muito bem no processo de doutoramento caso se coloque em prática o conhecimento que, sobre a supervisão doutoral, tem-se acumulado na atualidade.

V

O Capítulo 1, "Indicadores para o diagnóstico da atividade de estudo: uma revisão de alcance",[6] dos autores Orlando Fernández Aquino e Adriana Rodrigues, apresenta uma revisão sobre a teoria do diagnóstico da atividade de estudo no ensino fundamental. O objetivo é apresentar essa revisão e propor indicadores para essa tarefa pedagógica na escola básica.

O método foi a revisão de alcance, conforme a Extensão PRISMA-ScR. Os critérios de elegibilidade das fontes foram os seguintes: a) artigos que pertençam a um ou vários dos três grandes clássicos da Teoria da Atividade de estudo: D. B. Elkonin, V. V. Davidov e V. V. Repkin; b) artigos cuja primeira publicação esteja disponível na internet, no idioma original; c) revisão de textos completos em espanhol ou português dadas as limitações de pesquisadores para trabalharem com línguas eslavas.

Os resultados são apresentados em nove quadros, com sua respectiva discussão. As conclusões destacam as respostas dadas às questões de pesquisa, aprofundam os dois conjuntos de indicadores propostos e a complementaridade entre eles, apontam caminhos para novas revisões sobre o tema e destacam as limitações da pesquisa. Ainda, enfatizam a contribuição do estudo para o desenvolvimento da teoria e prática do ensino desenvolvimental.

---

[5] Nessa obra, trazemos contribuições a partir do trabalho desenvolvido na referida disciplina no segundo semestre de 2022.

[6] Este estudo foi publicado na forma de artigo, em espanhol, na revista **Educativa**, Goiânia, v. 25, p. 1-38, 2022.

No capítulo 2, "Formação continuada de professores dos cursos de fisioterapia: uma revisão sistemática de literatura", dos pesquisadores Lidiana Simões Marques e Orlando Fernández Aquino, o objetivo foi realizar um estado do conhecimento sobre a formação continuada dos professores dos cursos superiores de Fisioterapia. A metodologia foi orientada pela Declaração PRISMA (Preferred Reporting Items for Systematic Reviews and Meta-Analyses), na sua versão de 2020. A busca foi realizada em quatro bases de dados: o Catálogo de Teses e Dissertações da Capes; a Biblioteca Digital Brasileira de Teses e Dissertações (BDTD), do Instituto Brasileiro de Informação em Ciência e Tecnologia (IBICT); SciELO (Scientific Electronic Library Online) e Portal de Periódicos da Capes.

Os autores trabalharam com 20 descritores. O critério de inclusão foi selecionar estudos atrelados ao objeto da investigação. De maneira geral, os resultados apontam a escassa preocupação com a área de Fisioterapia com a preparação pedagógico-didática de seus professores e a urgente necessidade de institucionalizar essa formação.

As conclusões destacam, entre outros aspectos, a contradição entre o crescimento dos cursos de Fisioterapia e a pouca preparação dos professores desses cursos, que esses professores se formam em diferentes Programas de Pós-Graduação, mas não nos de Fisioterapia; as carências dos docentes de Fisioterapia quanto aos seus conhecimentos pedagógicos e didáticos; a necessidade do reconhecimentos social e político do trabalho desses docentes; a solução do problema científico e o cumprimento dos objetivos da pesquisa.

O Capítulo 3, "Formação continuada de professores da educação infantil: uma revisão de alcance", dos autores Sarah Rachel Gonczarowska Vellozo, Orlando Fernández Aquino e Tiago Zanquêta de Souza, teve o objetivo de elaborar um estado do conhecimento sobre a formação continuada dos professores da educação infantil. Para isso foi utilizada a metodologia da revisão sistemática de literatura, segundo a Extensão PRISMA ScR (*Scoping Review*).

Os resultados permitiram constatar que a formação continuada dos docentes vem sendo abordada pelas mais recentes publicações como algo primordial a ser discutido, levantando discussões sobre as concepções de criança, infância, formação, relações entre teoria e prática, por meio de narrativas de professores. As conclusões apontam que predominam os estudos qualitativos; 50% deles são estudos de campo, 25% combinam a revisão documental com os estudos de campo e 25% são estudos documentais. Os professores consideram que dada a especificidade da educação infantil, a sua formação deve ser separada da dos demais professores da educação básica. O estudo permitiu formular um problema de investigação de maior abrangência.

No Capítulo 4, "A formação continuada de professores de Educação Ambiental: uma revisão de alcance", dos professores Cibele Caetano Resende e Orlando Fernández Aquino, apresenta-se uma revisão de literatura sobre a formação continuada de professores de Educação Ambiental que atuam na educação básica. O método foi a revisão de alcance (Extensão PRISMA-ScR) e foram usados descritores para a busca de fontes nas bases de dados: Banco de Teses e Dissertações da Capes, na Biblioteca de Teses e Dissertações do Instituto Brasileiro de Informação em Ciência e Tecnologia (IBICT) e de artigos em SciELO (Scientific Electronic Library Online). Os critérios de elegibilidade foram: 1) estudos tanto teóricos como empíricos relacionados com o objetivo da pesquisa; 2) só textos publicados na língua portuguesa; 3) o marco temporal da busca limitou-se aos últimos seis anos (2017-2022); 4) estudos encontrados em outros repositórios, além das bases de dados determinadas.

Os resultados são apresentados em quatros, seguidos de sua discussão. As conclusões apontam que os fundamentos teóricos dominantes nos estudos são a Educação Ambiental Crítica e a Educação Ambiental Emancipatória. O enfoque metodológico dominante é o qualitativo, apoiado em entrevistas, questionários, grupos focais e pesquisa-ação. O cerne das preocupações dos pesquisadores é a formação continuada dos professores de Educação Ambiental, considerada insuficiente, e o estudo de Programas como Com-Vida, Escolas Sustentáveis e o ProNEA, mas sem soluções. Com base neste estudo, os autores aprimoraram o objeto, o problema e o objetivo geral da tese de doutorada da primeira autora do capítulo.

O Capítulo 5, "As competências digitais docentes: uma revisão de escopo sobre o tema", dos pesquisadores Abaporang Paes Leme Alberto e Orlando Fernández Aquino, deu cumprimento ao objetivo de se elaborar um estudo do conhecimento sobre as Competências Digitais Docentes, a partir de estudos realizados entre 2017 e 2022, com o intuito de determinar conceitualizações, tendências, pontos relevantes e omissões ao se tratar do tema, especialmente no Brasil.

O método utilizado foi a revisão de escopo (*Scoping Review*), de acordo com a Extensão PRISMA ScR (TRICCO *et al.*, 2018). Os critérios de elegibilidade foram os seguintes: 1) apenas artigos relacionados com o tema pesquisado; 2) o marco temporal limitou-se aos anos de 2017 a 2022; 3) artigos em português, inglês ou espanhol; 4) textos que se ajustassem aos descritores e ao tema central da pesquisa.

As fontes das evidências foram levantadas nas seguintes bases de dados: Biblioteca Digital Brasileira de Teses e Dissertações (BDTD), Catálogo de Teses e Dissertações da Capes, *Scientific Electronic Library Online* (SciELO) e SciVerse Scopus. Os resultados são apresentados principalmente em quadros e textos explicativos, o que permitiu a análise dos conceitos de Competência Digital e Competência Digital Docente, entre outros conteúdos relevantes.

As conclusões expressam que a preocupação dominante dos pesquisadores é a formação continuada dos professores com a incorporação das Tecnologias Digitais, que a metodologia dominante é a revisão bibliográfica, que os artigos científicos são os textos mais utilizados e que há três padrões de Competências Digitais Docentes que dominam os estudos educacionais. Além disso, ressaltam a necessidade da elaboração de novos padrões de Competências Digitais Docentes, adequados às particularidades culturais e educacionais do Brasil, com fundamentação pedagógico-científica atrelada à formação humana. Como resultado, formula-se um novo problema de pesquisa para a continuidade do estudo.

O Capítulo 6, "Explorando o conceito de competência docente: uma revisão de escopo", dos autores Alice Goulart da Silva e Orlando Fernández Aquino, reflete sobre as competências que os professores devem dominar para o exercício da profissão docente, com foco na dimensão conceitual delas. O objetivo da pesquisa foi compreender a conceitualização das competências docentes com base em pesquisas realizadas entre 2017 e 2021.

A metodologia usada foi a revisão sistemática de literatura, na variante da extensão PRISMA-ScR para as revisões de alcance, de acordo com Tricco *et al.* (2018). Os autores procuraram teses, dissertações e artigos científicos dos últimos cinco anos (2017-2021) nas seguintes bases de dados: Catálogo de Teses e Dissertações da Capes, Biblioteca Digital Brasileira de Teses e Dissertações (BDTD), SciELO e Scopus. Os critérios de elegibilidade foram os seguintes: a) marco temporal dos últimos cinco anos (2017-2021); b) textos em conformidade com os descritores definidos; c) textos em língua portuguesa; d) pesquisas tanto teóricas como aplicadas na esfera das competências dos professores. Foram observadas a complexidade e as variações de sentido do termo encontradas, uma vez que ele relaciona vários elementos, fatores e determinações que podem ser mobilizados pelo docente frente a diversas situações diante das mudanças sociais e educacionais.

No Capítulo 7, "Saúde mental do professor em análise: uma revisão de escopo", dos pesquisadores Ana Carolina Gonçalves Correia, Orlando Fernández Aquino e Tiago Zanquêta de Souza, objetivou-se realizar uma revisão de escopo sobre a saúde mental de professores. A metodologia foi orientada pela Extensão PRISMA ScR (TRICCO *et al.*, 2018). Foram pesquisados artigos, teses e dissertações publicados nas bases de dados Scielo e Catálogo de Teses e Dissertações da Capes. Os critérios de elegibilidade das fontes foram os seguintes: 1) artigos, teses e dissertações sobre o assunto, publicados entre 2018 e 2022; 2) estudos teóricos e empíricos publicados só na língua portuguesa; 3) apenas fontes de evidência de acesso gratuito, sendo selecionadas 21 fontes.

Os resultados permitiram identificar duas problemáticas principais: a relação trabalho-saúde mental e a promoção à saúde mental. As condições de trabalho influenciam a saúde mental do professor, com sobrecarga de tarefas, extensa jornada de trabalho, excesso de estudantes, realização de atividades de gestão, ausência e/ou escassez de recursos materiais, cobrança por parte dos superiores e relações interpessoais desgastantes. Também foram identificadas estratégias individuais e coletivas para promoção da saúde mental dos professores.

As conclusões destacam o aumento expressivo de transtornos mentais entre os professores, assim como a necessidade de estudos mais apurados sobre a relação entre trabalho docentes e a saúde mental, assim como os meios para mitigar o efeito negativo do trabalho docente no bem-estar desses profissionais. Foram aprimorados o objeto de pesquisa, o problema e o objetivo geral da tese de doutorado da primeira autora do estudo.

Os professores Orlando Fernández Aquino e Tiago Zanquêta, de Souza idealizaram juntamente a presente obra, ministraram a disciplina Seminário Temático no curso de doutorado em Educação, conforme mencionado, e fizeram indistintamente a orientação/supervisão dos doutorandos matriculados na referida disciplina, de modo a colaborar, também, nas revisões textuais. A revisão final da obra e de seu aparelho referencial foi realizada pelo professor Tiago Zanquêta de Souza.

Caro leitor, sinta-se convidado a refletir conosco acerca do tema central problematizado nesta obra. Afinal, por meio dela esperamos contribuir para a melhoria do processo de supervisão/orientação na formação de doutores em Educação.

Boa leitura para todos.

REFERÊNCIAS

DAY, R. A. **Cómo escribir y publicar trabajos científicos**. Washington, DC: Organización Panamericana de la Salud, 2005.

MALETTA, H. **Epistemología aplicada**: metodología y técnica de la producción científica. Lima: CIES, CEPES, Universidad del Pacífico, 2009.

MEDINA ZUTA, P.; DORONCELE ACOSTA, Á. La construcción científico-textual en el posgrado: el desafío de la transdisciplinariedad y la reflexividad. **Maestro y Sociedad**. 16(4) 2019.

MOHER, D. *et al. Preferred reporting items for systematic reviews and meta-analyses: the PRISMA statement*. **PLoS Medicine**, BMJ, v. 6, issue 7, july 2009. Disponível em: www.plosmedicine.org. Acesso em: 3 jan. 2010.

MURILLO, J. F.; MARTÍNEZ-GARRIDO, C.; BELAVI, G. Sugerencias para escribir un buen artículo científico en educación. **REICE – Revista Iberoamericana sobre Calidad, Eficacia y Cambio en Educación**. Universidad Autónoma de Madrid, v. 15, n. 3, 5-34, 2017.

OLAVE ARIAS, G. **Revista Académica e Institucional Páginas de la UCPR**, Colombia, n. 88, p. 65-78, 2010.

PEREIRA, C. M. C. **Docência e pedagogia doutoral**: saberes e competências para a orientação de doutorandos. 2021. 410 p. Tese (Doutorado em Educação) – Universidade de Lisboa, 2021.

SEVERINO, A. J. Pós-Graduação e pesquisa: o processo de produção e de sistematização do conhecimento no campo educacional. *In*: BIANCHETTI, Lucídio; MACHADO, Ana M. N. (org.) **A bússola do escrever**: desafios e estratégias na orientação de teses e dissertações. São Paulo: Cortez, 2002. p. 67-88.

TRICCO, A. C. *et al*. Extensión PRISMA para revisiones de alcance (PRISMA-ScR): lista de verificación y explicación. **Anales de Medicina Interna**, PMID: 30178033, v. 169, n. 7, p. 467-486, out. 2018.

VYGOTSKY, Lev S. Estudio del desarrollo de los conceptos científicos en la edad infantil. *In*: **Obras Escogidas**. Tomo II. Segunda Edición. Madrid: Visor, 1934/1997. p. 181-285.

YEPES-NUÑEZ, Juan José; HURRUTIA, Gerard; ROMERO-GARCÍA, Marta; ALONSO-FERNÁNDEZ, Sergio. Declaración PRISMA 2020: una guía actualizada para la publicación de revisiones sistemáticas. **Revista Española de Cardiología.** Elsevier, España, v. 74, n. 9, p. 790-799, 2021.

INDICADORES PARA O DIAGNÓSTICO DA ATIVIDADE DE ESTUDO: UMA REVISÃO DE ALCANCE

Orlando Fernández Aquino
Adriana Rodrigues

INTRODUÇÃO

Os filósofos antigos e medievais estabeleceram as bases da teoria filosófica da atividade. Porém, como um corpo filosófico coerente, os estudos sobre a atividade na filosofia foram consolidados pelos clássicos alemães entre o final do século XVIII e o início do século XIX – Kant, Fichte, Schelling e especialmente por F. Hegel. Os fundadores do marxismo, K. Marx e F. Engels, eram estudiosos da filosofia hegeliana e incorporaram o caráter filosófico e lógico que a atividade tinha na filosofia de Hegel (DAVIDOV, 2021d; REPKIN, 2021d). Em relação ao valor da categoria de atividade na filosofia marxista, Repkin (2021d, p. 364) argumenta:

> Marx considerava a atividade do ser humano como a base e o fundamento de toda a sua vida. Essa foi uma das linhas da cultura filosófica humanista. A intenção de compreender o ser humano, suas possibilidades e fontes de desenvolvimento [...] deve ser considerada um passo progressista. Uma das ideias valiosas e importantes do marxismo é a compreensão da atividade como a base de toda a vida humana [...]. Nessa filosofia, os seres humanos não são escravos dos acontecimentos, mas sim criadores de suas próprias vidas. É certo que os acontecimentos ditam sua vontade, mas a liberdade do ser humano consiste [...] no fato de que ele pode mudar os acontecimentos e tornar-se o senhor de seu destino.

Esta citação deixa claro que a fundamentação dos estudos sobre a atividade na psicologia foi tomada da filosofia marxista. Ou seja, os psicólogos do início do século XX adotaram a atividade como uma categoria fundamental da psicologia e da pedagogia, incorporando-a em sua abordagem. A conexão entre a categoria de atividade na filosofia dialético-materialista e os estudos que logo foram realizados pelos psicólogos marxistas torna-se clara quando conhecemos que nos primórdios da década de 1930, dois psicólogos russos com sólida formação intelectual – Sergei L. Rubinstein e Aleksey N. Leontiev – começaram a lidar de forma consistente com a atividade nos campos da psicologia e da pedagogia. Ademais, deve-se reconhecer que antes desses dois pesquisadores, L. S. Vigotski aproximou-se muito da atividade, mas não se dedicou ao seu desenvolvimento como uma categoria psicológica (DAVIDOV, 2021d).

Em relação ao caso específico da teoria da Atividade de Estudo, D. V. Elkonin, em 1960 e 1961, explica que até essa data, na psicologia infantil, não havia sido elaborada uma teoria sobre esse tipo de atividade. Ao mesmo tempo, ele reconhece que até esse momento foram realizadas investigações sobre aspectos particulares relacionados aos motivos da aprendizagem (BOZHOVICH; MOROZOVA; SLAVINA, 1951) e, mais tarde, os de B. G. Ananiev sobre a avaliação pedagógica (1980). Porém esses trabalhos não haviam abordado o exame abrangente da Atividade de Estudo, sua estrutura e suas etapas de formação, nem seu papel principal no desenvolvimento pedagógico das crianças na escola (ELKONIN, 2021b).

Com esses antecedentes, a Atividade de Estudo começou a ser investigada de forma experimental no Laboratório de Psicologia da Infância e Ensino Primário na antiga URSS (Moscou), no ano letivo de 1959-1960. Para isso foram criados grupos de trabalho e escolas experimentais. Isso foi determinado, em primeiro lugar, pelas evidentes falhas do sistema educativo tradicional, e em segundo lugar pela necessidade de avançar para formas científicas de ensino no contexto da antiga União Soviética.

As pesquisas foram desenvolvidas sob a direção de D. B. Elkonin e quase imediatamente depois de V. V. Davidov (PUENTES, 2021a). As primeiras experiências indicaram que era possível formar a Atividade de Estudo no ensino primário e que a reorganização da aprendizagem aumentava a eficácia da assimilação dos conteúdos. Elkonin afirma que foram obtidos dados que permitiram representar a estrutura geral da Atividade de Estudo e seu componente principal: a tarefa de estudo (ELKONIN, 2021b).

A partir da década de 1960, em uma sequência de várias etapas de investigação, obtendo resultados, perseguindo objetivos e verificando hipóteses, foram desenvolvidos centenas de trabalhos por esses pesquisadores e seus discípulos, não apenas na Rússia, mas também em muitos outros países. O ponto culminante desses estudos foi alcançado na antiga URSS na década de 1990.

Tudo parece indicar que a morte de V. V. Davidov em 1998, juntamente às transformações políticas ocorridas na URSS nesses anos, provocou uma fase de declínio na teoria. Na antiga União Soviética, a continuação da investigação sobre o tema repousa até hoje, principalmente no grupo de Kharkov, sob a condução de V. V. Repkin e colaboradores (ELKONIN, 2021a, b; DAVIDOV; MÁRKOVA, 2021; PUENTES, 2021a, b, c).[7]

Os estudos sobre a atividade continuam sendo uma necessidade para o desenvolvimento da própria ciência psicológica e pedagógica. É possível considerar finalizados os estudos sobre a atividade se, todavia, desconhecem-se as formas e os tipos de atividade que são as chaves para se compreender o desenvolvimento humano e a aprendizagem escolar? Sob essa consideração, os esforços realizados por psicólogos e pedagogos para examinar a Atividade de Estudo devem ser considerados relevantes para o desenvolvimento dessas ciências.

Portanto justifica-se a necessidade de refletir sobre o processo de estudo dos alunos. A pesquisa sobre a Atividade de Estudo dos estudantes é um imperativo da ciência, pois ela deve responder a perguntas como estas: como os alunos estudam? Como o estudo impacta o desenvolvimento integral de suas personalidades? Como esse processo ocorre e como deve ser conduzido pelos professores?

A pesquisa foi motivada pelas seguintes perguntas: como atualizar o conceito de Atividade de Estudo? O que apontaram autores como D. B. Elkonin, V. V. Davidov e V. V. Repkin sobre o Diagnóstico da Atividade de Estudo? Como elaborar indicadores que permitam diagnosticar a Atividade de Estudo nos alunos? E essas perguntas conduziram à formulação do seguinte objetivo: realizar uma revisão de alcance sobre o tema do diagnóstico da Atividade de Estudo e propor indicadores para essa tarefa pedagógica no ensino fundamental.

---

[7] Para um estudo mais amplo do desenvolvimento histórico de Teoria da Atividade de Estudo e seu desenvolvimento atual o leitor pode consultar: Puentes (2021a, b, c).

1.1 METODOLOGIA

O método que norteou o estudo foi a Extensão PRISMA-ScR e seu *checklist*, publicados em 2018 (TRICCO *et al.*, 2018a, b). As revisões de alcance podem ser elaboradas para determinar o tamanho, a variedade e as características das evidências sobre um tema ou pergunta científica; para determinar se vale a pena fazer uma revisão sistemática da literatura ou uma meta-análise; para resumir os achados sobre um corpo de conhecimentos ou sistema conceitual que pode ser diverso em enfoques, métodos e disciplinas; para identificar lacunas na literatura, o que pode ajudar a projetar futuras pesquisas (TRICCO *et al.*, 2018a, b).

Os elementos da lista de verificação PRISMA-ScR totalizam sete seções e 22 itens, o que compõe um conjunto completo de exigências metodológicas que os autores devem cumprir (TRICCO *et al.*, 2018b). Esse tipo de revisão sistemática da literatura exige trabalhar com um número mínimo de artigos que garantam as evidências e a reprodução-verificação do estudo. Isso tem contribuído para o aumento da transparência metodológica e a aceitação dos resultados obtidos por esse método (TRICCO *et al.*, 2018a).[8]

Os critérios de elegibilidade dos textos foram os seguintes: a) os artigos deveriam pertencer a um ou vários dos três grandes clássicos da Teoria da Atividade de Estudo: D. B. Elkonin, V. V. Davidov e V. V. Repkin; b) trabalhar com artigos científicos cuja primeira publicação estivesse disponível na internet, na língua original; c) realizar a revisão dos textos completos em espanhol ou português dada a limitação dos pesquisadores para trabalhar com línguas eslavas.

Esses critérios de elegibilidade são justificados porque os leitores devem ter acesso aos textos originais para qualquer verificação ou reprodução da pesquisa. A exceção, nesse caso, foram os trabalhos de Tricco *et al.* (2018a, b), que explicitam a metodologia da pesquisa, e o artigo de Moher *et al.* (2015), que estabelece os itens para protocolos de revisões sistemáticas e meta-análises, que foram revisados em inglês.

O trabalho dos pesquisadores foi facilitado pela recente publicação do livro *Teoria da Atividade de Estudo: contribuições de D. B. Elkonin, V. V. Davidov e V. V. Repkin* (PUENTES; COELHO; AMORIN, 2021). O livro reúne

---

[8] Os leitores interessados na Declaração Prisma (2009, 2020) e suas extensões para os mais diversos tipos de revisões sistemáticas de literatura e meta-análise, inclusive para a preparação dos protocolos de investigação, encontrarão toda documentação no site do Grupo PRISMA, disponível em: http://www.prisma-statement.org/ Extensions/ScopingReviews.

os trabalhos dos três autores estudados, além de conter três capítulos do organizador principal, em que são revisados aspectos históricos, conceituais e de desenvolvimento da teoria da Atividade de Estudo. Sem contar com essa valiosa obra, a presente pesquisa não teria sido possível. Dessa forma, este estudo é, de certa forma, uma continuidade dela.

Adicionalmente, a estratégia de busca na internet foi limitada a verificar a disponibilidade de cada texto em sua língua original em diferentes sites da internet. O Quadro 1 contém a seleção das fontes das evidências científicas utilizadas nesta pesquisa.

Quadro 1 – Fontes selecionadas para a verificação das evidências científicas

No	Referências como citadas	Primeira publicação, língua e disponibilidade na internet
1	Elkonin (2021a)	Publicado em russo com o título: Психологические вопросы формирования учебной деятельности в младшем школьном возрасте, como parte do livro: Психологии обучения и воспитания (**Questões da psicologia da educação e da aprendizagem**, Kiev, 1961). Disponível em: http://pedlib.ru/Books/1/0374/1_0374-142.shtml#book_page_top. Acesso em: 17 jan. 2022.
2	Elkonin (2021b)	Publicado em russo como parte de Избранные психологические труды (**Trabalhos psicológicos selecionados**. Moscou, 1989, p. 265-267). Disponível em: http://psychlib.ru/mgppu/EPr-1997/EPR-2851.htm. Acesso em: 17 jan. 2022.
3	Elkonin (2021c)	Publicado em russo com o título: Учебная деятельность: ее структура и формирование, (Atividade educativa: sua estrutura e formação) formando parte do livro: Избранные психологические труды (Trabalhos psicológicos selecionados) (Moscou, 1989, p. 241-251). Disponível em: http://psychlib.ru/mgppu/EPr-1997/EPR-2851.htm. Acesso em: 17 jan. 2022.
4	Davidov (2021a)	Publicado em russo com o título: Психологические проблемы процессы обучения младших школьников. (Problemas psicológicos dos processos de aprendizagem de alunos mais jovens) no livro: Тезисы докладов Всесоюзной конференции (**Resumos de relatórios da Conferência All-Union**) (24-26 октябр 1979 г., Москва). Disponível em: http://pedlib.ru/Books/1/0374/1_0374-144.shtml#book_page_top. Acesso em: 17 jan. 2022.

No	Referências como citadas	Primeira publicação, língua e disponibilidade na internet
5	Davidov (2021b)	Publicado em russo com o título: Психическое развитие младшего школьника (197?) (Desenvolvimento mental de um aluno do primeiro ano). Disponível em: https://multiurok.ru/files/psikhicheskoe-razvitie-mladshego-shkolnika.html. Acesso em: 17 jan. 2022.
6	Davidov (2021c)	Publicado em russo com o título: Содержание и строение учебной деятельности. (Conteúdo e estrutura das atividades educativas), como parte do livro: Проблемы развивающего обучения: Опыт теоретического и экспериментального психологического исследования (**Problemas de aprendizagem desenvolvimental. Experiência de investigação prática e teoria.** Moscou, Editora Pedagógica, 1986, p. 145-162). Disponível em: https://nsportal.ru/nachalnaya-shkola/materialy-dlya-roditelei/2016/12/29/osobennosti-psihichesko-go-razvitiya-mladshego. Acesso em: 17 jan. 2022.
7	Davidov (2021d)	Discurso proferido na Associação de Aprendizagem Desenvolvimental da Letônia, em Riga. Publicado em russo com o título: Учебная деятельность и развивающее обучение (Atividades educacionais e treinamento do desenvolvimento), no livro: Последних выступлений (**Discursos recentes**, 1998). Disponível em: https://forpsy.ru/works/uchebnoe/uchebnaya-deyatelnost-i-razvivayuschee-obuchenie/. Acesso em: 17 jan. 2022.
8	Davidov; Márkova (2021)	Publicado em russo com o título: Концепция учебной деятельности школьников. (Conceito de atividades educativas escolares). In: вопросы психологии (**Questões da Psicologia**, n. 6, 1981, p. 13-26). Disponível em: http://www.voppsy.ru/issues/1981/816/816013.htm. Acesso em: 17 jan. 2022.
9	Repkin (2021a)	Publicado em russo com o título: О Понятии Учебной Деятельности (Sobre o Conceito de Atividades de Aprendizagem). **Revista Vestik**, Universidade de Járkov, Série Psicológica, v. 9, n. 132, p. 3-10, 1976). Disponível em: https://spravochnick.ru/psihologiya/deyatelnost/uchebnaya_deyatelnost/#ponyatie-uchebnoy-deyatelnosti Acesso em: 17 jan. 2022.
10	Repkin (2021b)	Publicado em russo com o título: Структура деятельности изучения (Estrutura da atividade de estudo). **Revista Vestik**, Universidad Járkov, Série Psicológica, v. 9, n. 132, p. 10-16, 1976). Disponível em: https://studfile.net/preview/10023230/page:16/. Acesso em: 18 jan. 2022.

No	Referências como citadas	Primeira publicação, língua e disponibilidade na internet
11	Repkin (2021c)	Publicado em russo com o título: Формирование учебной деятельности в младшем школьном возрасте (Formação de atividades educativas na idade escolar primária). **Revista Vestik**, Universidade de Járkov, Série Psicológica, n. 171, 1978, p. 40-49). Disponível em: https://infourok.ru/formirovanie-uchebnoy--deyatelnosti-v-mladshem-shkolnom-vozraste-391981.html. Acesso em: 18 jan. 2022.
12	Repkin (2021d)	Publicado em russo com o título: Развивающее обучение и учебная деятельность (Educação para o desenvolvimento e atividades de aprendizagem). Riga, 1997. Disponível em: https://cyberpedia.su/9xcd29.html. Acesso em: 18 jan. 2022.
13	Zaika; Repkin; Repkina (2021)	Publicado em ucraniano com o título: Структурно-уровневый подход к диагностике и построению учебной деятельности. (Abordagem de nível estrutural para diagnóstico e construção de atividades educacionais). **Revista Vicnik**, Universidad Nacional de Járkov, Série Psicologia, n. 959, p. 34-41, 2011). Disponível em: http://www.library.univer.kharkov.ua/OpacUnicode/index.php?url=/auteurs/view/id:290776/source:default. Acesso em: 18 jan. 2022.
14	Repkin; Repkina (2021)	Publicado em russo com o título: К вопросу о структуре учебной деятельности (Sobre a questão da estrutura das atividades educativas) (Bic. Hark nat. un-ti em B. H. O Karazin. – Серія Психологія, (**Série de Psicologia**) 2007, n. 771, p. 217-222). Disponível em: https://moluch.ru/archive/40/4867/. Acesso em: 18 jan. 2022.
15	Repkina; Zaika (2021)	Publicado em russo com o título: Диагностика учебной деятельности Репкина Заика Диагностика уровня сформированности базовых компонентов учебной деятельности (Diagnóstico da atividade educativa de Repkina Zaika. Diagnóstico do nível de formação dos componentes básicos da atividade educativa), 1993. Disponível em: https://studfile.net/preview/6188109/page:4/. Acesso em: 18 jan. 2022.

Fonte: elaboração dos autores com base em Puentes, Coelho e Amorim (2021). Os autores verificaram a disponibilidade na internet dos textos em suas línguas originais, assim como seus links

Foram selecionadas 15 referências, conforme exposto no Quadro 1. Elas foram consideradas porque atenderam aos critérios de elegibilidade já explicitados. Acredita-se que os 15 artigos, cuidadosamente selecionados, sendo eles de autoria dos três clássicos da teoria da Atividade de Estudo, proporcionaram o acervo adequado para a realização da pesquisa. A única exceção é o texto de Repkina e Zaika (2021), mas sua inclusão justifica-se porque ambos os pesquisadores são colaboradores de Repkin e estudiosos do Diagnóstico da Atividade de Estudo.

Uma vez selecionadas, cada uma das fontes de evidência foi submetida a um rigoroso método de avaliação e exploração, utilizando uma Ficha Resumo de Conteúdo que continha os seguintes itens: a) título da pesquisa; b) referência bibliográfica completa; c) resumo do conteúdo da fonte; d) fichamento textual e comentários das categorias objeto de análise; e) contribuições e conclusões dos autores dos artigos; f) avaliação e conclusões da fonte pelos pesquisadores; g) data e assinatura do pesquisador que realizou a análise da fonte.

Numa etapa posterior, trabalhando com as Fichas Resumo de Conteúdo, foi possível selecionar os conceitos mais bem elaborados sobre a categoria Atividade de Estudo e preparar os quadros que contêm os Indicadores para o Diagnóstico da Atividade de Estudo. Como os autores estudados repetem-se ou nem sempre verbalizam os conceitos da mesma maneira, elaboramos novas sínteses para alcançar melhores definições verbais dos conceitos e indicadores.

1.2 RESULTADOS E DISCUSSÃO

1.2.1 Sobre o conceito de Atividade de Estudo

O conceito de atividade é uma das categorias fundamentais da psicologia histórico-cultural. Entre seus principais componentes estão as necessidades, os motivos, as tarefas, as ações e as operações. "O conteúdo e as regularidades do processo de assimilação dependem dos tipos concretos de atividade dentro dos quais se realiza a mesma" (DAVIDOV, 2021a, p. 169). Apenas dentro da Atividade de Estudo, os processos de assimilação dos conteúdos intervêm como seu objeto e sua tarefa. Por isso, o conceito de Atividade de Estudo vai muito além do conceito de assimilação (apropriação).

Foi constatado que as crianças começam a ter interesses cognitivos desde idades muito precoces. Esses interesses são satisfeitos de diversas maneiras, seja por meio de brincadeiras ou pelo contato com adultos, por isso ingressam na escola com uma visão bastante ampla do mundo. Porém os conhecimentos adquiridos antes da escola são escassos e não estão sistematizados. No entanto não se deve supor que a entrada na escola interrompe a aquisição de conhecimentos de forma não científica (ELKONIN, 2021c).

Ao entrarem na escola, as crianças percebem a importância social de suas atividades escolares. Tudo o que acontece na escola está conectado e apoiado por esse sentimento, o que dá sentido pessoal ao que futuramente será chamado de Atividade de Estudo. Essa motivação, que tem sua origem na nova situação social, não dura muito tempo e tende a desaparecer rapidamente. Foram apontadas duas causas que levam ao enfraquecimento da nova situação social do aluno.

> Primeiro, a nova situação social da criança já foi alcançada e não é necessário fazer nada para mantê-la; segundo, a situação social do aluno não tem relação com o que se faz na escola e não tem nada a ver com o que necessita estudar ou aprender. O tipo de atividade realizada não é o principal para manter a situação social alcançada; o mais importante é que essa atividade é realizada na escola (ELKONIN, 2021c, p. 158-159).

Compreende-se que o aluno perde a motivação devido à falta de conexão entre sua situação social e o que é realizado nas aulas das matérias aprendidas. Aulas repetitivas e monótonas, que não promovem motivações internas, fazem com que os alunos percam o interesse nelas. A automotivação inicial é substituída por motivos externos, baseados na obrigação e na competitividade.

Nesse enfoque, um dos principais objetivos do ensino fundamental é a formação da Atividade de Estudo, de maneira que o aluno consiga atribuir um sentido a essa atividade. Então, como superar a contradição entre a situação social e a falta de motivação dos alunos nessa etapa? Essa situação pode ser resolvida por meio de uma educação que leve em conta a formação de motivos que estimulem a execução das tarefas de aprendizagem. Em outras palavras, a direção da Atividade de Estudo está correta somente quando ela forma os motivos correspondentes ao conteúdo que os alunos precisam aprender. O melhor aprendizado só é alcançado por meio da formação de motivos que garantam a realização das ações e tarefas de estudo (ELKONIN, 2021c).

A formação da Atividade de Estudo é fundamental na idade escolar (aproximadamente de 6 a 10 anos), pois com ela as crianças estabelecem suas relações básicas com a sociedade e formam qualidades fundamentais da personalidade, assim como neoformações psicológicas e emocionais. Por meio da Atividade de Estudo forma-se o caráter de outros tipos de atividade, como o jogo, o trabalho etc. (ELKONIN, 2021a; DAVIDOV, 2021a). Isso justifica a seguinte afirmação: "O estudo das regularidades na formação da Atividade de Estudo é o problema central da psicologia da idade, ou seja, da psicologia da idade escolar" (ELKONIN, 2021a, p. 139).

Quadro 2 – Conceitualização da Atividade de Estudo

N.º	Conceitos de Atividade de Estudo selecionados[9]	Autores[10]
1	O estudo é uma atividade objetiva na qual os objetos são modificados, porém não se limita apenas a isso, *mas visa introduzir modificações preestabelecidas no próprio sujeito*. [...] a forma de introduzir as mudanças necessárias nos elementos da tarefa se torna o objeto da Atividade de Estudo. Os elementos modificados pelo sujeito não são objeto de assimilação; *os modos de assimilação em si se tornam o objeto da Atividade de Estudo*".	(ELKONIN, [1989] 2021b, p. 151).
2	"*O resultado da Atividade de Estudo é a mudança no próprio estudante, seu desenvolvimento*. [...] as mudanças que o estudante experimenta são as novas habilidades e conhecimentos adquiridos. É [...] *uma atividade de autotransformação, cujo produto são as mudanças produzidas no próprio sujeito durante sua execução*".	(ELKONIN, [1989] 2021c, p. 160).
3	"A Atividade de Estudo *tem como objetivo aprender modos de ação generalizados no mundo dos conceitos científicos*. [...] *essa atividade deve ter uma motivação adequada*. [...] A formação exitosa desses motivos serve como fonte para a motivação mais geral de atividades socialmente importantes. [... os motivos gerais são complementados com o conteúdo diretamente relacionado à atividade que o aluno realiza".	(ELKONIN, [1989] 2021c, p. 160).
4	"Na Atividade de Estudo, *o objetivo fundamental e principal é a assimilação de conhecimentos científicos e as atitudes correspondentes*".	(DAVIDOV, [1980], 2021b, p. 180).

---

[9] Foram incluídos trechos parafraseados para contextualizar a citação para uma melhor redação das ideias. Todos os destaques nesse artigo são dos pesquisadores.

[10] Fo incluído o ano de publicação do artigo entre colchetes para manter a noção histórica do avanço dos conceitos.

N.º	Conceitos de Atividade de Estudo selecionados[9]	Autores[10]
5	"O *resultado* da Atividade de Estudo, durante a qual ocorre a assimilação de conceitos científicos, *é a transformação do próprio estudante e seu desenvolvimento*. [...] essa mudança é a aquisição, por parte da criança, de novas habilidades, ou seja, novos modos de atuação com conceitos científicos. A *Atividade de Estudo é, em primeiro lugar, aquela atividade cujo produto são as transformações que o estudante provoca em si mesmo. É uma atividade de autotransformação*, pois seu produto é a mudança que ocorre no sujeito durante sua realização. Esta é sua principal característica".	(ELKONIN, 1974 *apud* DAVIDOV; MÁRKOVA, [1981], 2021, p. 197).
6	"[...] O conteúdo principal da Atividade de Estudo *é a assimilação de modos de ação generalizados no âmbito dos conceitos científicos e as mudanças qualitativas que sobre essa base ocorrem no desenvolvimento psíquico da crian*ça".	(DAVIDOV; MÁRKOVA, [1981], 2021, p. 197).
7	Na Atividade de Estudo, "*o domínio dos modos de ação, por si só, não garante a transformação do sujeito.* O modo de ação que surge do exterior, alheio à necessidade da pessoa e dominado por ela, geralmente não altera as características da pessoa como sujeito. [...] *a consideração da transformação do sujeito, a partir do domínio dos modos de ação, é incompleta*".	(REPKIN, [1997], 2021d, p. 381).
8	"[...] o resultado da Atividade de Estudo é a mudança e aquisição de capacidades. Na prática, *o propósito da Atividade de Estudo é assimilar os princípios de construção de qualquer ação, e a razão se refere à capacidade de realizar essa ação.* Para que o homem domine o princípio, ele deve realizar uma investigação e fazer uma descoberta. Nesse sentido, a Atividade de Estudo é análoga à atividade de pesquisa (quase-investigação)".	(REPKIN, [1997], 2021d, p. 382).

Fonte: elaboração dos autores com base nas fontes de evidências

Os conceitos de Atividade de Estudo reunidos no Quadro 2 mostram que, em geral, há muitas coincidências entre os autores em relação a essa concepção. Em princípio, Elkonin (2021b, p. 151) estabelece uma condição essencial que os demais autores negligenciaram por um longo período: a Atividade de Estudo deve ser uma atividade motivada. Sem a formação adequada dos motivos de aprendizagem, a Atividade de Estudo não se sustenta ao longo do tempo. Ao contrário, a formação exitosa dos motivos torna-se a fonte impulsionadora de atividades socialmente relevantes. Por sua vez, os motivos gerais desdobram-se no conteúdo da atividade que o aluno realiza concretamente.

Em relação ao objetivo da Atividade de Estudo, Elkonin (2021b) afirma que essa atividade visa "introduzir modificações preestabelecidas no próprio sujeito" (ELKONIN, 2021b, p. 151). E mais adiante, que "a Atividade de Estudo tem como objetivo aprender modos de ação generalizados no mundo dos conceitos científicos" (ELKONIN, 2021c, p. 160).

Sobre esse mesmo aspecto, Davidov (2021b, p. 180) sustenta que "na Atividade de Estudo, o objetivo fundamental e principal é a assimilação dos conhecimentos científicos e as atitudes correspondentes" (DAVIDOV; MÁRKOVA, 2021, p. 197) explicam que o conteúdo principal desse tipo de atividade "[...] é a assimilação de modos de ação generalizados no âmbito dos conceitos científicos e as mudanças qualitativas que sobre essa base ocorrem no desenvolvimento psíquico da criança".

Em outras palavras, como explicado por Puentes (2019), produzir modificações no sujeito significa alterar seu desenvolvimento psíquico por meio da formação cognitiva ou modos generalizados de ação. Para quase todos esses autores, o objetivo e o conteúdo da Atividade de Estudo coincidem: são os modos generalizados de ação, os conteúdos científicos e as atitudes que transformam a personalidade do aluno.

A identificação entre o objetivo e o resultado da Atividade de Estudo fica ainda mais explícita em Davidov e Márkova (2021), quando eles destacam a seguinte afirmação de Elkonin:

> O resultado da Atividade de Estudo, durante a qual ocorre a assimilação de conceitos científicos, é a transformação do próprio estudante e o seu desenvolvimento. [...] essa mudança é a aquisição, por parte da criança, de novas habilidades, ou seja, novos modos de atuação com conceitos científicos. A Atividade de Estudo é, em primeiro lugar, aquela atividade cujo produto são as transformações que o estudante provoca em si mesmo. É uma atividade de autotransformação, visto que o seu produto é a mudança que ocorre no sujeito durante sua realização. Essa é a sua principal característica (ELKONIN, 1974, p. 27 *apud* DAVIDOV; MÁRKOVA, 2021, p. 197).

Por sua parte, V. V. Repkin entende que os modos de ação trazidos de fora pelo professor, alheios ao sujeito, não alteram as características do aluno, portanto requer-se a participação consciente do próprio aluno para assimilar os princípios da ação por meio de uma quase-investigação:

> [...] o resultado da Atividade de Estudo é a mudança e a aquisição de capacidades. Na prática, o *propósito da Atividade*

> *de Estudo é assimilar os princípios de construção de qualquer ação, e a razão se refere à capacidade de realizar essa ação.* Para que o homem domine o princípio, ele deve realizar uma investigação e fazer uma descoberta. Nesse sentido, a Atividade de Estudo é análoga à atividade de pesquisa (quase-investigação) (REPKIN, 2021d, p. 382, grifos nossos).

É interessante que esse autor destaca como resultado da Atividade de Estudo a aquisição de capacidades juntamente às mudanças que ocorrem no estudante. O conceito de capacidades é essencial para a psicologia e para a pedagogia. Elas referem-se ao sistema de conhecimentos, habilidades, hábitos, métodos e formas de atuação que o sujeito é capaz de mobilizar para solucionar determinados problemas e avançar nos estudos. As capacidades não são apenas cognitivas, mas também emocionais, afetivas e sociais, e integram sistemas de funções psicológicas culturais, como memória, linguagem, pensamento e motivação, e permitem o direcionamento mais assertivo da atuação do sujeito.

Repkin afirma que o objetivo da Atividade de Estudo é assimilar os princípios de construção de qualquer ação: "[...] ao dominar os princípios de construção da ação, ocorre sua transformação como sujeito, uma vez que adquire a possibilidade de encontrar, por si só, os modos de resolver uma série de tarefas" (REPKIN, 2021d, p. 382). Entende-se que o domínio dos princípios da ação não é alcançado por meio de demonstrações e exercícios. Para dominá-los é "necessário realizar uma análise e generalização das bases da ação" (REPKIN, 2021d, p. 382). Isso significa que no processo de apropriação ou assimilação forma-se o mecanismo de análise e generalização. O aluno deve descobrir no conceito, no objeto ou no processo estudado as relações geral e universal (célula) que definem o que o objeto é. Finalmente, para Repkin (2021d), a Atividade de Estudo é muito parecida com a pesquisa, é uma quase-investigação, o que se refere ao método de execução desse tipo particular de atividade.

Ampliando um pouco mais sobre o método e fazendo a justiça devida, uma década antes de Repkin, Davidov (2021c) explicou que a Atividade de Estudo dos alunos menores é formada de acordo com o método de exposição do conhecimento científico, ou seja, o método de ascensão do abstrato para o concreto. O ilustre teórico esclareceu que durante a Atividade de Estudo, guiados pelo professor, o pensamento dos alunos segue o movimento dos cientistas, que expõem seus resultados por intermédio de abstrações e generalizações teóricas.

Apoiando-se em Ilienkov (1964) e em Shimina (1981, Davidov compreendeu que na Atividade de Estudo os alunos reproduzem o processo real pelo qual os homens criam conceitos, imagens, valores e normas sociais, e que os alunos da escola primária "recriam em suas mentes as riquezas teóricas que a humanidade acumulou e expressou nas formas ideais da cultura espiritual". Estas são suas palavras de 1986:

> O caminho da assimilação do conhecimento tem duas características. *Primeiro*, o pensamento dos estudantes se move do geral para o particular (os estudantes buscam a "célula" primária do material de ensino e depois a utilizam como guia para deduzir as relações particulares da disciplina). Em *segundo lugar*, a assimilação é orientada para que os estudantes revelem as condições de origem dos conceitos que assimilaram. Os estudantes, primeiro, determinam a relação geral inicial em uma área específica e, a partir dela, constroem a generalização substantiva e, por meio disso, reconhecem o conteúdo da "célula" do tema estudado. Ao final, esse processo se torna um meio para deduzir relações particulares, ou seja, conceitos (DAVIDOV, 2021c, p. 214, grifos nossos).

Explicar com mais clareza o método de aprendizagem na Atividade de Estudo parece ser impossível. No final, o que se descobre é que a condução da Atividade de Estudo segue a lógica do método dialético de ascensão do abstrato para o concreto. Seguindo esse enfoque, Davidov observa que na Atividade de Estudo não existem conhecimentos pré-fabricados e que, inclusive, quando se introduzem conceitos simples de física e outras matérias na forma de tarefas de estudo, nem os professores mais bem preparados podem prever o resultado futuro que seus alunos obterão. Nesses casos, há apenas uma ideia à qual os alunos devem ser direcionados e orientados para alcançá-la. Entende-se que um dos grandes desafios pedagógicos da Atividade de Estudo é a exigência de professores científica e pedagogicamente bem preparados. Somente esse tipo de professor é capaz de guiar os alunos no mundo de incertezas que é próprio da consciência humana (DAVIDOV, 2021d, p. 256).

1.2.2 Sobre o diagnóstico de atividade de estudo

Como se vem mostrando neste capítulo, na antiga União Soviética foi realizado um amplo trabalho de sistematização dos modos de ação e formação de capacidades que os alunos devem desenvolver até o final do ano letivo. A partir dos textos escritos por Repkina e Zaika (1993), Davidov e Márkova

(2021) e Zaika, Repkin e Repkina (2021), é possível sistematizar um conjunto de critérios científicos e indicadores que permitem melhorar a teoria e a prática do Diagnóstico da Atividade de Estudo nos alunos do ensino fundamental.

Parece haver consenso de que o Diagnóstico deve estar orientado para verificar o nível de formação dos componentes da Atividade de Estudo. Também parece haver consenso sobre quais são os componentes da Atividade de Estudo que devem entrar na ação diagnóstica. Isso fica claro na citação a seguir:

> Os componentes estruturais básicos que constituem a Atividade de Estudo do estudante são: motivo e motivação, objetivo e proposta de objetivos, ações de estudo, ação de controle e ação de avaliação (DAVIDOV, 1991; REPKIN, 1976a, b; REPKIN; REPKINA, 1997). A existência e inter--relação desses cinco componentes são apresentadas como uma condição necessária para a inclusão do estudante no processo de resolução da tarefa de estudo e sua solução bem-sucedida (ZAIKA; REPKIN; REPKINA, 2021, p. 406).

O Diagnóstico da Atividade de Estudo permite identificar a formação desses componentes, desde os mais primários e simples até os mais difíceis e complexos. Ou seja, a formação de cada um desses componentes passa por diferentes estágios genéticos, que podem ser representados em níveis de qualidade nem sempre homogêneos. Um componente pode não aparecer de forma alguma ou apresentar um nível muito baixo de desenvolvimento, enquanto com outros podem acontecer exatamente o oposto. Em outras palavras, no processo de formação da Atividade de Estudo, cada um dos componentes passa por períodos de transição, desde os níveis mais baixos até os mais altos de formação, podendo alguns estar atrasados ou adiantados em relação aos demais (ZAIKA; REPKIN; REPKINA, 2021).

Precisamente, o Diagnóstico da Atividade de Estudo tem centralidade na determinação dos níveis de formação de seus componentes, seja no início do ano escolar, em um ponto específico do período, ou ao final dele, tanto para cada aluno em particular quanto para o grupo como um todo. Isso cria possibilidades para se ter um diagnóstico bastante preciso sobre a formação da Atividade de Estudo e para a elaboração de recomendações pedagógicas para melhorar o trabalho dos professores e dos alunos. Daí se infere a relevância pedagógica do Diagnóstico da Atividade de Estudo e como, quando bem realizado, pode contribuir para o aprimoramento da teoria da aprendizagem desenvolvimental.

1.2.3 Contribuições de Davidov y Márkova (2021)

Davidov e Márkova, em seu importante texto de 1981, estabelecem uma agenda de pesquisa sobre a Atividade de Estudo. No ponto quatro dessa agenda, eles afirmam: "É conveniente acumular e aprofundar métodos específicos destinados a determinar os níveis de formação da Atividade de Estudo, seus componentes, bem como suas neoformações psicológicas" (DAVIDOV; MÁRKOVA, 2021, p. 207). Porém, até onde sabemos, esses pesquisadores não desenvolveram a teoria do Diagnóstico da Atividade do Estudo, pelo menos não na forma acabada como foi realizado pelo grupo de Kharkov, sob a direção de V. V. Repkin.

Não obstante, Davidov e colaboradores deixaram importantes pistas que permitem criar dimensões e indicadores para esse tipo de diagnóstico pedagógico. No texto referenciado, eles concluem que no desenvolvimento das pesquisas sobre a Atividade de Estudo são utilizados indicadores qualitativos que permitem determinar a efetividade do trabalho de professores e alunos. Em suas palavras:

> 1. Níveis de cumprimento dos estudantes com os componentes individuais da Atividade de Estudo (a tarefa de estudo: compreensão da tarefa do professor, aceitação da tarefa, execução autônoma da tarefa, estabelecimento de um sistema de tarefas; ações de estudo: modos de diferenciação das relações gerais no material didático e sua concretização; registro dessas relações em forma de diferentes modelos gráficos e simbólicos; controle e avaliação: os tipos de autocontrole dos alunos incluem a previsão realizada antes do início do trabalho, passos realizados durante o trabalho e resultados alcançados após a conclusão do trabalho; os tipos de autoavaliação – adequada e inadequada, global e diferenciada, previsão, resultado, etc.). Junto com o desenvolvimento de cada componente da Atividade de Estudo, é possível verificar o grau de autonomia com que o aluno enfrenta sua realização e sua capacidade de transitar de um componente para outro. Todos os componentes mencionados da Atividade de Estudo podem ser praticados desde o primeiro até o nono ano do nível elementar.
>
> 2. Níveis de formação da posição ativa do estudante no trabalho de estudo, amadurecimento como sujeito dos tipos de atividade que realiza, sujeito de interações com outras pessoas e trabalho conjunto, sujeito de sua esfera motivacional, etc.

SCOPING REVIEW

3. Níveis de formação dos diferentes aspectos da motivação: características qualitativas dos motivos, metas, emoções dos estudantes; particularidades do sentido e significado da Atividade de Estudo para os estudantes, etc. (DAVIDOV; MÁRKOVA, 2021, p. 206-207).

Considera-se que essa conclusão é importante do ponto de vista teórico, mas de pouca utilidade prática para o uso na escola por parte de pesquisadores e professores. No Quadro 3 é apresentada uma operacionalização dessas proposições, o que pode auxiliar na realização prática do diagnóstico, embora de forma não tão completa como propõe Repkin e colaboradores. Nessa operacionalização, a ordem dos níveis/dimensões da proposta de Davidov e Márkova (2021) foi alterada, os indicadores foram reajustados e redigidos em forma de enunciados substantivos, de modo que possam ser utilizados na elaboração de instrumentos de diagnóstico (diários/registros de observação, entrevistas, questionários, testes pedagógicos) na escola.[11] Na discussão do Quadro 3 são apresentados os pontos de vista dos autores do estudo a respeito.

Quadro 3 – Operacionalização da proposta de Davidov e Márkova (2021) para o Diagnóstico da Atividade de Estudo

N.º	Níveis/Dimensões	Indicadores
1	Nível de formação de motivos/objetivos	1. Estabelecimento pelos alunos de seus próprios objetivos e motivos para o estudo. 2. Compreensão e aceitação da tarefa proposta pelo professor. 3. Disposição para realizar a tarefa com o apoio do professor. 4. Realização autônoma da tarefa. 5. Estabelecimento pelo aluno de um sistema de tarefas. 6. Sentido e significado que os alunos começam a atribuir à atividade de estudo.

---

[11] Foram incluídos três níveis ou dimensões e 17 indicadores, porém é claro que eles podem ser desdobrados e modificados de acordo com as necessidades da prática escolar.

N.º	Níveis/Dimensões	Indicadores
2	Nível de formação das capacidades e modos generalizados da ação.	7. Modos de diferenciação das relações gerais no material de estudo. 8. Registro das relações gerais do material de estudo em diferentes modelos, sejam eles gráficos simbólicos. 9. Formação nos alunos dos modos generalizados da ação (métodos, ações, operações realizadas com o material didático). 10. Capacidade para transferir os modos generalizados a outras disciplinas. 11. Colocar em prática as ações de autocontrole e de autoavaliação. 12. Conscientização das capacidades e dos modos da ação. 13. Flexibilidade para modificar as capacidades e os modos da ação diante de novas situações. 14. Autonomia para encarar a realização de atividade de estudo.
3	Nível de formação integral da personalidade dos alunos.	15. Desenvolvimento das habilidades de autorregulação no estudo. 16. Formação dos alunos como sujeitos: sujeito ativo no estudo, sujeito das atividades que realiza, sujeito das interações com os demais, sujeito de sua esfera motivacional. 17. Transformações gerais visíveis da personalidade dos alunos. Intelectuais, morais, estéticas e emocionais.

Fonte: elaboração do autor com base em Davidov e Markova (2021)

Como foi explicado na discussão do Quadro 1, quando a criança começa na escola, ela ainda não tem motivos cognitivos formados. Ela pode experimentar interesses cognitivos genéricos, mas os motivos cognitivos ou de estudo ainda não estão desenvolvidos. O que diferencia os motivos cognitivos dos demais interesses desse tipo é que os primeiros têm foco "na assimilação do modo generalizado de ação e não apenas na aquisição de informações" (ELKONIN, 2021c, p. 161). Portanto a formação dos motivos cognitivos é o primeiro componente da estrutura da Atividade de Estudo.

Consequentemente, sua formação é a principal tarefa nos primeiros anos da educação básica, pois o sucesso futuro da educação das crianças depende da formação adequada desses motivos.

Essas reflexões de natureza científica permitem considerar que o Diagnóstico da Atividade de Estudo deve começar pelo nível de formação dos motivos/objetivos de estudo, conforme expresso no Quadro 3. Nesse nível foram considerados seis indicadores, sendo que os três primeiros marcam o início da formação desse componente e os três últimos indicam a qualidade da formação e a criação das bases para o salto qualitativo ao segundo nível.

No entanto, nos primeiros anos do ensino primário, os especialistas indicam que nem sempre é apresentada essa direcionalidade. Alguns alunos, por exemplo, podem manifestar seus motivos e objetivos de estudo e uma tendência à autoavaliação desde o pré-escolar. Em outros casos, as crianças do primeiro ano ainda não conseguem formar seus motivos e interesses cognitivos. Nos níveis posteriores, "cada componente deve passar, consecutivamente, por todos os estados, sem que nenhum deles seja omitido" (ZAIKA; REPKIN; REPKINA, 2021, p. 416).

A *segunda dimensão ou nível de formação das capacidades e modos generalizados da ação* compreende oito indicadores (do 7 ao 14). A ideia subjacente é que esse nível se desenvolve de acordo com o método dialético-materialista de ascensão do abstrato ao concreto, seguindo um movimento do geral para o particular, similar ao método de exposição dos cientistas. Nesse caso, os indicadores focalizam a formação das ações de estudo e os modos generalizados da ação que integram a tarefa de estudo.

Dentro desse nível, os indicadores de 7 a 11 avaliariam as ações formativas básicas e os de 12 a 14 a consolidação dos estados anteriores e a possibilidade de um salto qualitativo para o terceiro nível. Como corresponde à aprendizagem dialética e desenvolvimental, saltos bruscos, abreviados ou graduais podem ocorrer na formação da Atividade de Estudo.

A *terceira dimensão ou nível de formação integral da personalidade dos alunos* permite diagnosticar o impacto geral da Atividade de Estudo nos estudantes; ou seja, de acordo com essa abordagem, a finalidade mais nobre da educação desenvolvimental é a formação de indivíduos livres, em pleno desenvolvimento de suas faculdades intelectuais, emocionais, éticas e estéticas. Os indicadores de 15 a 17, que também podem ser desdobrados em outros de menor abrangência, possibilitariam o diagnóstico desse nível de desenvolvimento dos alunos e o sucesso do trabalho pedagógico da escola. Parece que a observação diagnóstica de especialistas e professores seria o instrumento mais adequado para chegar a conclusões nesse nível da formação da Atividade de Estudo.

Em resumo, dada a falta de instrumentos de maior complexidade e considerando as condições atuais da educação escolar, esse sistema de dimensões e indicadores permitirá um Diagnóstico da Atividade de Estudo breve, porém eficiente. Um sistema muito mais sofisticado e complexo para o mesmo propósito é discutido nos quadros 4 a 9.

1.2.4 Contribuições de Repkina, Zaika (1993) e Zaika; e Repkin e Repkina (2021)

Os textos utilizados como fontes de evidências apresentam seis níveis do Diagnóstico da Atividade de Estudo, incluindo o que poderíamos chamar de "nível zero", que é o momento de entrada na escola em que os alunos ainda não começaram a formar esse tipo de atividade. Sendo assim, os níveis de formação da Atividade de Estudo são os seguintes: primeiro nível: *Ausência de interesse*; segundo nível: *Reação ao novo*; terceiro nível: *Curiosidade*; quarto nível: *Interesse cognitivo situacional*; quinto nível: *Interesse cognitivo estável*; sexto nível: *Interesse cognitivo generalizado* (ZAIKA; REPKIN; REPKINA, 2021).

Um grande mérito desses pesquisadores é terem descrito, com base em pesquisas empíricas, cada um desses níveis de Formação/Diagnóstico da Atividade de Estudo, como será apresentado nos quadros a seguir. Dentro de cada um desses níveis, os autores revisados consideram quatro componentes: motivação/objetivos, ações de estudo, ações de controle e ações de avaliação.

O leitor deve considerar que nesta pesquisa, a Atividade de Estudo é tratada como um núcleo integral de um sistema no qual todos os componentes estão inter-relacionados, ainda que, previsivelmente, dentro de cada um dos níveis estudados e entre os níveis, nem sempre os componentes da atividade necessitam apresentar uma correspondência mútua. Apenas a realidade pedagógica de cada aluno e grupo definirá o contexto em cada caso.

Como no Quadro 3, nos seguintes quadros foi feito um esforço para que os enunciados sejam os mais claros possível e de fácil conversão em indicadores para realizar o Diagnóstico da Atividade de Estudo na escola. O Quadro 4 apresenta o nível zero de formação dessa atividade.

Quadro 4 – Primeiro nível de formação da Atividade de Estudo – Ausência de interesses

Ausência de interesses	Motivação / Objetivos	Ações de estudo	Ações de controle	Ações de avaliação
Em geral, o interesse cognitivo não se manifesta na atividade escolar, mas em outros âmbitos, como jogos. O interesse pelo estudo pode surgir pela busca de aprovação ou pelo medo de punição. Não se observa uma relação emocional com os aspectos cognitivos, não manifesta desejo de participar e pode se recusar a realizar as tarefas. É possível que haja uma relação mais positiva relacionada a habilidades e hábitos já adquiridos. Ações objetivas e coloridas podem despertar algumas reações emocionais, mas são raras. Nesse nível, não há motivos para considerar o interesse cognitivo-emocional como parte da Atividade de Estudo.	**Ausência de objetivos.** O aluno é parcialmente consciente dos objetivos. Trabalha de forma rápida e caótica. Não sabe o que fazer e não se concentra. Admite demandas elementares.	**Carência de ações de estudo.** O aluno não pode realizar as ações de estudo. Somente realiza operações isoladas, sem conexões entre si. Também pode copiar as formas externas das ações.	**Ausência de controle.** O aluno não controla as ações de estudo. Não as compara com o modelo. Embora ele repita as ações, não percebe os erros e não os corrige.	**Ausência de avaliação.** O aluno não sabe se autoavaliar, não sente a necessidade de fazê-lo nem tenta, mesmo quando exigido pelo professor.

Fonte: elaborado pelos autores com base em Repkina e Zaika (1993); Zaika, Repkin e Repkina (2021)

Em síntese, o aluno não diferencia entre uma Atividade de Estudo e outra; não reage às novidades das tarefas escolares; não alcança os objetivos parciais; o professor precisa exercer controle operacional sobre ele; não responde perguntas sobre o que fez ou fará; não toma consciência do conteúdo das ações de estudo; não realiza as ações de estudo; as habilidades são formadas com muita dificuldade; não pode avaliar seu trabalho; não sabe controlar os erros nem corrigi-los; não faz autocrítica sobre os erros já cometidos; não percebe as falhas de seus colegas; recebe a nota sem críticas; não identifica por que obteve uma nota baixa. Superar esse nível exige grande preparação e dedicação do professor.

Quadro 5 – Segundo nível de formação da Atividade de Estudo – Reação diante do novo

Reação diante do novo	Motivação / Objetivos	Ações de estudo	Ações de controle	Ações de avaliação
Com a introdução de novos conteúdos, os interesses cognitivo-emocionais aparecem com facilidade. Esses interesses são provocados pela novidade do conteúdo, que, por sua vez, está associada ao conteúdo prático, não ao teórico. O conteúdo teórico ainda não desencadeia emoções positivas. O aluno faz perguntas relacionadas às ações externas do conteúdo. Participa da tarefa, mas não a conclui sozinho, precisa da ajuda e estímulo do professor para controlá-la. O critério para separar esse nível em relação ao primeiro é a reação diante do novo.	**Recebe tarefas práticas.** Aceita e realiza tarefas práticas; não se orienta nas tarefas teóricas.	**Realiza ações de estudo em cooperação com o professor.** O aluno toma conhecimento do conteúdo e das ações de estudo. Sem a ajuda externa não é capaz de realizá-las até o fim. Trabalha bem em cooperação com o professor.	**Controle a nível involuntário.** Nas ações que o aluno repete, ele pode perceber as contradições existentes entre elas e o esquema memorizado inconscientemente, mas não consegue incrementar nem argumentar suas ações, mesmo que perceba o erro.	**Avaliação retrospectiva inadequada.** O aluno não sabe se autoavaliar, não tenta fazê-lo, mas sente a necessidade externa de avaliação de suas ações. Ele está preocupado com as notas dadas pelo professor.

Fonte: elaborado pelos autores com base em Repkina e Zaika (1993); Zaika, Repkin e Repkina (2021)

Em essência, o aluno toma consciência do que fez e do que necessita fazer na resolução de uma tarefa e pode responder perguntas sobre isso; identifica objetivos parciais das tarefas teóricas, mas não consegue propor o objetivo nem fazer uma avaliação de suas ações; apresenta dificuldades na avaliação de tarefas práticas; recebe com agrado a ajuda do professor; trabalha de forma efetiva no controle operacional das ações; pode agir como se não tivesse consciência do que faz, mas prevê a direção correta das ações; às vezes comete erros e os corrige de forma insegura; comete erros em ações conhecidas e em pouco conhecidas e não os corrige; quando orientado pelo professor, pode avaliar suas ações, porém direcionadas às características externas da tarefa, não ao seu conteúdo.

Quadro 6 – Terceiro nível de formação da Atividade de Estudo – Curiosidade

Curiosidade.	Motivação / Objetivos	Ações de estudo	Ações de controle	Ações de avaliação
Emergem reações emocionais positivas, relacionadas tanto com a novidade do conteúdo concreto quanto com o teórico. Essa é a principal diferença entre o segundo e o terceiro nível de formação da Atividade de Estudo. Essas reações aumentam com o aumento da quantidade de conteúdos. As reações emocionais estão limitadas à formação de novos conteúdos teóricos. Assim, o interesse que surgiu desaparece rapidamente se esses conteúdos não estiverem presentes. O aluno pode fazer perguntas ao professor, mas seu interesse é instável. Começa bem a realizar a tarefa, mas não consegue concluí-la. Quando um novo conteúdo teórico não está presente, não surge o interesse cognitivo e retorna-se ao segundo nível, à aparição do novo.	**Uma tarefa cognitiva é uma tarefa prática. O** aluno recebe uma tarefa cognitiva e a compreende, porém em sua realização converte-a em uma tarefa prática.	**Determinação inadequada das ações de estudo.** O aluno usa o modo de ações já assimilado na solução de uma nova tarefa, mas com base nas condições existentes, não sendo capaz de convertê-la em uma tarefa concreta.	**Controle potencial da atenção voluntária.** Na realização da ação, o aluno torno seu modelo mais concreto. Tem dificuldades para realizar ações paralelas ao estudo e compará-las com o modelo. Porém, retrospectivamente, ele faz a comparação com o modelo, corrige os erros e argumenta sobre eles.	**Avaliação retrospectiva adequada.** O aluno avalia suas ações, pode argumentar seus acertos e erros. Tem condições de comparar suas ações com o modelo.

Fonte: elaborado pelos autores com base em Repkina e Zaika (1993); Zaika, Repkin e Repkina (2021)

Em resumo, o aluno sente desejo e participa na resolução da tarefa; responde a perguntas sobre seu conteúdo; o objetivo emerge de forma instável; na solução da tarefa, ele orienta-se para a parte prática, portanto, não atinge o objetivo cognitivo; ele usa de forma "cega" o modo de ação assimilado, mas não o relaciona com as condições da tarefa; ele pode fazer as tarefas apenas com a ajuda do professor; se as condições não mudarem, ele pode realizar as ações de forma autônoma e bem-sucedida; durante a realização da tarefa, ele não usa o modelo aprendido, mas depois de concluí-la, se o professor solicitar, pode comparar a solução com o modelo, identificar e corrigir os erros; nas ações que se repetem, ele não comete erros e os corrige com facilidade; ele reage com críticas sobre a nota do professor; pode avaliar as ações de seus colegas, mas não pode avaliar suas próprias habilidades e não tenta fazê-lo.

Quadro 7 – Quarto nível de formação da Atividade de Estudo – Interesse cognitivo situacional

4. Interesse cognitivo situacional	Motivação / Objetivos	Ações de estudo	Ações de controle	Ações de avaliação
O interesse cognitivo situacional surge no aluno quando ele expressa reações positivas em relação ao conhecimento teórico ou prático, e também relacionadas à solução autônoma da nova tarefa. Faz perguntas para responder à tarefa e resolver uma ação específica, enquanto descobre novas maneiras de fazê-lo. Mas o interesse ainda não está estável, o que se expressa no fato de que a motivação desaparece depois de encontrar uma forma de resolver a tarefa. Ele não está motivado para resolver a tarefa de forma autônoma. Participa ativamente quando trabalha cooperativamente com o professor. Ele também não busca avaliar os resultados de suas ações, embora tenha interesse na nota.	**Recebimento do objetivo cognitivo.** O aluno recebe o objetivo cognitivo e preserva-o durante a realização das ações, regulando-as. Ele cumpre o objetivo cognitivo.	**Predeterminação adequada das ações de estudo.** O aluno é capaz de identificar a falta de correspondência entre a nova tarefa e os modos da ação previamente aprendidos. Ele tenta modificar o modo conhecido, mas só consegue fazê-lo com a ajuda do professor.	**Controle atual a nível voluntário.** Na realização das ações, o aluno orienta-se pelo modelo geral aprendido, compara-o com sucesso com a solução do problema e quase não comete erros.	**Avaliação diagnóstica inadequada.** Ao iniciar a resolução de uma nova tarefa, o aluno tenta avaliar seus resultados, mas só considera o que é conhecido e desconhecido para ele, sem conseguir modificar o modo conhecido da ação.

Fonte: elaboração dos autores com base em Repkina e Zaika (1993); Zaika, Repkin e Repkina (2021)

Em suma, o aluno demonstra desejo de resolver a tarefa cognitiva sem convertê-la em uma tarefa prática, e após concluí-la pode fazer uma avaliação correta; analisa as condições da tarefa e relaciona-as com os modos conhecidos; aceita a ajuda do professor; compreende as causas de suas dificuldades e é capaz de explicá-las, assim como as particularidades de um novo modo de ação; identifica e corrige os erros cometidos; explica claramente suas ações; controla conscientemente a solução das tarefas de outros alunos; não faz adaptações do modelo na resolução de novas tarefas; não controla se ele é adequado para novas condições; avalia as tarefas resolvidas de forma livre e argumentativa; às vezes, concentra-se apenas nos erros externos e não na estrutura da tarefa. Isso só é possível após a solução da tarefa, mesmo que tenha a ajuda do professor.

Quadro 8 – Nível cinco de formação da Atividade de Estudo – Interesse cognitivo estável.

5. Interesse cognitivo estável.	Motivação / Objetivos	Ações de estudo	Ações de controle	Ações de avaliação
O aluno vai além da solução de ações específicas. Interessa-se pelo modo generalizado de resolver um sistema de tarefas. Descobre que é capaz de fazê-lo e concentra-se nisso. Sente desejo de resolver tarefas por meio desse método e aplicá-lo a novos materiais em outras condições. Fica interessado nos resultados de suas próprias investigações e dos colegas. O interesse torna-se estável e concentra-se na solução de sistemas de tarefas. Podem surgir interesses cognitivos além da escola. Está menos interessado na nota e mais nos resultados de sua aprendizagem.	**Transformação de uma tarefa prática em uma tarefa cognitiva.** Quando o aluno se depara com uma tarefa prática, ele formula o objetivo cognitivo e planeja suas ações de acordo com ele.	**Construção independente das ações de estudo.** Ao resolver sozinho um novo problema, o aluno constrói um novo modo de ação ou modifica o já aprendido. Ele faz isso de forma gradual, passo a passo, e resolve o problema proposto sem ajuda externa.	**Controle potencial reflexivo.** Na resolução do problema, o aluno tenta utilizar o modelo antigo aprendido, mas com a ajuda do professor descobre a inadequação do modelo às novas condições e introduz com sucesso a ação corretiva.	**Avaliação diagnóstica potencialmente adequada.** Ao iniciar a avaliação de uma nova tarefa, o aluno pode, com a ajuda do professor, avaliar suas habilidades na resolução da tarefa. Ele tem a capacidade de modificar os modos conhecidos de ação.

Fonte: elaborado pelos autores com base em Repkina e Zaika (1993); Zaika, Repkin e Repkina (2021)

Resumindo, o aluno não tem possibilidades de resolver um novo problema prático; o que foi aprendido não foi generalizado, embora ele possa explicar sua carência dos modos apropriados; ele mostra-se consciente de seu propósito, da estrutura do modo encontrado e pode fazer uma avaliação disso; em todas as etapas da resolução do problema, ele pode realizar uma avaliação crítica de seu conteúdo; busca novos modos de ação de forma lenta e hesitante; frequentemente retorna à análise das condições do problema; sem ajuda do professor, realiza as tarefas de acordo com o modelo, mas não é capaz de encontrar sozinho as diferenças entre o modelo aprendido e as novas condições; com a ajuda do professor e apoiando-se nos modos conhecidos de ação, pode argumentar sobre as possibilidades ou não de resolver a tarefa, mas o faz de forma insegura e com dificuldades.

Quadro 9 – Nível seis de formação da Atividade de Estudo – Interesse cognitivo generalizado

6. Interesse cognitivo generalizado	Motivação / Objetivos	Ações de estudo	Ações de controle	Ações de avaliação
O aluno apresenta interesse estável pela aprendizagem. A essência desse nível é a intensificação do desejo de buscar modos generalizados para resolver sistemas de tarefas. Quando encontra o modo generalizado de ação, mostra intenção de ir além dos limites da tarefa, em busca de conteúdo novo, formando uma relação criativa com relação ao modo encontrado. Esse interesse funde-se com a história da tarefa. Ele busca novas fontes de ajuda, como o professor, a literatura ou a internet. É capaz de argumentar sobre suas ações. Procura entender seus acertos e erros.	**Proposta independente de novos objetivos cognitivos.**	**Generalização das ações de estudo.**	**Controle atual reflexivo.**	**Avaliação diagnóstica atual adequada.**

6. Interesse cognitivo generalizado	Motivação / Objetivos	Ações de estudo	Ações de controle	Ações de avaliação
Surge a seletividade consciente e motivada de seus interesses, resultando em preferências por alguns assuntos em relação a outros. O interesse pela nota diminui e ele presta atenção na análise que outras pessoas fazem de seus resultados. Esse nível é relativamente autônomo em relação às exigências externas.	O aluno formula sozinho novos objetivos cognitivos. Sem estimulação externa, inclui novas tarefas práticas. Os objetivos vão além do programa curricular.	O aluno baseia-se nos princípios da construção dos modos da ação e resolve rapidamente a nova tarefa. Ele descobre novos caminhos desde o início, sem precisar modificar os anteriores.	O aluno resolve problemas novos sozinho. Ele descobre as inadequações entre o modelo e as novas condições da tarefa. Reajusta o modelo, corrige os erros e executa as ações adequadas.	Ao iniciar a solução de uma nova tarefa, o aluno pode avaliar suas habilidades na resolução da tarefa sem a ajuda do professor. É consciente da possibilidade de modificar os modos conhecidos de suas ações.

Fonte: elaboração dos autores com base em Repkina e Zaika (1993); Zaika, Repkin e Repkina (2021)

De forma geral, a Atividade de Estudo assume para o aluno a forma de uma investigação ativa, com foco no conteúdo dos modos de ação em diferentes condições; o aluno pode formular hipóteses sobre os resultados; ele está consciente da base, ou seja, dos princípios de construção da tarefa; toma consciência das modificações que introduz e das condições do problema; quando o aluno tem sucesso, ele controla a correspondência das ações realizadas com o modelo; ele também se preocupa em garantir que o modelo seja adequado para a tarefa a ser resolvida; às vezes, ele é capaz de ajustar o modelo à tarefa; ele pode argumentar, por si só, a possibilidade ou não de resolver a tarefa, apoiando-se nos modos conhecidos de ação e em seus limites.

CONCLUSÕES

As três questões de pesquisa que deram origem ao estudo foram respondidas durante a apresentação dos resultados e discussão. O conceito de Atividade de Estudo foi amplamente discutido e atualizado com base no

Quadro 2. Observamos que os três autores, objeto de estudo, fizeram importantes contribuições para a formulação do conceito de Atividade de Estudo, e devido a diferentes momentos de construção do conhecimento, ou talvez problemas de tradução, às vezes aparecem variações na formulação verbal, porém coincidem em sua essência, com grande convicção e rigor científico.

Tudo indica que Elkonin não trabalhou no Diagnóstico da Atividade de Estudo, embora seja o autor das primeiras reflexões e hipóteses sobre esse tipo de atividade. Também se infere que Davidov não se concentrou no desenvolvimento do tema do diagnóstico, embora tenha deixado importantes vislumbres, a partir dos quais foi possível elaborar o primeiro conjunto de indicadores apresentado neste capítulo.

Esse primeiro conjunto de indicadores (apresentado no Quadro 3) foi elaborado a partir do texto que Davidov e Márkova publicaram em 1981. Ele foi organizado em três níveis ou dimensões e 17 indicadores, reelaborados por nós de acordo com a lógica da formação da Atividade de Estudo. No entanto é evidente que a segunda dimensão poderia ser subdividida em três partes: uma dedicada à formação das ações de estudo e dos modos generalizados de ação, outra dedicada à formação das ações de controle e uma terceira dedicada às ações de avaliação. Isso levaria a cinco níveis de formação da Atividade de Estudo, muito semelhante ao sistema proposto por Repkin e colaboradores, se considerarmos que estes últimos incluem um primeiro nível em que a Atividade de Estudo ainda não começou a ser formada. Essa operacionalização mais ampla do sistema Davidov-Márkova não foi realizada aqui devido à falta de espaço, mas sugerimos que os professores poderiam fazê-lo, já que a flexibilidade e a adequação ao contexto educativo são princípios do método.

Nos quadros 4 a 9 foram apresentados os seis níveis de formação da Atividade de Estudo, de acordo com Repkin e colaboradores, com os indicadores para avaliar os componentes em cada nível, bem como uma síntese sobre cada quadro. Essa é uma reelaboração nossa, baseada nas referências revisadas. Esse sistema passou pelo crivo da pesquisa empírica e é muito completo, embora complexo para sua implementação na prática pedagógica. Tanto nesse sistema de indicadores quanto no primeiro, o grande desafio parece ser a formação dos professores para realizar tarefas tão complexas como a formação da Atividade de Estudo e seu Diagnóstico como prática profissional.

Como foi mostrado, o estudo cumpriu de forma satisfatória o objetivo de "realizar uma revisão de alcance sobre o tema do Diagnóstico da Atividade de Estudo e propor indicadores para essa tarefa pedagógica no ensino fundamental". Porém uma atualização dessa revisão deve ser realizada, ampliando-se a equipe de pesquisa, com pesquisadores com domínio em línguas eslavas, e incluindo trabalhos de autores contemporâneos que não foram aqui considerados. Além disso, os pesquisadores reconhecem que uma terceira proposta de indicadores para o Diagnóstico da Atividade de Estudo deve ser feita, integrando os dois conjuntos propostos e enriquecida com as contribuições dos estudiosos atuais. Isso oportunizaria um aprofundamento e uma abordagem mais completa e atualizada sobre o tema.

O artigo preenche a lacuna até então existente de uma revisão de alcance sobre o Diagnóstico da Atividade de Estudo e contribui para o desenvolvimento da teoria e prática do ensino desenvolvimental.

As limitações do presente estudo são as seguintes: a) os originais disponíveis das fontes de evidência estão em línguas eslavas (14 em russo e 1 em ucraniano). Os pesquisadores não dominam essas línguas e não puderam contrastar os textos originais com suas traduções; b) a equipe de pesquisa foi composta por apenas dois membros; o desejável seria uma equipe de pesquisa mais ampla; c) por questões de tempo e de equipe, as fontes de evidência foram reduzidas aos três clássicos da Teoria da Atividade; o ideal seria incluir também autores contemporâneos no estudo; d) devido à razão anterior, não foram realizadas pesquisas em bases de dados internacionais, como Scopus e Scielo, em espanhol e inglês, o que deve ser realizado em futuras atualizações desta revisão.

REFERÊNCIAS

DAVIDOV, V. V.; MÁRKOVA, A. K. O conceito de atividade de estudo dos estudantes. *In*: PUENTES, Roberto Valdés; CARDOSO, Cecília Garcia Coelho; AMORIM, Paula Alves Prudente (org.). **Teoria da atividade de estudo**: contribuições de D. B. Elkonin, V. V. Davidov e V. V. Repkin. Livro I. 3. ed. Curitiba: CRV, [1996] 2021. p. 189-210.

DAVIDOV, V. V. Os problemas psicológicos do processo de aprendizagem dos estudantes. *In*: PUENTES, Roberto Valdés; CARDOSO, Cecília Garcia Coelho; AMORIM, Paula Alves Prudente (org.). **Teoria da atividade de estudo**: contribuições de D. B. Elkonin, V. V. Davidov e V. V. Repkin. Livro I. 3. ed. Curitiba: CRV, [1996] 2021a. p. 169-171.

DAVIDOV, V. V. Desenvolvimento Psíquico da criança. *In*: PUENTES, Roberto Valdés; CARDOSO, Cecília Garcia Coelho; AMORIM, Paula Alves Prudente (org.). **Teoria da atividade de estudo**: contribuições de D. B. Elkonin, V. V. Davidov e V. V. Repkin. Livro I. 3.ed. Curitiba: CRV, [1996] 2021b. p. 173-187.

DAVIDOV, V. V. Conteúdo e estrutura da atividade de estudo. *In*: PUENTES, Roberto Valdés; CARDOSO, Cecília Garcia Coelho; AMORIM, Paula Alves Prudente (org.). **Teoria da atividade de estudo**: contribuições de D. B. Elkonin, V. V. Davidov e V. V. Repkin. Livro I. 3. ed. Curitiba: CRV, [1996] 2021c. p. 211-229.

DAVIDOV, V. V. Atividade de estudo e aprendizagem desenvolvimental. *In*: PUENTES, Roberto Valdés; CARDOSO, Cecília Garcia Coelho; AMORIM, Paula Alves Prudente (org.). **Teoria da atividade de estudo**: contribuições de D. B. Elkonin, V. V. Davidov e V. V. Repkin. Livro I. 3. ed. Curitiba: CRV, [1996] 2021d. p. 247-264.

ELKONIN, D. B. Atividade de estudo: sua estrutura e formação. *In*: PUENTES, Roberto Valdés; CARDOSO, Cecília Garcia Coelho; AMORIM, Paula Alves Prudente (org.). **Teoria da atividade de estudo**: contribuições de D. B. Elkonin, V. V. Davidov e V. V. Repkin. Livro I. 3. ed. Curitiba: CRV, 2021c. p. 157-168.

ELKONIN, D. B. Estrutura da atividade de estudo. *In*: PUENTES, Roberto Valdés; CARDOSO, Cecília Garcia Coelho; AMORIM, Paula Alves Prudente (org.). **Teoria da atividade de estudo**: contribuições de D. B. Elkonin, V. V. Davidov e V. V. Repkin. Livro I. 3. ed. Curitiba: CRV, 2021b. p. 147-156.

ELKONIN, D. B. Questões psicológicas relativas à formação da atividade de estudo. In: PUENTES, Roberto Valdés; CARDOSO, Cecília Garcia Coelho; AMORIM, Paula Alves Prudente (org.). **Teoria da atividade de estudo**: contribuições de D. B. Elkonin, V. V. Davidov e V. V. Repkin. Livro I. 3. ed. Curitiba: CRV, 2021a. p. 139-141.

MOHER, D. *et al. Preferred reporting items for systematic review and meta-analysis protocols (PRISMA-P) 2015 statement.* **Systematic Reviews**, BMJ, v. 4, n. 1, 2015, Disponível em: https://systematicreviewsjournal.biomedcentral.com/articles/10.1186/2046-4053-4-1 Acesso em: 3 jun. 2010.

PUENTES, R. V. O sistema Elkonin-Davidov-Repkin no contexto da didática desenvolvimental da atividade (1958-2015). *In*: PUENTES, Roberto Valdés; CARDOSO, Cecília Garcia Coelho; AMORIM, Paula Alves Prudente (org.). **Teoria da**

atividade de estudo: contribuições de D. B. Elkonin, V. V. Davidov e V. V. Repkin. Livro I. 3. ed. Curitiba: CRV, 2021b. p. 55-82.

PUENTES, R. V. Sistema Elkonin-Davidov-Repkin: gênese e desenvolvimento da Teoria da Atividade de Estudo –TAE (1959-2018). *In*: PUENTES, Roberto Valdés; LONGAREZI, Andréa Maturano (org.). **Ensino desenvolvimental**: sistema Elkonin, Davidov, Repkin. Campinas: Mercado de Letras; Uberlândia: Edufu, 2019. p. 123-159.

PUENTES, R.V. Teoria da atividade de estudo: estado da arte das pesquisas russas e ucranianas (1958-2018). *In*: PUENTES, Roberto Valdés; CARDOSO, Cecília Garcia Coelho; AMORIM, Paula Alves Prudente (org.). **Teoria da atividade de estudo**: contribuições de D. B. Davidov e V. V. Repkin. Livro I. 3. ed. Curitiba: CRV, 2021c. p. 83-136.

PUENTES, R. V. Uma nova abordagem da teoria da aprendizagem desenvolvimental. *In*: PUENTES, Roberto Valdés; CARDOSO, Cecília Garcia Coelho; AMORIM, Paula Alves Prudente (org.). **Teoria da atividade de estudo**: contribuições de D. B. Elkonin, V. V. Davidov e V. V. Repkin. Livro I. 3. ed. Curitiba: CRV, 2021a. p. 31-54.

PUENTES, R. V; COELHO, Cecília G; AMORIN, Paula A. P. (org.) **Teoria da atividade de estudo**: contribuições de D. B. Elkonin, V. V. Davidov e V. V. Repkin. Livro I. 3. ed. Curitiba: CRV, 2021. p. 448.

REPKIN, V. V. Aprendizagem desenvolvimental e atividade de estudo. *In*: PUENTES, Roberto Valdés; CARDOSO, Cecília Garcia Coelho; AMORIM, Paula Alves Prudente (org.). **Teoria da atividade de estudo**: contribuições de D. B. Elkonin, V. V. Davidov e V. V. Repkin. Livro I. 3. ed. Curitiba: CRV, [1997] 2021d. p. 363-404.

REPKIN, V. V. Estrutura da atividade de estudo. *In*: PUENTES, Roberto Valdés; CARDOSO, Cecília Garcia Coelho; AMORIM, Paula Alves Prudente (org.). **Teoria da atividade de estudo**: contribuições de D. B. Elkonin, V. V. Davidov e V. V. Repkin. Livro I. 3. ed. Curitiba: CRV, 2021b. p. 321-328.

REPKIN, V. V. Formação da atividade de estudo nos estudantes. *In*: PUENTES, Roberto Valdés; CARDOSO, Cecília Garcia Coelho; AMORIM, Paula Alves Prudente (org.). **Teoria da atividade de estudo**: contribuições de D. B. Elkonin, V. V. Davidov e V. V. Repkin. Livro I. 3. ed. Curitiba: CRV, 2021c. p. 351-362.

REPKIN, V. V. O conceito de atividade de estudo. *In:* PUENTES, Roberto Valdés; CARDOSO, Cecília Garcia Coelho; AMORIM, Paula Alves Prudente (org.). **Teo-**

ria da atividade de estudo: contribuições de D. B. Elkonin, V. V. Davidov e V. V. Repkin. Livro I. 3. ed. Curitiba: CRV, 2021a. p. 311-320.

REPKIN, V. V.; REPKINA, G. V. A questão da estrutura da atividade de estudo. *In*: PUENTES, Roberto Valdés; CARDOSO, Cecília Garcia Coelho; AMORIM, Paula Alves Prudente (org.). **Teoria da atividade de estudo**: contribuições de D. B. Elkonin, V. V. Davidov e V. V. Repkin. Livro I. 3. ed. Curitiba: CRV, 2021. p. 421-428.

REPKINA, G. V.; ZAIKA, E. V. **Diagnóstico del nivel de formación de los componentes básicos de la actividad educacional**. Metodología de avaluación del nivel de formación de la actividad educativa, 1993. Disponível em: https://studfile.net/preview/6188109/page:4/. Acesso em: 20 jun. 2020.

TRICCO, Andrea C. *et al. PRISMA extension for scoping reviews (PRISMA-SCR): checklist and explanation*. **Annals of Internaal Medicine**, PMID: 30178033, n. 169, p. 467-473, 2018a. Disponível em: http://www.prisma-statement.org/Extensions/ScopingReviews. Acesso em: 22 abr. 2022

TRICCO, Andrea C. *et al. Preferred reporting items for systematic reviews and meta-analyses extension for scoping reviews (PRISMA-ScR) Checklist. 2018b*. Disponível em: http://www.prisma-statement.org/documents/PRISMA-ScR-Fillable-Checklist_11Sept2019.pdf. Acesso em: 23 out. 2021.

ZAIKA, E. V.; REPKIN, V. V; REPKINA, G. V. Enfoque estrutural dos níveis de diagnóstico e de formação da atividade de estudo. *In*: PUENTES, Roberto Valdés; CARDOSO, Cecília Garcia Coelho; AMORIM, Paula Alves Prudente (org.). **Teoria da atividade de estudo**: contribuições de D. B. Elkonin, V. V. Davidov e V. V. Repkin. Livro I. 3. ed. Curitiba: CRV, 2021. p. 405-420.

FORMAÇÃO CONTINUADA DE PROFESSORES DOS CURSOS DE FISIOTERAPIA: UMA REVISÃO SISTEMÁTICA DE LITERATURA

Lidiana Simões Marques
Orlando Fernández Aquino

INTRODUÇÃO

A metodologia para revisões sistemática de literatura denominada PRISMA (Preferred Reporting Items for Systematic Reviews and Meta-Analyses),[12] foi apresentada por primeira vez em 2009. O protocolo PRISMA trouxe importantes diretrizes para orientar os autores na preparação dos protocolos e no planejamento das revisões sistemáticas e meta-análises, a partir de um número mínimo de itens que devem ser tidos em conta (ESTARLI *et al.*, 2016).

Para Yepes-Nuñez *et al.* (2021), os estudos de revisão sistemática são úteis porque permitem fazer um levantamento significativo e elaborar uma síntese da produção científica de uma determinada área, em um determinado espaço de tempo. A prospecção, registro e categorização de pesquisas publicadas por outros pesquisadores em periódicos, teses, dissertações e livros, sobre uma temática específica, permitem identificar as prioridades sobre o tema a serem investigadas no futuro. Além disso, ajudam a detectar erros ocorridos em investigações primárias que devem ser corrigidos posteriormente em novos estudos, assim como avaliar teorias existentes.

Apesar de ter sido desenvolvido para pesquisas relacionadas às intervenções sanitárias, o protocolo PRISMA pode ser aplicado em diversas outras áreas, como na Educação. Ele pode também ser aplicado tanto em revisões originais quanto em revisões de atualização. No presente estudo entendemos a revisão sistemática no sentido de Estarli *et al.* (2016, p. 151):

---

[12] [1] "Itens de relatório preferidos para análises sistemáticas e meta-análises" (tradução nossa).

> Uma revisão sistemática visa reunir todas as evidências relevantes, que atendam aos critérios de elegibilidade pré--especificados, para responder a uma questão de pesquisa específica. Utiliza métodos sistemáticos e explícitos para minimizar vieses na identificação, seleção, síntese e resumo dos estudos. Se feito corretamente, fornece dados confiáveis para tirar conclusões e tomar decisões.

A realização do estudo partiu da formulação da seguinte pergunta norteadora: *como elaborar o estado do conhecimento sobre a formação continuada dos professores dos cursos superiores de Fisioterapia?* Para responder à pergunta, recorremos à variante da revisão sistemática de literatura, de acordo com a Declaração PRISMA 2020 (YEPES-NUÑEZ *et al.*, 2021). *O objetivo foi realizar um estado do conhecimento sobre a formação continuada dos professores dos cursos superiores de Fisioterapia.*

2.1 METODOLOGIA

Na organização da tarefa, seguiu-se uma sequência metodológica adaptada da literatura mais atual sobre esse tipo de revisão (ESTARLI *et al.*, 2016; CASARIN *et al.*, 2020; YEPES-NUÑEZ *et al.*, 2021): a) escolha do tema, a elaboração da questão, os objetivos e a definição dos descritores; b) definição das bases de dados para a pesquisa; c) registro das dissertações, teses e artigos; d) leitura das informações encontradas; e) seleção dos documentos com base nos critérios de inclusão e exclusão, a partir da contribuição dos textos ou não para se compreender o objeto de pesquisa; f) preenchimento da uma matriz estrutural para organizar as informações coletadas nas bases de dados; g) seleção, organização e extração das informações com descrição dos dados coletados por meio de análise e síntese; h) discussão dos resultados sobre as necessidades de formação dos professores dos cursos superiores de Fisioterapia; i) apresentação dos resultados da revisão.

Antes de mais nada, foi realizada a elaboração dos descritores que permitiriam orientar o trabalho nas bases de dados selecionadas (Catálogo de Teses e Dissertações da Capes, Biblioteca do IBICT e SciELO). Os descritores apresentam-se no Quadro 1:

Quadro 1 – Descritores para a pesquisa nas bases de dados

Descritores / Indicadores
Avaliação do curso de graduação em Fisioterapia
Construção de indicadores para avaliar necessidades dos professores
Construção de indicadores AND Fisioterapia
Construção de indicadores para avaliar necessidades AND professores
Construção de indicadores AND necessidades de formação em Fisioterapia
Construção de indicadores AND avaliação de necessidades de professores AND Descritores / Descritores / Desempenho em Fisioterapia
Desempenho docente de Fisioterapia
Docência AND Fisioterapia
Docentes de Fisioterapia AND formação
Formação continuada de professores de Fisioterapia
Formação continuada de Fisioterapia
Formação continuada AND Fisioterapia
Formação continuada AND professores de Fisioterapia
Formação de professores de Fisioterapia
Formação de professores AND Fisioterapia
Formação AND professores de Fisioterapia
Indicadores de desenvolvimento profissional de professores de ensino superior Descritores / Descritores / Desenvolvimento em Fisioterapia
Indicadores de desenvolvimento profissional dos professores de Fisioterapia
Indicadores de desempenho docente
Indicadores de qualidade na educação
Indicadores de qualidade AND professores de Fisioterapia
Necessidades de formação
Necessidades dos professores
Necessidades de professores AND Fisioterapia
Professores de Fisioterapia

Fonte: elaborado pelos autores

Esses descritores foram elaborados com o propósito de conhecer o que se tinha produzido nas pesquisas acadêmicas sobre "as necessidades de formação continuada dos professores dos cursos superiores de Fisioterapia".

Com essa finalidade, selecionamos como fontes do levantamento as seguintes bases de dados: o Catálogo de Teses e Dissertações da Capes; a Biblioteca Digital Brasileira de Teses e Dissertações (BDTD), do Instituto Brasileiro de Informação em Ciência e Tecnologia (IBICT); SciELO (Scientific Electronic Library Online) e Portal de Periódicos da Capes.

No processo de busca de fontes nessas bases de dados, com os descritores selecionados, seguimos o critério de inclusão de selecionar apenas as fontes atreladas ao objeto "necessidades de formação continuada dos professores dos cursos superiores de Fisioterapia". O critério de exclusão, portanto, era o inverso: as fontes não atreladas a esse objeto eram descartadas.

As fontes selecionadas segundo o critério de inclusão foram levadas a uma matriz estrutural, que permitiu a análise dos resultados com relativa facilidade. Essa matriz consistiu numa planilha de Excel®, em que foram registradas as fontes das evidências científicas que seriam objeto do estudo. As colunas dessa base de dados continham as seguintes informações: referência completa da fonte; objetivo ou problema estudado; dimensões/variáveis de investigação; metodologia de investigação (paradigma, abordagem, tipo de pesquisa, método e metodologia); contexto e atores da pesquisa; conclusões e principais achados da pesquisa; contribuições. Quando essas informações não podiam ser extraídas do título, resumo e palavras-chaves, consultava-se o corpo do trabalho para localizar as informações. Todos os textos selecionados foram salvos nos computadores de trabalho dos pesquisadores, para consulta no processo de avaliação dos resultados.

2.2 RESULTADOS E DISCUSSÃO

Na Figura 1 apresentamos de forma sintética os dados da busca realizada nas bases de dados selecionadas para a pesquisa, considerando os que foram excluídos por não se ajustarem aos critérios de inclusão, assim como os que foram incluídos na seleção das fontes de evidência.

Figura 1 – Fluxograma das buscas nas bases de dados: Periódicos Capes, SciELO, IBICT e Teses e Dissertações Capes

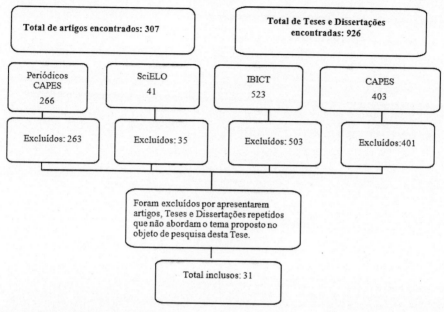

Fonte: elaborada pelos autores (2023)

Em síntese, foram selecionadas 18 dissertações, duas do Catálogo de Teses e Dissertações da Capes e 16 da Biblioteca Digital do IBICT. As quatro teses selecionadas encontram-se na Biblioteca do IBICT. Dos nove artigos selecionados, seis são de SciELO e três do Site de Periódicos da Capes.

2.2.1 Análise das dissertações selecionadas como fontes de evidências

Na dissertação de perpetuo (2005), intitulada *A prática pedagógica do fisioterapeuta docente*, o intuito é analisar a prática pedagógica dos fisioterapeutas docentes de um curso de Fisioterapia no sudoeste do Paraná, identificando os pressupostos teórico-práticos manifestos no processo de ensino-aprendizagem. A autora sintetiza que há a necessidade de capacitação continuada específica para a docência, de modo a fornecer recursos ao profissional fisioterapeuta para que possam fundamentar as suas ações como educadores. São debatidos temas como o projeto político pedagógico, perfil do profissional do egresso, concepções pedagógicas, técnicas de ensino, funções do educador e aspectos relativos ao ensino de forma geral, argumentando-se que são relevantes para o fortalecimento do fisioterapeuta, também como educador do ensino superior.

Na investigação de Pivetta (2006), cujo título é *Concepções de formação e docência dos professores do curso de Fisioterapia do Centro Universitário Franciscano*, o autor identificou as concepções de formação e de docência que os professores do curso de Fisioterapia vêm construindo frente ao novo currículo. Os achados da pesquisa em questão indicam concepções que estão entrelaçadas e vêm sendo construídas ao longo da trajetória docente. Elas apresentam forte influência do projeto do curso sobre o pensar e o fazer docente ao mesmo tempo em que identificam as reuniões pedagógicas e a própria prática como espaços privilegiados de formação e aprendizagem docente.

O perfil de formação e atuação do docente fisioterapeuta pauta-se em sua experiência clínica e de professor. A partir da leitura é possível perceber que os professores supervisores de estágio, apesar de não terem formação pedagógica específica, ao longo de seu percurso elaboram formas de pensar e agir, o que os respalda pedagogicamente, conferindo-lhes, assim, a autoridade sobre seu fazer profissional como supervisores de estágios, embora haja dificuldades na prática da docência devido à falta de instruções pedagógicas durante o período da graduação.

A pesquisa de Esteves (2008) teve como objetivo discutir, na ótica de supervisores de estágio, o processo de formação docente para o exercício da atividade de supervisão. Nesse estudo foram entrevistados 10 supervisores de estágio do curso de aprimoramento profissional em Fisioterapia, num Hospital Escola da Zona Leste do município de São Paulo. Com base no trabalho analítico, delineamos subsídios que podem constituir-se em pontos de partida que, fundamentados teórica e metodologicamente, podem orientar práticas de educação permanente de supervisores de estágio, comprometidos com uma formação em Fisioterapia que articule conhecimento, reflexão e prática social.

Por sua parte, em sua dissertação intitulada *Processos constitutivos da docência superior: saberes e fazeres de professores de Fisioterapia*, Austria (2009) buscou compreender como ocorrem os processos constitutivos da docência superior para os professores fisioterapeutas que atuam no curso de Fisioterapia, no contexto da Universidade Federal de Santa Maria.

Para isso, consideramos os saberes adquiridos na formação inicial e os saberes da docência superior. Além disso, compreendemos que os processos constitutivos da docência superior, para os professores fisioterapeutas, ocorrem no entrelaçamento de saberes próprios da profissão e de saberes aprendidos da e sobre a docência, o que se dá ao longo das trajetórias desses profissionais. Esse processo é alavancado quando existe a possibilidade de compartilhamento entre os sujeitos, de maneira que a reflexão sobre suas ações favoreça uma tomada de consciência sobre elas e, assim, a sua transformação.

Vale ressaltar que o que se enfatiza aqui nas entrevistas é o fato de a aprendizagem ser um processo de ressignificação do sujeito, ou seja, é um processo particular e específico para cada professor, bem como dinâmico e dependente dos esforços de cada indivíduo (SILVA *et al.*, 2021). O movimento de narrar a vida e a profissão amplia não apenas os saberes, os conhecimentos e as experiências do ser professor, mas, acima de tudo, do aprender continuamente a profissão, a pesquisa e os diferentes aspectos que desse movimento possam surgir, trazendo outras tantas possibilidades teóricas, metodológicas, epistemológicas, de vida, existência, pesquisa e formação (MORAIS; BRAGANÇA, 2021).

Na pesquisa de Flach (2009), *A formação pedagógica do professor universitário fisioterapeuta*, investiga-se a formação e a prática dos professores universitários fisioterapeutas da cidade de Curitiba, Paraná. A investigação em questão aponta que além de buscar formação específica para a docência, é necessário permanecer nela continuamente e praticar um ensino que promova a produção do conhecimento. Os participantes enfatizaram ainda a necessidade de superar metodologias e visões ultrapassadas, referentes ao ensino-aprendizagem e reduzidas à reprodução do conhecimento.

A pesquisa conclui que a busca por uma formação pedagógica pode favorecer a formação de profissionais fisioterapeutas mais críticos, humanos, consonantes e transformadores. As ações de formação docente institucionais colaboram para a constituição do docente-bacharel por oferecer subsídios para a produção de conhecimentos pedagógicos e propiciar mudanças de paradigmas na atuação do bacharel, como docente, no que se refere aos processos de ensino-aprendizagem.

Um tema bem específico foi abordado no trabalho de Grecchi (2009), em que a percepção de professores universitários a respeito da saúde mental no contexto da sala de aula é avaliada. O objetivo geral do estudo foi verificar como o professor universitário percebe e lida com a sua saúde mental, principalmente com a de seus alunos, em sala de aula. O autor utilizou as entrevistas de 11 professores de primeiro e segundo semestres dos cursos de Fisioterapia, Jornalismo e Sistemas de Informação da Universidade Privada de São Paulo.

Com base no método da Ground Theory, foram realizadas as codificações – aberta, axial e seletiva dos dados –, que no final foram agrupadas em nove categorias, sendo estas: percepção da saúde mental dos professores; percepção da saúde mental dos alunos; manejo da saúde mental do professor; manejo da saúde mental dos alunos; conceito de saúde; conceito de promoção da saúde; contextos promotores da saúde; contextos não promotores da saúde e manejo de alunos geradores de desconforto.

A partir dos dados coletados, compreende-se que a prática do professor é solitária quanto aos seus recursos psicológicos, seus valores e suas crenças pessoais como instrumentos para driblar as adversidades que surgem de seus alunos na sala de aula. Nesse ambiente, na perspectiva dos participantes, o aluno surge como o maior problema à prática docente, na medida em que sua imaturidade, sua passividade e seus conflitos não permitem que o professor transmita os conteúdos planejados, sendo esse o maior motivo de frustrações e desmotivação desse profissional nesse contexto.

Na dissertação de Yamashiro (2010), *A docência em Fisioterapia: sobre a formação pedagógica e as práticas educativas*, o objetivo é analisar, na ótica de fisioterapeutas docentes, a formação para a docência universitária e as práticas educativas que são utilizadas no processo de ensino-aprendizagem da graduação em Fisioterapia.

A pesquisa identificou que grande parte dos fisioterapeutas que eram docentes não foram preparados formalmente para exercer a função docente e, com isso, buscaram esse preparo seguindo o modelo de outro professor, mediante busca pessoal e voluntária na trajetória docente. A ausência do conhecimento sistematizado e reflexivo sobre as práticas pedagógicas adotadas pelos fisioterapeutas docentes foi mapeada, o que pode restringir a função do professor de mediação e articulação entre o conhecimento e os alunos, sendo possível identificar uma centralidade na transmissão e no acúmulo de informações, o que pode prejudicar o processo ensino-aprendizagem em alguns aspectos. Essas lacunas de formação, com apenas transmissão do conteúdo, podem refletir diretamente na absorção dele pelo aluno e até mesmo no aspecto avaliativo (SILVA *et al.*, 2021).

Na investigação de Yonue (2011), cujo título é *Capacitação do profissional de Fisioterapia para a docência no ensino superior*, a autora buscou investigar aspectos da capacitação profissional de Fisioterapia para a docência no ensino superior. No final, a autora conclui que existe a necessidade de serviços de capacitação pedagógica nos cursos de graduação que formam os profissionais, sem o título de licenciatura, como é o caso da Fisioterapia, proporcionando como produto uma maior qualidade do ensino.

Em outra pesquisa sobre formação, de Marques (2012), *O processo de formação pedagógica de docentes supervisores de estágio curricular no curso de Fisioterapia da Universidade Federal de Santa Maria*, investigou-se o processo de formação pedagógica de docentes no estágio supervisionado daquela instituição. Os perfis de formação e de atuação do docente fisioterapeuta pautaram-se em sua experiência clínica e na de ser professor. A elucidação da visão dos fisioterapeutas sobre a formação docente faz referência a uma possível contribuição da pedagogia universitária para os bacharelados em Fisioterapia, no intuito de contribuir com sua formação continuada.

Na pesquisa de Costa (2012), *O processo de construção dos saberes pedagógicos do fisioterapeuta docente: o significado da prática*, os objetivos foram configurados da seguinte forma: a) identificar as principais dificuldades encontradas pelos fisioterapeutas em sua atuação docente; b) entender como a prática docente propicia a construção dos saberes pedagógicos para os fisioterapeutas; c) compreender os significados profissionais que a atuação docente adquire para o fisioterapeuta-professor; d) perceber a visão do fisioterapeuta docente acerca da formação e dos objetos de trabalho da Fisioterapia; e) analisar a possibilidade do estabelecimento de princípios pedagógicos a partir da Teoria da Complexidade, que possam auxiliar o Fisioterapeuta em sua ação docente.

A pesquisa mostra que a prática docente implica a necessidade constante de atualização para esses profissionais. A principal dificuldade encontrada na pesquisa é a relação docente-discente. Aponta-se também que os conhecimentos utilizados não se podem restringir apenas a área específica de atuação do fisioterapeuta.

Silva e Silva (2013), em sua dissertação de mestrado, *Avaliação do curso de Graduação em Fisioterapia: estudo de caso em instituições privadas*, propôs como objetivo central avaliar o ensino e os aspectos educacionais e científicos de um curso de Fisioterapia na visão dos discentes e docentes, em uma instituição privada. A autora efetua uma investigação qualiquantitativas por meio de um estudo de caso.

Na pesquisa bibliográfica, ela averigua que a educação destina-se ao ser humano com o propósito de seu desenvolvimento, enquanto no estudo de caso observa-se uma demanda para o incremento de políticas educacionais que contextualizam os aspectos científicos nas instituições de ensino superior. A autora conclui que a educação deve ser atrelada à pesquisa científica e sua inserção nas políticas públicas educacionais, de forma a promover essa diretriz na formação dos discentes (SILVA e SILVA, 2013).

A investigação de Soares (2013), *Docência universitária e desenvolvimento profissional do fisioterapeuta professor: desafios implícitos-retratos e relatos*, teve por objetivo investigar os desafios na docência superior que mobilizam fisioterapeutas professores a investirem em seu desenvolvimento profissional docente.

Soares (2013) aponta como resultados principais, de acordo com as análises empreendidas, que o fisioterapeuta professor, na construção da sua profissionalidade, recorre aos saberes advindos da prática e da teoria, assim como narra compreensivamente sobre os investimentos em seu desenvolvimento profissional, que por extensão têm estreita conexão com os processos de formação continuada. E, de forma mais coesa, com o exercício docente universitário que requisita criatividade, flexibilidade e competências sempre renovadas daquele que o assume profissionalmente.

No estudo de Albuquerque (2013), o objetivo geral foi conhecer o uso das Tecnologias de Informação e Comunicação (TICs) pelos docentes no processo ensino-aprendizagem de uma instituição privada de ensino superior na cidade de Maceió, no estado de Alagoas. A metodologia utilizada foi descritiva, transversal, quantiqualitativa, com a participação de 25 docentes de Biomedicina, Enfermagem, Farmácia, Fisioterapia, Nutrição e Odontologia, que responderam um questionário com 16 perguntas sobre as TICs na prática docente.

A maioria dos professores pesquisados tinham formação docente para utilizar as TICs e as mais usadas eram: *blog* e outras redes sociais, *chat*, *data show*, correio eletrônico, fórum de discussão, videoconferência e *wikis*. Para esses professores, essas tecnologias são importantes para as práticas pedagógicas e já fazem parte do seu cotidiano, contribuindo para o processo ensino-aprendizagem.

Desde nosso ponto de vista, o trabalho docente pode enriquecer-se grandemente com o uso das Tecnologias Digitais e a possibilidade de dinamização de suas atividades, dos instrumentos, dos meios e das fontes para a elaboração de aulas e outros complementos, inclusive para suas pesquisas, é promissora.

A tecnologia não se estabelece sob uma condição de neutralidade em relação aos interesses sociais e, por isso, é importante uma discussão analítica a respeito da prática docente e da formulação de propostas referentes à formação, à capacitação e à defesa dos interesses desses profissionais frente ao processo de inovações tecnológicas.

Ainda sobre a formação pedagógica, na pesquisa *A docência em Fisioterapia: necessária formação pedagógica*, Oliveira (2014) teve como propósito discutir o processo de formação pedagógica dos fisioterapeutas docentes no ensino superior. Na discussão sobre a necessidade de formação pedagógica, percebe-se, pela maioria dos docentes, que eles não estão preparados pedagogicamente para exercerem tal função. Entretanto observa-se que grande parte busca continuamente por capacitações, cursos e aperfeiçoamentos, e a formação stricto sensu para atualização e melhor qualificação para a docência. Foi sugerida, como forma de aprimoramento da prática docente, uma capacitação presencial sobre docência na própria instituição de ensino. Observamos ainda que a análise dos resultados dessa pesquisa estimulou a realização de novas investigações, incluindo a percepção do aluno sobre a docência na Fisioterapia.

Em outra perspectiva, Jorgelewicz (2015), em seu estudo, *As emoções no sentir, no pensar e no agir, dialogando com Humberto Maturana na formação de professores de Fisioterapia*, teve como principais objetivos explicitar as contribuições de algumas proposições epistemológicas de Humberto Maturana para a edificação de uma educação que promova uma educação pautada na redescoberta da natureza humana, uma natureza determinada pelo amar, baseada na democracia como uma arte, sem o desejo de dominar, com a renúncia da autoridade do professor, num clima que propicie e estimule a descoberta por meio do *linguajar*, do respeito e da liberdade. A pesquisa demonstrou que é necessário atentar para as emoções, para o cuidado do ser humano, para a escuta e para o acolhimento das diferenças nos espaços e tempos escolares.

Já Schwaab (2015), em seu estudo sobre indicadores, *Evaluative aspects that compose the quality indicators of higher education: a comparative analysis with focus on the students of Unipampa*, teve como intuito verificar se há diferenças nas avaliações dos discentes da Unipampa e em suas percepções sobre a sua instituição comparativamente a outras universidades federais brasileiras. Para tanto, procedeu-se à aplicação do Teste t the Student, para amostras independentes, e Teste de Mann Whitney, nos dados referentes ao exame ENADE 2013. Os cursos selecionados foram: Farmácia, Fisioterapia e Serviço Social.

As principais diferenças encontradas são referentes ao desempenho nas notas brutas no componente específico dos estudantes dos cursos de Farmácia e Fisioterapia da universidade. As recomendações da pesquisadora envolvem os gestores e os coordenadores de curso, para que proponham um plano de capacitação continuada para os docentes, abordando temáticas como práticas pedagógicas, e buscar a conscientização dos cursos sobre a importância do Exame Nacional de Educação.

Na dissertação de mestrado de Maggi (2017), cujo título é *Saberes docentes dos professores que atuam em cursos de Fisioterapia no município de Rio Branco*, Acre, a autora propõe-se a investigar a seguinte questão: *quais são os saberes docentes que norteiam as práticas pedagógicas dos professores que atuam em cursos de graduação de Fisioterapia, no município de Rio Branco, no Acre?* Participaram desse estudo professores dos cursos de Fisioterapia do município de Rio Branco, Acre, que estavam trabalhando numa instituição de ensino superior em 2017; um dos critérios de inclusão era ter bacharelado na profissão.

Fez-se a seleção de abordagens quantitativa e qualitativa para a pesquisa. O instrumento utilizado foi um questionário semiestruturado com questões mistas (abertas e fechadas), aplicado a 20 participantes. Nesse sentido, os docentes relataram que os saberes utilizados para desenvolver as práticas pedagógicas foram: a experiência profissional e a prática diária; prática ligada à sala de aula e aos casos clínicos reais ou situações problemas; conhecimentos e vivência, assim como a utilização de metodologias ativas para motivar o ensino e a aprendizagem.

O uso das metodologias ativas parece ser uma contradição nas respostas do questionário utilizado, uma vez que a concepção de saber docente não esclarece que o saber pedagógico, as teorias pedagógicas e o relacionamento com o aluno e com o seu aprendizado não são tão importantes para a maioria dos participantes da pesquisa. Entretanto é possível observar que o uso das metodologias ativas caracteriza-se mais como uma necessidade do aperfeiçoamento da prática profissional e da convivência do que de uma inquietação ou discussão do saber pedagógico.

A autora Moura (2019) faz menção sobre motivação em sua dissertação *Docência no ensino superior: concepções de docentes fisioterapeutas*. Seu estudo teve como objetivo analisar as reflexões de fisioterapeutas docentes sobre o exercício da docência no ensino superior e apresentou uma abordagem qualitativa, descritiva, do tipo estudo de caso.

Foram convidados a participar da investigação os docentes fisioterapeutas atuantes no curso de Fisioterapia de uma instituição privada do estado da Bahia. Os professores relataram a importância do encantamento, da motivação e do incentivo aos discentes para transformá-los em profissionais comprometidos com a sociedade. Porém, durante as observações da pesquisadora nas aulas, apenas uma docente destacou-se por apresentar um perfil questionador, crítico e reflexivo. Havia um desconhecimento sobre o projeto pedagógico do curso e eles não conseguiam relacioná-lo com a docência. A autora preconiza que os professores devem incentivar seus alunos a adquirirem conhecimento prévio do conteúdo que diversifiquem as estratégias de ensino, utilizando postura provocativa, com perfil criativo, crítico e reflexivo.

Nas dissertações revisadas, de forma geral, nas considerações finais ou conclusões, há uma preocupação com a formação dos professores (YAMASHIRO, 2010; SOARES, 2013), principalmente com capacitação e aperfeiçoamento, na área específica ou não (PERPETUO, 2005; ESTEVES, 2008; FLACH, 2009; OLIVEIRA, 2014; SCHWAAB, 2015), com reflexo na qualidade de ensino (YONUE, 2011). Ainda há várias referências sobre o ambiente de trabalho, como reuniões e relação com alunos no tempo e espaço das instituições (PIVETTA, 2006; COSTA, 2012; JORGELEWICZ, 2015; MOURA, 2019), compartilhamento entre os professores (PIVETTA, 2006; AUSTRIA, 2009), com referências sobre currículos ou marcos legais da profissão e uso das tecnologias de informação e comunicação (ALBU-QUERQUE, 2013).

Um dos trabalhos fez referência sobre a saúde mental do professor (GRECCHI, 2009) e alguns estudos mostraram que existem professores que não consideram importante a formação pedagógica, considerando a prática clínica o suficiente para garantir a atuação como professor na Fisioterapia (MARQUES, 2012). No geral, a formação continuada é vista em relação estreita com a capacitação profissional para a prática pedagógica.

2.2.2 Análise das teses selecionadas como fontes de evidências

Rebellato (2006), em sua tese *A docência em Fisioterapia: uma formação em construção*, teve por objetivo analisar o processo de formação do professor de Fisioterapia. Diversos aspectos do objeto de estudo foram investigados por meio de pesquisa qualitativa. Os objetivos específicos do referido trabalho são os contextos econômico, político e social que condicionam o trabalho do fisioterapeuta e o exercício docente no ensino superior.

Como instrumento de coleta de dados foi utilizada uma entrevista semiestruturada e participativa com questões abertas, que permitiu obter uma visão sobre o objeto de investigação. Foram considerados contrapontos existentes entre a legislação vigente que, muitas vezes, impõe limites a certas dimensões da atuação do fisioterapeuta docente e à formação continuada, entendida como um mecanismo permanente de capacitação, destinada ao professor, um profissional que deve desenvolver o processo de ensino-aprendizagem.

A análise dos dados coletados nas entrevistas realizadas pela investigadora Rebellato (2006) com os professores de Fisioterapia, revelou como interferência principal, no exercício da docência do ensino superior, a falta de qualificação pedagógica do docente, fator que traz limites à superação da prática tradicional, assim como uma carência de incentivos para pesquisa científica. Por outro lado, as entrevistas demonstraram a importância da pós-graduação, bem como a legitimidade da experiência profissional para a formação continuada no ensino superior.

A pesquisa forneceu dados importantes para idealizar as seguintes propostas de transformações: para o nível da graduação, uma reconsideração dos conteúdos referentes aos parâmetros curriculares que envolvam problemas quanto ao processo ensino-aprendizagem na área de Fisioterapia e favorecer o processo de formação do fisioterapeuta também para a docência. Além disso, sugeriu-se que os programas de pós-graduação desenvolvam projetos mais específicos para a docência no ensino superior na área da Fisioterapia. A pesquisadora reforça o incentivo à pesquisa e à potencialização das publicações na área; implementação de cursos para formação continuada que contemplem a metodologia e a prática de ensino da Fisioterapia, e que os professores tenham um espaço de promoção e interação entre pesquisadores e produções relativas à formação de professores em Fisioterapia.

Na tese de Pagnez (2007), *O ser professor do ensino superior na área da saúde*, propôs como objetivo compreender a concepção de docência de um grupo de professores da área da saúde e analisar suas configurações de identidade docente, construídas nas trajetórias pessoais e profissionais. A metodologia usada foi uma entrevista semiestruturada, com 16 professores da área da saúde, e os temas levantados para a construção da identidade foram: formação, docência, aprendizagem da docência, instituição, relação professor e aluno, família, autoimagem e projetos de pesquisa.

A investigadora observou que a profissão de professor do ensino superior solidifica-se pela busca do diploma de pós-graduação e pelo "mandato socialmente atribuído, bem como que a instituição é um eixo norteador da formação da atuação docente" (PAGNEZ, 2007, p. 8).

Na tese de Lauxen (2009), *Docência no ensino superior: revelando saberes dos professores da área da saúde da Unicruz, RS*, o problema da investigação assim se expressa: *entre os saberes mobilizados na prática pedagógica dos professores da área da saúde, quais os que se evidenciam e predominam e em que situações pedagógicas qualificam sua prática?*

Os objetivos que delimitam e cercam o objeto de investigação são: (re) conhecer os saberes mobilizados na prática pedagógica dos professores da área da saúde; identificar os saberes que predominam/evidenciam na prática, bem como os motivos; analisar as situações que qualificam a prática pedagógica. A abordagem foi de natureza qualitativa, realizada mediante um estudo de caso. A construção teórica e os depoimentos dos docentes confirmaram a proposta inicial e evidenciaram que os projetos institucionais e de cursos, a prática interdisciplinar e o fórum permanente da pedagogia universitária são possibilidades para qualificar a prática dos docentes da área da saúde.

Por sua vez, Miranda (2015), em sua tese *A construção do conhecimento pedagógico de conteúdo na docência em Fisioterapia em atenção primária à saúde: um estudo de caso*, pretendeu amplificar o debate sobre as práticas e as competências profissionais da Fisioterapia no âmbito do Sistema Único de Saúde. Essa pesquisa teve por objetivo elaborar e validar uma proposta de atuação da Fisioterapia na atenção básica à saúde, campo que pode contribuir para o desenvolvimento dessa profissão.

A proposta foi organizada em duas dimensões: princípios da atenção básica para a Fisioterapia e atribuições do fisioterapeuta na atenção básica nos aspectos organizacionais e técnico-operacionais. Assim, foi identificada uma construção coletiva, com potencialidade de subsidiar políticas públicas para a atuação de fisioterapeutas nos Núcleos de Apoio à Saúde da Família.

2.2.3 Análise dos artigos selecionados como fontes de evidências

No artigo de Cardoso (2008), *Construção de uma práxis educativa em informática na saúde para ensino de graduação*, o objetivo era apresentar um relato de experiências vivenciadas na Universidade Estadual do Sudoeste da Bahia (UESB), campus de Jequié, referente ao ensino da informação e da informática na saúde, direcionadas para os profissionais dos cursos de graduação dessa área, especificamente Fisioterapia e Enfermagem.

A pesquisa partiu da prática construída na disciplina de Informática Aplicada à Saúde. Foi coletado o relato de experiências de um professor, com destaque para a importância de se realizar um ensino da informática que estabelecesse relações entre as Tecnologias da Informação e Comunicação com a práxis do profissional da saúde, o que favoreceu um avanço do processo pedagógico, permitindo com que o discente pudesse "visualizar" como tais tecnologias poderiam ser usadas e seu impacto em sua qualificação e na produção de novas formas de atuação como profissional.

Nos aspectos de atuação de docentes, Guedes, Alves e Wyszomirska (2013), no artigo *Ensino e práticas da Fisioterapia aplicada à criança na formação do fisioterapeuta* tiveram por objetivo investigar o ensino e a aprendizagem da Fisioterapia aplicada à criança nos cursos de Fisioterapia de Alagoas. O estudo configura-se como exploratório e descritivo, construído a partir de uma abordagem qualitativa e quantitativa, realizado com docentes responsáveis pelo ensino e egressos dos cursos de Fisioterapia. Os procedimentos adotados foram uma análise documental do plano de ensino do curso, aplicação de questionário utilizando uma escala Likert aos alunos e entrevistas com os professores.

Com a pesquisa, percebeu-se que o ensino de Fisioterapia aplicada à criança em Alagoas sofre as consequências do crescimento explosivo do número de cursos, com práticas centradas apenas nas doenças, com menor atenção para os aspectos de melhora da qualidade de vida dessas crianças. Os docentes e egressos sugerem uma discussão do projeto pedagógico, com ampliação e antecipação das vivências práticas para os anos iniciais do curso, inserção de novos conteúdos nas disciplinas e acréscimo de carga horária, além de modificações da metodologia de ensino com ênfase em metodologias ativas. Refere-se, ainda, o suporte institucional para que ocorram essas mudanças, implementação de ações interdisciplinares e multidisciplinares e aprimoramento na articulação da teoria e da prática.

O artigo de Battistel *et al.* (2015), intitulado *Articulação do conhecimento específico e acadêmico como propulsor da qualidade do desenvolvimento docente*, desenvolvido pelo Grupo de Pesquisa Trajetórias de Formação da Universidade Federal de Santa Maria, no Rio Grande do Sul, teve como objetivo investigar as repercussões das áreas específicas de conhecimento da docência universitária em professores da área da saúde.

A amostra foi composta por nove professores do Centro das Ciências da Saúde. Os autores analisaram como os docentes participantes compreendem os conceitos de conhecimentos específicos e acadêmicos e como eles relacionam-se ou articulam-se na prática. Utilizou-se como pressuposto metodológico a abordagem qualitativa de cunho narrativo com registro por gravação.

Os resultados do estudo de Battistel *et al.* (2015) evidenciaram que a articulação dos conhecimentos específicos e acadêmicos na prática pedagógica dos professores de ensino superior na área da saúde é propiciada pelos movimentos construtivos dos docentes, que estão relacionados com as trajetórias pessoal e profissional de cada participante, que, por sua vez, é influenciada pela especificidade da formação na área da saúde.

Nesse sentido, "acredita-se que para os professores da área da saúde é importante que além de uma sólida formação básica, que como eles afirmam é tecnicista, haja uma formação pedagógica" (BATTISTEL *et al.*, 2015, p. 224). Para os professores, as instituições de ensino superior devem assessorá-los na formação continuada, ou seja, com capacitações regulares e organizadas, e espaços compartilhados de formação que promovam a aprendizagem pedagógica, com a finalidade de amplificar a qualidade do seu desenvolvimento profissional na docência.

No levantamento de dados de Warken, Freitas e Domingues (2015), apresentado no artigo *A formação acadêmica e a produção do conhecimento científico do fisioterapeuta pesquisador amazônida*, eles buscaram caracterizar o perfil de formação do fisioterapeuta pesquisador e fazer descrições qualitativa e quantitativa da sua produção científica.

Os pesquisadores realizaram um estudo transversal descritivo-analítico, por meio de sites eletrônicos das universidades públicas e privadas situadas na Amazônia Legal que ofertam o curso de graduação em Fisioterapia. Os critérios de inclusão foram: docentes de curso de graduação em Fisioterapia das universidades inseridas na Amazônia Legal, ter pós-graduação, apresentar o currículo registrado na Plataforma *Lattes* que fosse atualizado nos últimos três anos e ter publicado artigo científico, livro ou seção de livro, resumos de trabalhos publicados em anais de congresso científico, no período compreendido entre 2009 e 2014.

O estudo mostra que foram analisados 66 fisioterapeutas pesquisadores amazônicos e que 24,2% eram doutores, 50% tinham concluído a pós-graduação na área de Fisioterapia na região amazônica e 13% em outras localidades. Constatou-se que a produção científica era predominante em revistas com *Qualis* B e que a trajetória a ser percorrida pelo docente fisioterapeuta e a produção de conhecimentos é impactada pela melhoria dos programas de iniciação científica e de parcerias entre as instituições de ensino superior da região norte do país. O intuito da pesquisa foi criar subsídios para implantar programas de pós-graduação stricto sensu em Fisioterapia na região amazônica.

Já Magalhães *et al.* (2016), em seu estudo *Percepção, interesse e conhecimento de docentes de Fisioterapia sobre a ética na profissão*, avaliou os aspectos relacionados ao interesse, à percepção e aos níveis de conhecimento sobre ética entre docentes de Fisioterapia de uma universidade pública no Amazonas. Tratou-se de uma pesquisa do tipo quantitativo, descritivo e transversal. Participaram 18 professores, que responderam 21 questões, distribuídas nos eixos: interesse, percepção e níveis de conhecimento.

Os professores demonstraram falta de conhecimento sobre o código de ética da profissão, e os autores concluíram ser necessário aprofundar o conhecimento e estimular a reflexão ética dos docentes com o objetivo de obter o crescimento profissional e o desenvolvimento dos discentes.

A pesquisa sobre trabalho docente de Dias, Chaveiro e Porto (2018), intitulada *Qualidade de vida no trabalho de fisioterapeutas docentes no município de Goiânia, Goiás, Brasil*, teve como principal objetivo analisar a qualidade de vida no trabalho de docentes dos cursos de Fisioterapia no município de Goiânia, no estado de Goiás.

O estudo contou com a participação de 65 docentes com bacharelado em Fisioterapia, sendo aplicado um questionário sociodemográfico e um questionário de qualidade de vida no trabalho denominado Total Quality of

Work Life (TQWL-42). A jornada de trabalho com maior destaque variou de 31 a 40 horas semanais (38,5%) e 19 horas (29,2%), e os docentes apresentavam uma renda de até R$ 3.500,00.

Verificou-se que os docentes que atuavam em pós-graduação ou exerciam cargo de chefia tinham médias salariais mais altas do que aqueles que trabalhavam apenas na graduação. A satisfação com a renda e com a atividade docente também apresentou resultados significativos, influenciando a qualidade de vida no trabalho dos participantes de forma positiva.

Embora não direcionado à Fisioterapia, o artigo *Tecnologias Digitais, formação docente e práticas pedagógicas*, de Modelski, Giraffa e Casartelli (2019), trata da formação docente de ensino superior. A discussão nele proposta resultou de uma pesquisa qualitativa, apoiada por um estudo de caso, com dados coletados por meio de entrevistas semiestruturadas, na universidade comunitária no Sul do Brasil, e a metodologia usada foi análise textual discursiva. Na pesquisa foram identificadas quatro grandes competências para a análise: fluência digital, prática pedagógica, planejamento e mediação pedagógica.

No artigo, os autores discutem a fluência digital por entender sua contribuição para docentes que desejam utilizar e criar práticas pedagógicas com Tecnologias Digitais. Os sujeitos entrevistados no estudo demonstraram uma variabilidade no domínio quanto ao uso de tecnologias, mas evidenciaram restrições em sua formação no que tange aos aspectos didático-metodológicos.

Os resultados fornecem indicadores para se repensar a organização de espaços de formação para que o corpo docente experimente, teste, discuta e troque experiências sobre as possibilidades didáticas para compor suas práticas com o uso de Tecnologias Digitais e suas características peculiares, como a fluência digital, a prática pedagógica, o planejamento e a mediação pedagógica.

A pesquisa de Sumiya, Fujisawa e Albuquerque (2020), *Interests, limits and possibilities of curricular structures in physical therapy*, conjecturou verificar as tensões que envolvem as mudanças curriculares do um curso de Fisioterapia com base nos conceitos de campo, *habitus* e capital de Pierre Bourdieu. Essa pesquisa foi qualitativa, com observações de campo e entrevistas com professores, utilizando roteiro semiestruturado e análise de conteúdo. Ela foi realizada na Universidade Estadual de Londrina e o curso de Fisioterapia foi pesquisado por meio do monitoramento de sete professores e suas disciplinas, de março a junho de 2012.

Criaram-se disciplinas-chaves que deveriam interligar a matriz curricular, favorecendo a integração dos conteúdos, porém não houve adesão dos professores. Nesse estudo, os professores seguiram atuando da mesma forma, sem saber das suas determinações, ou seja, os agentes e seus *habitus* refletiram a estrutura existente, sem alteração das práticas, permanecendo um currículo linear disciplinar.

No artigo de Medeiros (2021), intitulado *Análise do ensino em Fisioterapia no Brasil durante a pandemia de Covid-19*, o objetivo foi verificar a situação do ensino superior de Fisioterapia no Brasil em instituições públicas e privadas no período da pandemia de Covid-19 segundo a percepção dos docentes. Para a contenção da doença, as pessoas foram obrigadas a adotarem o isolamento social, logo, grande parte da população precisou entrar em teletrabalho, inclusive os professores, de todos os níveis e modalidades de ensino.

A pesquisa foi conduzida utilizando-se formulário eletrônico, distribuído por aplicativo de mídia social, contendo questões relacionadas às características dos docentes, da instituição de ensino e do processo de trabalho. Participaram da pesquisa 313 docentes de 22 estados. Entre os participantes, 62,94% eram de instituições privadas e 73,80% relataram que as atividades foram mantidas na modalidade de ensino remoto emergencial. Quanto ao processo de trabalho, o ensino remoto foi adotado por 99,49% das instituições privadas, enquanto 69,83% das escolas públicas suspenderam o calendário acadêmico.

No Brasil, diante da pandemia de Covid-19, a maioria das instituições aderiu ao ensino remoto, de forma mais prevalente as instituições privadas, entretanto não houve um planejamento para a transição do ensino presencial para o remoto devido ao caráter emergencial da pandemia.

CONCLUSÕES

A revisão sistemática apresentada neste capítulo permitiu dar uma resposta à pergunta científica que a originou: *como elaborar o estado do conhecimento sobre a formação continuada dos professores dos cursos superiores de Fisioterapia?* Em resposta a esse problema de investigação seguem as seguintes sínteses de conhecimento.

A investigação realizou-se com base em 31 fontes de evidências científicas – 18 dissertações, quatro teses e nove artigos científicos –, localizadas em quatro importantes bases de dados. A discussão dos resultados permitiu identificar as principais temáticas trabalhadas nessas fontes, as metodologias de pesquisas mais utilizadas, assim como ter uma clara percepção da complexidade da formação continuada dos professores dos cursos universitários de Fisioterapia, os quais, como revela a pesquisa, têm urgentes necessidades pedagógicas e didáticas a serem preenchidas na formação continuada.

A região do Brasil com maior produção de pesquisas sobre a formação de professores dos cursos de Fisioterapia é a do Sul, com oito dissertações, destacando-se a Universidade Federal de Santa Maria. Na sequência, vêm nordeste e sudeste, com quatro dissertações em cada região e 2 dissertações no norte do Brasil.

As instituições públicas foram predominantes nas pesquisas, com investigações em 13 universidades federais, em comparação com as instituições privadas, que apresentaram cinco pesquisas (quatro universidades e uma fundação), sendo que o destaque nas privadas foi para a Pontifícia Universidade Católica do Paraná.

As teses e as dissertações revisadas foram realizadas em Programas de Pós-Graduação em Administração, Educação, Ciências da Saúde, Ciências Sociais, Enfermagem, Engenharia de Produção, Ensino na Saúde, Gestão Clínica e Psicologia, ou seja, nenhuma delas foi elaborada nos Programas de Pós-Graduação em Fisioterapia, o que evidencia a despreocupação da área com a formação docente dos professores.

Atendendo aos objetivos da investigação, a revisão sistemática de literatura sobre a formação continuada dos professores de Fisioterapia permitiu compreender o estado atual desse objeto de pesquisa, caracterizado essencialmente por uma grande necessidade de institucionalização da formação em serviço desses docentes, assim como o quase abandono de suas necessidades de formação pedagógico-didáticas e a insuficiente atenção dada às esferas motivacional e afetiva dos professores, como principais elementos a serem identificados para posterior organização das ações de capacitação docente. Outros aspectos, como os objetos mais estudados, os objetivos, as metodologias empregadas e os resultados desses estudos também foram identificados, o que permite projetar futuras pesquisas na área.

A revisão sistemática aqui apresentada sobre o tema da formação continuada dos professores dos cursos superiores de Fisioterapia é, provavelmente, a pioneira nesse campo no Brasil. Ela mostra, entre outras vantagens, as qualidades metodológica e científica dos estudos desse tipo, assim como sua utilidade para a tomada de decisões com respeito a pesquisas futuras, não só na docência de Fisioterapia, mas também nas mais diversas áreas do conhecimento.

Verificamos que no início do século XXI tem havido uma aceleração do número de cursos de graduação e pós-graduação stricto sensu em Fisioterapia, mas sem um respaldo efetivo na capacitação continuada dos professores dos cursos superiores da área. É fato que desde a graduação não há incentivo para a docência em Fisioterapia. O estudante que tem interesse em seguir a carreira docente deve buscar sua formação em cursos de pós-graduação latu ou stricto sensu e mirar-se no exemplo de outros profissionais, já que a capacitação para a docência é escassa e não está devidamente institucionalizada nas universidades. Quando ela existe, quase não há preocupação com a formação pedagógica e as necessidades de desenvolvimento profissional dos docentes.

Nossa pesquisa permitiu detectar que as investigações sobre a formação dos professores de Fisioterapia acontecem nos cursos de Pós-Graduação da área de Ciências Humanas e não nos Programas de Pós-Graduação da área da saúde. Tanto a formação latu sensu quanto a formação stricto sensu ainda não atendem às necessidades para a formação do professor de Fisioterapia, uma vez que a primeira é especificamente voltada para a prática profissional e a segunda é mais direcionada para a formação do pesquisador.

Consideramos que é importante que haja reconhecimento ao trabalho dos profissionais e professores de Fisioterapia por parte da sociedade e das políticas públicas de saúde e educação, pois a qualificação profissional e a participação na pesquisa científica são aspectos imprescindíveis para o avanço da qualidade dos serviços de saúde que os profissionais prestam à sociedade. O desenvolvimento profissional dos professores e especialistas em Fisioterapia tem um importante impacto na saúde da população atendida por eles.

Essas considerações verificam o cumprimento do objetivo do estudo, quer seja, *realizar um estado do conhecimento sobre a formação continuada dos professores dos cursos superiores de Fisioterapia.*

REFERÊNCIAS

ALBUQUERQUE, A. A. **Saberes e práticas de docentes no uso das Tecnologias da Informação e Comunicação (TICs) no ensino superior na saúde.** 2013. 50f. Dissertação (Mestrado em Ensino na Saúde) – Programa de Pós-Graduação em Ensino na Saúde, Faculdade de Medicina, Universidade Federal de Alagoas, Maceió, 2013.

AUSTRIA, V. C. **Processos constitutivos da docência superior:** saberes e fazeres de professores de Fisioterapia. 2009. 160f. Dissertação (Mestrado em Educação) – Centro de Educação – Programa de Pós-Graduação em Educação, Universidade Federal de Santa Maria (UFRM), Santa Maria, 2009.

BARROS, C. M. P.; DIAS, A. M. I.; CABRAL, A. C. A. Ações de formação docente institucionais: quais as contribuições para a constituição do docente-bacharel? **Ensaio:** Avaliação e Políticas Públicas em Educação, Fundação CESGRANDIO, v. 27, n. 103, p. 317-339, 2019.

BATTISTEL, A. L. H. T.; ISAIA, S. M.; TONÚS, D.; GRIGOLO, T. L. Articulação do conhecimento específico e acadêmico como propulsor da qualidade do desenvolvimento docente. **HOLOS**, Instituto Federal de Educação, Ciência e Tecnologia do Rio Grande do Norte (IFRN), n. 31, v. 2, p. 224-234, 2015.

BOLZAN, D. P. V.; ISAIA, S. M. A.; MACIEL, A. M. R. Formação de professores: a construção da docência e da atividade pedagógica na educação superior. **Revista Diálogo Educacional**, Curitiba, v. 13, n. 38, 49-68, 2013.

CARDOSO, J. P. *et al.* Construção de uma práxis educativa em informática na saúde para ensino de graduação. **Ciência Saúde Coletiva**, Rio de Janeiro, v. 13, n. 1, p. 283-288, feb. 2008.

CASARIN, S. T.; PORTO, A. R.; GABATZ, R. I. B.; BONOW, C. A., RIBEIRO, J. P.; MOTA, M. S. Tipos de revisão de literatura: considerações das editoras. **Journal of Nursing and Health**, Universidade Federal de Pelotas, n. especial, v. 10, e20104031, 2020.

COSTA, J. A. **O processo de construção dos saberes pedagógicos do fisioterapeuta docente:** o significado da prática. 2012. 100f. Dissertação (Mestrado em Educação) – Instituto de Ciências da Educação, Programa de Pós-Graduação em Educação, Universidade Federal do Pará (UFPA), Belém, 2012.

DALBOSCO, C. A. Pesquisa educacional e experiência humana na perspectiva hermenêutica. **Cadernos de Pesquisa**, v. 44, n. 154, p. 1.028-1.051, out./dez. 2014.

DIAS, A. B.; CHAVEIRO, N.; PORTO, C. C. Qualidade de vida no trabalho de fisioterapeutas docentes no município de Goiânia, Goiás, Brasil. **Ciência Saúde Coletiva**, Rio de Janeiro, v. 23, n. 9, p. 3.021-3.030, set. 2018.

ESTARLI, M.; AGUILAR BARRERA, E. S.; MARTÍNEZ-RODRÍGUEZ, R. *et al.* Ítems de referencia para publicar Protocolos de Revisiones Sistemáticas y Metaanálisis: Declaración PRISMA-P 2015. **Revista Española de Nutrición Humana Dietética**, v. 20, n. 2, p. 148-160, 2016.

ESTEVES, R. N. **O supervisor do estágio em cursos de aprimoramento em Fisioterapia**: os desafios de sua formação para a prática profissional. 2008. 131f. Dissertação (Mestrado Profissional em Ensino em Ciências da Saúde) – Escola Paulista de Enfermagem, Universidade Federal de São Paulo (UNIFESP),. São Paulo, 2008.

FLACH, C. R. C. **A formação pedagógica do professor universitário fisioterapeuta**. 2009. 124f. Dissertação (Mestrado em Educação) – Pontifícia Universidade Católica do Paraná (PUC-PR), Curitiba, 2009.

FLORIANOVICZ, V. C.; ARRUDA, G. T. Bibliometria das teses dos Programas de Pós-Graduação em Fisioterapia no Brasil. **Revista Brasileira de Pesquisa em Ciências da Saúde**, Universidade de Brasília, v. 7, n. 14, p. 85-90, 2020.

GALINDO, C. J. As necessidades de formação continuada de professores: compreensões necessárias ao campo e às práticas formativas. *In*: GALINDO, Camila José. **Análise de necessidades de formação de professores**: uma contribuição às propostas de formação. 2011, f. 120-161. Tese (Doutorado em Educação) – Programa de Pós-Graduação em Educação Escolar, Faculdade de Ciências e Letras, Universidade Estadual Paulista "Júlio de Mesquita Filho" (UNESP), Araraquara, 2011.

GRECCHI, D. **Saúde mental em sala de aula**: a percepção de professores universitários. 2009. 214f. Dissertação (Mestrado em Psicologia da Saúde) – Universidade Metodista de São Paulo (UMESP), São Bernardo do Campo, 2009.

GUEDES, M. J. P.; ALVES, N. B.; WYSZOMIRSKA, R. M. A. F. Ensino e práticas da fisioterapia aplicada à criança na formação do fisioterapeuta. **Fisioterapia em Movimento**, Curitiba, v. 26, n. 2, p. 291-305, jun. 2013.

ISAIA, S. M. A. **Os movimentos da docência superior:** construções possíveis nas diferentes áreas de conhecimento. Projeto de Pesquisa PQ – CNPq, 2010- 2012.

JORGELEWICZ, L. **As emoções no sentir, no pensar e no agir** – Dialogando com Humberto Maturana na formação de professor de Fisioterapia. 2015. 109f. Dissertação (Mestrado em Educação) – Programa de Pós-Graduação em Educação, Centro de Educação, Universidade Federal de Santa Maria (UFRM), Santa Maria, 2015.

LAUXEN, S. L. **Docência no ensino superior:** revelando saberes dos professores da área da saúde da Unicruz, RS. 2009. 233f. Tese (Doutorado em Educação) – Universidade Federal do Rio Grande do Sul (UFRGS), Porto Alegre, 2009.

LEONTIEV, A. N. **O desenvolvimento do psiquismo**. São Paulo: Centauro, 2004. p. 68.

LIMA, Emília Freitas de. Análise de necessidades formativas de docentes ingressantes numa universidade pública. **Revista Brasileira de Estudos Pedagógicos**, Brasília, v. 96, n. 243, p. 343-358, ago. 2015.

MAGALHAES, Á. B. *et al.* Percepção, interesse e conhecimento de docentes de Fisioterapia sobre a ética na profissão. **Revista Bioética**, Brasília, v. 24, n. 2, p. 322-331, ago. 2016.

MAGGI, K. C. F. X. **Saberes docentes dos professores que atuam em cursos de Fisioterapia no município de Rio Branco, Acre**. 2017. 90f. Dissertação (Mestrado) – Programa de Pós-Graduação em Educação, Universidade Federal do Acre (UFAC), Acre, 2017.

MARQUES, R. N. **O processo de formação pedagógica de docentes supervisores de estágio curricular no curso de Fisioterapia da Universidade Federal de Santa Maria, RS**. 2012. 113 f. Dissertação (Mestrado em Educação) – Programa de Pós-Graduação em Educação, Centro de Educação, Universidade Federal de Santa Maria (UFRM), Santa Maria, 2012.

MARTINS, M. F. Pesquisa em educação e transformações sociais. **Argumentos Pró-Educação**, Pouso Alegre, v. 1, n. 2, p. 173-192, maio-ago. 2016.

MEDEIROS, A. A. *et al.* Análise do ensino em Fisioterapia no Brasil durante a pandemia de COVID-19. **Fisioterapia em Movimento**, Curitiba, v. 34, e34103, 2021.

MELO, N. G. *et al.* Perfil de formação e produção científica do fisioterapeuta pesquisador no Brasil. **Fisioterapia e Pesquisa**, v. 28, n. 1, p. 60-69, 2021.

MINISTÉRIO DA EDUCAÇÃO. CONSELHO NACIONAL DE EDUCAÇÃO. Câmara de Educação Superior. Resolução CNE/CES 4 de 19 de fevereiro de 2002. **Institui Diretrizes Curriculares Nacionais do Curso de Graduação em Fisioterapia**. Brasília: Diário Oficial da União, Seção 1, p. 11.

MIRANDA, F. A. C. **A construção do conhecimento pedagógico do conteúdo na docência em fisioterapia**: um estudo de caso. 2015. 203f. Tese (Doutorado) – Universidade Federal de Santa Catarina (UFSC), Centro de Ciências da Saúde, Programa de Pós-Graduação em Enfermagem, Florianópolis, 2015.

MODELSKI, D.; GIRAFFA, L. M. M.; CASARTELLI, A. O. Tecnologias Digitais, formação docente e práticas pedagógicas. **Educação e Pesquisa**, São Paulo, v. 45, e180201, 2019.

MORAIS, J. S.; BRAGANÇA, I. F. S. Pesquisa formação narrativa (auto)biográfica: da tessitura de fontes aos desafios da interpretação hermenêutica. **Educar em Revista**, [S. l.], apr. 2021. Disponível em: https://revistas.ufpr.br/educar/article/view/75612. Acesso em: 25 maio 2021.

MOURA, J. B. F. **Docência no ensino superior**: concepções de docentes fisioterapeutas. 2019. 96f. Dissertação (Mestrado em Educação) – Curso de Ensino, Universidade do Vale do Taquari (UNIVATES), Lajeado, 2019.

NORONHA, Olinda Maria. Epistemologia, formação de professores e práxis educativa transformadora. **QUAESTIO**, Sorocaba, v. 12, p. 5-24, jul. 2010.

NUÑEZ, Isauro Beltrán; RAMALHO, Betânia Leite. Estudo da determinação das necessidades de professores: o caso do novo ensino médio no Brasil-elemento norteador do processo formativo (inicial/continuado). **OEI-Revista Ibero-Americana de Educación**, Vol. 29, n. 1, pp. 1 – 18, 2002.

OLIVEIRA, A. L. C. **A docência na fisioterapia**: uma necessária formação pedagógica. 2014. 50f. Dissertação (Mestrado em Ensino na Saúde) – Programa de Pós-Graduação Ensino na Saúde, Faculdade de Medicina. Universidade Federal de Alagoas (UFAL), Maceió, 2014.

OLIVEIRA, H. L. G.; LEIRO, A. C. R. Políticas de formação de professores no Brasil: referenciais legais em foco. **Pro-Posições** [on-line]. 2019, v. 30 Disponível em: https://doi.org/10.1590/1980-6248-2017-0086. Acesso em: 18 set. 2021.

PAGNEZ, K. S. M. M. **O ser professor do ensino superior na área da saúde**. 2007. 192f. Tese (Doutorado em Psicologia) – Pontifícia Universidade Católica de São Paulo (PUC-SP), São Paulo, 2007.

PERPETUO, A. M. A. **A prática pedagógica do fisioterapeuta docente**. 2005. 130f. Dissertação (Mestrado em Educação) – Pontifícia Universidade Católica do Paraná (PUC-PR), Curitiba, 2005.

PIVETTA, H. M. F. **Concepções de formação e docência dos professores do curso de Fisioterapia do Centro Universitário Franciscano**. 2006. 146f. Dissertação (Mestrado em Educação) – Programa de Pós-Graduação em Educação, Universidade Federal de Santa Maria, Santa Maria, 2006.

REBELLATO, C. **A docência em Fisioterapia**: uma formação em construção. 2006. 111f. Tese (Doutorado em Educação) – Pontifícia Universidade Católica de São Paulo (PUC-SP), São Paulo, 2006.

SAVIANI, D. Marxismo e pedagogia. **Revista HISTEDBR On-line**, Campinas, v. 11, n. 41e, p. 16-27, 2012. DOI: 10.20396/rho. v11i41e.8639892. Disponível em: https://periodicos.sbu.unicamp.br/ojs/index.php/histedbr/article/view/8639892. Acesso em: 7 fev. 2022.

SCHWAAB, K. S. **Evaluative aspects that compose the quality indicators of higher education**: a comparative analysis with focus on the students of Unipampa. 2015. 143f. Dissertação (Mestrado em Administração) – Universidade Federal de Santa Maria (UFRM), Santa Maria, 2015.

SILVA, L. H. L.; PIMENTEL, C. F.; SANTOS, H. A. *et al*. A formação do docente fisioterapeuta no Brasil: revisão narrativa da literatura. **Revista Educação e Saúde**, Associação Educativa Evangélica, v. 9, n. 1, p. 125-134, 2021.

SILVA, R. F.; SANTOS, S. W. S.; SANTOS, A. S. *et al*. A origem e evolução da fisioterapia: da antiguidade ao reconhecimento profissional. **Revista Ibero-Americana de Humanidades, Ciências e Educação**, São Paulo, v. 7, n. 7, jul. 2021.

SILVA e SILVA, C. M. **Avaliação do curso de graduação em Fisioterapia**: estudo de caso em Instituições privadas. 2013. 92f. Dissertação (Mestrado em Educação) – Programa de Desenvolvimento Humano e Responsabilidade Social, Fundação Visconde de Cairu, Salvador, 2013.

SOARES, I. M. M. **Docência universitária e desenvolvimento profissional do fisioterapeuta professor**: desafios implícitos-retratos e relatos. 2013. 130f.

Dissertação (Mestrado em Educação) – Universidade Federal do Piauí (UFPI), Teresina, 2013.

SUMIYA, A.; FUJISAWA, D. S.; ALBUQUERQUE, L. M. B. Interests, limits and possibilities of curricular structures in physical therapy. **Fisioterapia em movimento**, Curitiba, v. 33, e003330, 2020.

WARKEN, G. L. B.; FREITAS, J. J. S.; DOMINGUES, R. J. S. A formação acadêmica e a produção do conhecimento científico do fisioterapeuta pesquisador amazônida. **RBPG**, Brasília, v. 12, n. 29, p. 743 - 768, dez. 2015.

YAMASHIRO, C. G. A **docência em Fisioterapia**: sobre a formação pedagógica e as práticas educativas. 2010. 78f. Dissertação (Mestrado em Ensino em Ciências da Saúde) – Centro de Desenvolvimento do Ensino Superior em Saúde, Universidade Federal de São Paulo (UNIFESP), São Paulo, 2010.

YEPES NUÑEZ, J. J.; URRÚTIAC, G.; ROMERO-GARCÍA, M. *et al.* Declaración PRISMA 2020: una guía actualizada para la publicación de revisiones sistemáticas. Revista **Española de** Cardiología, Elsevier, España, v. 74, n. 9, p. 790-799, 2021.

YNOUE, A. T. **A capacitação do profissional de Fisioterapia para a docência no ensino superior**. 2011. 91f. Dissertação (Mestrado em Educação) – Universidade do Oeste Paulista (UNOESTE), Presidente Prudente, 2011.

3

FORMAÇÃO CONTINUADA DE PROFESSORES DA EDUCAÇÃO INFANTIL: UMA REVISÃO DE ALCANCE

Sarah Rachel Gonczarowska Vellozo
Orlando Fernández Aquino
Tiago Zanquêta de Souza

INTRODUÇÃO

Nas últimas décadas, o tema formação dos professores tem sido preocupação de instituições internacionais e nacionais de diferentes países e de um alto número de pesquisadores no mundo. Para resolver essa questão, dedicam-se recursos financeiros e estudos de política educativa por parte de entidades e governos que almejam a melhoria da docência e da aprendizagem de crianças e jovens. Existe consenso sobre o fato de que o Desenvolvimento Profissional Docente (DPD) oportuniza conhecimentos, habilidades e competências aos professores e que se revertem na melhoria de suas práticas pedagógicas e na consequente aprendizagem dos alunos.

Desde a década de 1990, as reformas educacionais vêm ocasionando discussões a respeito da formação continuada dos docentes devido a vários fatores que influenciam direta e indiretamente a prática educativa, como os resultados da aprendizagem dos alunos e os indicadores de qualidade dos sistemas educativos, que acabam direcionando as preocupações para a formação dos professores. Essas preocupações levam-nos à reflexão sobre os interesses que as motivam. De onde se originam? A preocupação pela formação dos professores parte de organismos internacionais, como o Banco Mundial e a Unesco, dos governos, das escolas, dos professores? Espera-se que o presente estudo permita-nos avançar na resposta a essa questão.

Segundo Marcelo García (1999), o conceito de formação apresenta-se como fenômeno complexo por ser uma linguagem técnica e possuir uma tradição filosófica que, na visão de vários autores, estabelece-se com diferentes delineamentos e amplitudes, abrangendo diferentes teorias, modelos e orientações conceituais. Contudo o mesmo autor destaca que o conceito de formação não é uma mera prática teórica, entendida principalmente como uma função social de transmissão e saberes, incluindo uma dimensão pessoal de desenvolvimento do ser humano. Por sua parte, García Álvarez (1987) refere-se à formação contínua de professores como toda atividade que o professor em exercício realiza com uma finalidade formativa para um desenvolvimento mais eficaz das suas tarefas atuais ou que o preparam para o desempenho de novas tarefas.

Para Gatti (2008, p. 62), a formação docente "entrou na pauta mundial" tendo em vista as "pressões do mundo do trabalho, que vem se estruturando em novas condições, num modelo informatizado e com o valor adquirido pelo conhecimento", bem como pelo "precário desempenho escolar" dos educandos, desencadeando uma preocupação para a estruturação das "políticas públicas na direção de reformas curriculares".

Segundo Ferreira (2006, p. 28):

> No que concerne à formação dos profissionais da educação, percebe-se no conjunto das reformas, o descomprometimento com a formação inicial, a supervalorização de uma política de formação em serviço que se dá, ocorre, de um modo geral de forma aligeirada e a inexistência de políticas de valorização desse profissional.

No Brasil, há vários documentos legislativos que tratam dessa temática. A própria Constituição Federal de 1988, em seu artigo 206, preconiza que a valorização dos profissionais da Educação deve ser garantida em forma de lei, com planos de carreira, incentivando a formação profissional (BRASIL, 1988). Já a Lei de Diretrizes e Bases da Educação Nacional (LDBEN) n.º 9394/96 (BRASIL, 1996) estabelece que a formação deve ser provida pela União, pelo Distrito Federal, pelos estados e pelos municípios em regime de colaboração, e a formação deve ocorrer prioritariamente no local de trabalho ou em instituições de educação básica e superior.

Ressaltamos que os institutos superiores devem manter programas de formação continuada para os profissionais de diversos níveis e que tenham como objetivo, além da valorização profissional, o aperfeiçoamento profissional continuado, para o alcance das finalidades da educação. Por sua vez, o Plano Nacional de Educação (PNE) 2014-2024 (BRASIL, 2022) em vigor, em sua Meta 16, objetiva garantir a todos os profissionais da educação básica formação continuada em sua área de atuação, suprindo lacunas da formação inicial e colaborando no aperfeiçoamento profissional.

Gatti (2008, p. 63) realça que a legislação e os documentos norteadores referentes à formação continuada são "fruto de negociações sociais e políticas, que abrem espaço para as iniciativas de educação continuada, ao mesmo tempo em que também as delimitam" Em relação à LDBEN/1996, a autora afirma que ela reflete:

> [...] debates sobre a questão da importância da formação continuada e trata dela em vários de seus artigos. O artigo 67, que estipula que os sistemas de ensino deverão promover a valorização dos profissionais da educação, traz em seu inciso II o aperfeiçoamento profissional continuado como uma obrigação dos poderes públicos, inclusive propondo o licenciamento periódico remunerado para esse fim. Mais adiante, em seu artigo 80, está que o Poder Público incentivará o desenvolvimento e a veiculação de programas de ensino a distância, em todos os níveis e modalidades de ensino, e de educação continuada. E, nas disposições transitórias, no artigo 87, §3º, inciso III, fica explicitado o dever de cada município de 'realizar programas de capacitação para todos os professores em exercício, utilizando também, para isto, os recursos da educação a distância'. No que diz respeito à educação profissional de modo geral, a lei coloca a educação continuada como uma das estratégias para a formação para o trabalho (GATTI, 2008, p. 64).

Dentre várias resoluções acerca da formação de professores inicial e continuada, temos a resolução CNE/CP n.º 01/2020 (BRASIL, 2020), que dispõe sobre as Diretrizes Curriculares Nacionais para a formação continuada, estabelecendo que a formação de professores deve atender ao que dispõe a BNCC. Quanto à qualidade da formação, propõem as competências profissionais, englobando o conhecimento profissional, a prática profissional e o engajamento profissional, o que nos leva a considerar as práticas pedagógicas correlacionadas à teoria estudada; as vivências e experiências do saber docente relacionadas à práxis por meio de ações contínuas de formações e reflexões ao longo da vida docente. Porém essas Diretrizes têm sido bastante criticadas, pois pensam a formação continuada separada da formação inicial e, além disso, focada no conceito de competências e com a finalidade de sujeitar a formação à BNCC.

Com esses antecedentes, pretendemos responder à seguinte pergunta científica: *qual é o estado do conhecimento sobre a formação continuada dos professores da educação infantil na atualidade?* E com base nessa questão norteadora, o objetivo geral da pesquisa formula-se da seguinte maneira: *elaborar um estado do conhecimento sobre a formação continuada dos professores da educação infantil, como tarefa prévia que permita direcionar estudos de maior abrangência.*

3.1 METODOLOGIA

Para responder à pergunta científica e ao objetivo anteriormente citado, seguimos a metodologia da revisão sistemática de literatura, do tipo explicitado na Extensão PRISMA ScR (Scoping Review) (TRICCO *et al.*, 2018). Para Yepes-Nuñez *et al.* (2021, p. 792), uma revisão sistemática de literatura é um estudo que "utiliza de maneira explícita métodos sistemáticos [entenda-se rigorosos], para coletar e sintetizar os achados de estudos individuais que abordam uma pergunta claramente formulada". Já Arksey e O'Malley estabelecem as diferenças entre as revisões sistemáticas e as revisões de escopo (2005, p. 4):

> O estudo de escopo compreende um outro tipo de revisão da literatura, mas até recentemente muito menos ênfase foi colocada no estudo de escopo como uma técnica para "mapear" literatura relevante na área de interesse. Então, o que podemos considerar ser as principais diferenças entre uma revisão sistemática e um estudo de escopo? Primeiro, uma revisão sistemática pode normalmente se concentrar em uma questão bem definida, onde os estudos de projetos podem ser identificados com antecedência, enquanto um estudo de escopo tende a abordar questões mais amplas, tópicos onde estudos de muitos projetos diferentes podem ser aplicáveis. Em segundo lugar, a revisão sistemática visa fornecer respostas a perguntas de um grupo relativamente restrito, numa gama de estudos avaliados, enquanto um estudo de escopo é menos provável de procurar abordar questões de pesquisa muito específicas nem, consequentemente, avaliar a qualidade de estudos incluídos.

Tendo-se aclarado as diferenças entre os dois tipos de revisões sistemáticas, optamos aqui pela revisão de escopo porque ela permite chegar a conclusões sobre diferentes tipos de estudos que podem ser realizados sobre a área de interesse dos pesquisadores e porque não é necessário fazer uma avaliação criteriosa das fontes de evidências.

SCOPING REVIEW

A pesquisa foi realizada em três bases de dados: Catálogo de Teses e Dissertações da Coordenação de Aperfeiçoamento de Pessoal de Nível Superior (Capes), na Biblioteca Digital Brasileira de Teses e Dissertações (BTDT-IBICT) e na Scientific Eletronic Library Online (SciELO), durante os meses de agosto a novembro do ano de 2022. Os descritores usados foram: *formação continuada* e *educação infantil*. Os critérios de inclusão foram: 1) artigos, teses e dissertações defendidas no período de 2017 a 2022; 2) incluir apenas estudos em língua portuguesa; 3) todos os estudos deveriam pertencer à área de educação da Capes-Brasil.

Numa primeira busca no Catálogo de Teses e Dissertações da Capes foram encontrados 561 resultados, sendo 467 dissertações e 94 teses. Posteriormente, aplicando os critérios de inclusão e vários refinamentos, selecionamos nessa base de dados, para uma primeira análise, 38 trabalhos, entre teses e dissertações. Por sua vez, na Biblioteca Digital Brasileira de Teses e Dissertações (BDTD-IBICT), foram inicialmente encontrados 653 resultados, sendo 459 dissertações e 194 teses. Aplicando os critérios de inclusão e os filtros correspondentes, foram selecionados 28 trabalhos, entre teses e dissertações, para uma primeira análise. Na base Scientific Eletronic Library Online (SciELo) foram encontrados, na primeira busca, 29 artigos. Posteriormente, aplicando os mesmos critérios de refinamento, ficaram 16 para uma primeira análise. Numa segunda triagem de todos os textos selecionados, foram mantidas 12 fontes de evidências, sendo duas teses de doutorado, sete dissertações de mestrado e três artigos científicos.

3.2 RESULTADOS E DISCUSSÃO

A seguir apresentamos três quadros, contendo as fontes de evidências selecionadas para o presente estudo. Depois de cada quadro é feita a análise de cada uma dessas fontes.

Quadro 1 – Teses de doutorado selecionadas como fontes de evidências

N.º	Referência	Base de dados
1	DE MARCO, Marilete Terezinha. **Docência na educação infantil**: proposta de formação continuada de professores desenvolvida em uma escola pública do município de Medianeira (PR). 2019. 162f. Tese (Doutorado em Educação) – Universidade Estadual Paulista Júlio de Mesquita Filho (UNESP), Marília, 2019. Disponível em: http://hdl.handle.net/11449/191296. Acesso em: 14 jan. 2020.	BDTD
2	SILVA, Maria de Jesus Assunção e. **Formação continuada de professores da educação infantil e suas relações com a reelaboração da prática docente**. 2017. 202f. Tese (Doutorado em Educação) – Universidade Federal do Piauí (UFPI), Teresina, 2017. Disponível em: https://ufpi.br/arquivos_download/arquivos/23_Jesus_Assuncao_abril_2018_final201907081 03853.pdf. Acesso em: 15 out. 2022.	Catálogo de Teses e Dissertações Capes

Fonte: elaborado pelos autores (2023)

Na tese de Marco (2019), a autora propõe-se a compreender como uma proposta de formação continuada, realizada com subsídios teóricos e metodológicos da docência na Educação Infantil, pode oferecer sustentação ao trabalho pedagógico humanizador e provocar transformações da prática educativa. A pesquisadora reflete sobre a formação humana na infância, considerando os processos de aprendizagem e desenvolvimento das crianças. Ela apoia-se na metodologia qualitativa, com técnicas como as entrevistas semiestruturadas e observações da sala de aula.

A pesquisa foi realizada no município de Medianeira (PR), numa escola municipal de educação infantil, com cinco professoras. Nas conclusões da pesquisa destaca-se a formação continuada como meio propício para criar espaços organizados para motivar estudos, discussões, reflexões, apropriações e revisões de concepções relativas à criança, sobre o papel do professor, da escola e da educação infantil.

O estudo contribui para o presente estudo porque evidencia o desafio e as oportunidades dos programas de formação continuada dos professores para permitir a ampliação de estudos orientados à tomada de consciência sobre o processo de humanização das crianças desde o começo da vida.

Silva (2022) procurou analisar as relações entre a formação continuada de professores da educação infantil e sua prática docente. Teve como objeto a formação continuada, fundada nos princípios da reflexividade, da colaboração e do engajamento. Ela usou o enfoque da pesquisa qualitativa, por meio do método autobiográfico, com narrativas de sete professores efetivos da educação infantil da rede municipal de Teresina/PI, pertencentes a seis centros desse nível escolar. Foram realizados quatro encontros de discussões, fazendo parte de um curso de formação em rede.

Para avaliação dos resultados, a pesquisadora optou pela análise de conteúdo de Bardin, baseando-se no processo interpretativo analítico. Ela concluiu que há a necessidade de se organizar a formação dos professores de educação infantil a partir das práticas docentes, de modo a contribuir com o desenvolvimento integral da criança.

Em relação às contribuições da formação continuada para revisitação do ser professor, o estudo concluiu que se a formação for gerada das necessidades dos professores, tendo como princípios a reflexão crítica, a colaboração e o engajamento, ela incidirá na reorganização da prática profissional. A pesquisa contribui para este estudo porque associa a formação continuada às necessidades concretas dos professores em suas realidades e porque reflete sobre a reconfiguração da prática docente.

Fazendo abstração das contribuições dessas duas teses, chegamos à conclusão de que a formação continuada dos professores da educação infantil, quando ela parte das reais necessidades dos profissionais e está bem organizada, converte-se numa atividade dinamizadora que permite a reflexão sobre a teoria e a prática, e o engajamento dos professores, assim como a transformação e melhora da prática pedagógica.

Quadro 2 – Dissertações de mestrado selecionadas como fontes de evidências

No	Referência	Base de dados
1	SOUSA, Eloisa Fileti de. **A formação continuada das professoras de educação infantil em municípios da região de Laguna-SC (AMUREL)**. 2017. 131f. Dissertação (Mestrado em Educação) – Universidade do Sul de Santa Catarina (UNISUL), Santa Catarina, 2017. Disponível em: https://repositorio.animaeducacao.com.br/handle/ANIMA/15254. Acesso em: 20 out. 2022.	Capes

No	Referência	Base de dados
2	SILVA, Andréia de Morais. **A (re)construção da prática docente**: formação continuada em serviço. 2020. 131f. Dissertação (Mestrado em Educação) – Universidade de Brasília (UnB), Brasília, 2020. Disponível em: https://repositorio.unb.br/handle/10482/39915. Acesso em: 16 out. 2022.	Capes
3	RIBEIRO, Poliana Hreczynski. **Contradições da Base Nacional Comum Curricular acerca do conhecimento artístico na Educação Infantil em interface com a formação continuada de professores/as**. 2022. 170f. Dissertação (Mestrado em Educação) – Universidade Estadual de Maringá (UEM). Maringá, 2022. Disponível em: http://www.dfe.uem.br/poliana_hreczynski_ribeiro.pdf. Acesso em: 16 out. 2022.	Capes
4	FLOR, Marilza Gallan. **Formação continuada e ressignificação da prática pedagógica do professor da educação infantil**: desafios e perspectivas. 2021. 121f. Dissertação (Mestrado em Educação) – Universidade Regional Integrada do Alto Uruguai e das Missões. Campus de Frederico Westphalen, 2021. Disponível em: https://ppgedu.fw.uri.br/storage/siteda4b9237bacccdf19c076 0cab7aec4a8359010b0/dissertacoes/discente146/arq_1635449341.pdf. Acesso em: 20 out. 2022.	Capes
5	SILVA, Andrea Drumond Bonetti da. **A organização curricular por campos de experiências**: como a formação continuada de professores de educação infantil da Secretaria Municipal de Educação de Manaus enfoca essa questão? 2022. 168f. Dissertação (Mestrado em Educação) – Universidade Federal do Amazonas (UFAM), Manaus, 2021. Disponível em: https://tede.ufam.edu.br/ handle/tede/87007. Acesso em: 21 out. 2022.	BDTD
6	NASCIMENTO, Flávia Costa do. **Formação de professores da educação infantil**: a experiência de um curso de formação continuada. 2017. 130f. Dissertação (Mestrado em Educação) – Universidade Federal do Pará (UFPA), Belém, 2017. Disponível em: http://repositorio.ufpa.br/jspui/handle/ 2011/9497. Acesso em: 22 out. 2022.	Capes
7	NANAKA, Márcia Sayoko. **Contribuições da formação continuada a professores de crianças de zero a três anos**. 2018. 72f. Dissertação (Mestrado em Educação) – Pontifícia Universidade Católica de São Paulo (PUC-SP), São Paulo, 2018. Disponível em: https://tede2.pucsp.br/handle/handle/21471. Acesso em: 12 nov. 2022.	BDTD

Fonte: elaborado pelos autores (2023)

Na dissertação de Sousa (2017), a autora apoia-se na perspectiva de Tardif (2012, p. 230), na qual ele afirma que o professor é tido como sujeito que possui um conhecimento e um saber-fazer provenientes de sua própria atividade e a partir dos quais ele estrutura e orienta essa última. Com esse aporte, Souza (2017) realizou uma pesquisa qualitativa a fim de investigar como é desenvolvida a formação continuada nos 16 municípios da Associação de Municípios da Região de Laguna/RS (AMUREL), para analisar se as iniciativas e as estratégias têm garantido o direito das professoras de educação infantil à formação continuada.

Como metodologia de investigação, ela aplicou questionários, levantando informações fornecidas pelas Secretarias de Educação, tendo como objeto a formação continuada nos municípios e a relação com os aspectos legais que regem a formação, descrevendo as ações das secretarias ou departamentos dos municípios.

A autora conclui que a educação infantil na região é reconhecida como uma das etapas da educação básica, porém suas especificidades não são prioridade nem no que se refere à organização, à estrutura e à orientação, e menos ainda nas iniciativas de formação continuada oferecidas às professoras; ou seja, não atendem à garantia de direito legal à formação continuada de professores. Assim, ela entende que a formação continuada para os professores da educação infantil precisa ser repensada devido às suas especificidades e às características peculiares desse nível educacional.

Na pesquisa de Silva (2020), ela objetivou analisar como os professores da educação infantil aprimoram as suas práticas profissionais a partir da formação continuada em serviço, epistemologicamente pautada na Teoria Histórico-Cultural, em uma Escola do Sistema S (EDUSESC-DF). A autora compreende o processo de formação de professores como aprimoramento da prática docente.

O estudo consistiu numa pesquisa qualitativa, com aplicação de questionários, entrevistas semiestruturadas, narrativas, análise documental, análise de conteúdo, observação e pesquisa-participante, com seis professores em pleno exercício da profissão. Como conclusão, o estudo indicou um enriquecimento da prática docente após formações realizadas em serviço, sendo uma possibilidade de crescimento e aprimoramento refletindo a própria prática. A pesquisa contribui com a instrução de professores na medida em que constata que a formação em serviço é válida e muito relevante para o desenvolvimento do profissional docente.

Já na dissertação de Ribeiro (2022), realizada com base nos pressupostos do Materialismo Dialético, na Teoria Histórico-Crítica e na Psicologia Histórico-Cultural, tendo como objetivo analisar de que modo as contradições presentes na Base Nacional Comum Curricular da Educação Infantil (BRASIL, 2017), no que se refere ao conhecimento artístico, perpassam a formação continuada de professores.

A autora realizou uma pesquisa qualitativa, com intervenção formativa, levada a efeito na cidade de Maringá/PR, com 18 professores, por intermédio de um grupo focal dentro de um curso de extensão, com encontros síncronos e assíncronos programados e estudos de textos-bases de diferentes concepções epistemológicas. A pesquisadora concluiu que os participantes perceberam que é possível agir contra hegemonicamente a fim de transformar a prática pedagógica, todavia esse não é um processo linear, requer esforço intelectual e embasamento teórico-metodológico. A pesquisa apontou como contribuição a importância do conhecimento das bases epistemológicas da educação, bem como de suas teorias por parte do docente, para exercer sua função desde o planejamento até sua prática pedagógica.

Em seu estudo, Flor (2021) abordou a formação continuada, a prática pedagógica e a formação em serviço, a fim de identificar quais os desafios e as perspectivas para que os conceitos epistemológicos e metodológicos da formação continuada sejam incorporados pelo professor da educação infantil. A pesquisa consistiu numa pesquisa qualitativa, bibliográfica e de campo com a aplicação de questionários. Participaram 22 professores do município de Juína/MT.

Os dados foram analisados segundo a análise textual discursiva, com eixos temáticos por categorias. Concluiu-se que existe um processo de ressignificação da prática pedagógica desses professores, proporcionado pelos conhecimentos construídos mediante a formação continuada. Os professores identificaram que há integração de teoria e prática em sua formação, porém apontam para a necessidade de ampliar essa integração; outro aspecto identificado foi a importância que os professores atribuem às atividades formativas que promovem relatos de experiência entre os pares. A pesquisa constatou que a teoria e a prática são elementos essenciais da formação continuada dos docentes.

Silva (2021) buscou compreender em sua pesquisa como a formação continuada ofertada aos professores/as de educação infantil pela Secretaria

Municipal de Educação de Manaus (AM) tem olhado para a questão da organização curricular por campos de experiências. Tratou-se de uma pesquisa qualitativa, bibliográfica, de campo e documental e concentrou-se na análise dos documentos oficiais, como ementas, leis, resoluções e diretrizes que acompanham toda a trajetória da educação infantil.

A pesquisa concluiu que as propostas de um currículo organizado a partir dos campos de experiências ainda é algo novo na realidade educacional brasileira e que pelas implicações que essa organização tem, enfatiza-se a necessidade de que esse conceito apareça nos projetos formativos da Divisão de Desenvolvimento Profissional do Magistério para Professores(as) de Educação Infantil (DDPM) de forma mais explícita, visando às propostas e às iniciativas que se baseiam nessa perspectiva da aprendizagem. A contribuição desse estudo é reafirmar que propostas formativas devem estar melhor direcionadas nos documentos norteadores das redes de ensino, departamentos e/ou secretarias.

Já Nascimento (2017), fundamentada na Teoria Histórico-Cultural, propôs-se a investigar as principais contribuições de um curso de formação continuada de professores da educação infantil, a nível de aperfeiçoamento, para a efetivação de mudanças no âmbito das concepções e práticas dos professores participantes.

Ela realizou uma pesquisa qualitativa no município de Castanhal/PA, em dois momentos, sendo no primeiro com cinco professoras e no segundo com quatro participantes (dois professores, uma coordenadora e uma gestora). Foram realizadas entrevistas, um curso de formação, questionário semiaberto e análise documental.

Sua pesquisa concluiu que o curso provocou mudanças nas concepções sobre a criança, a educação infantil e o papel do professor, bem como modificou as práticas pedagógicas, passando a contemplá-las em suas funções de professoras, coordenadora e diretora. A pesquisa contribuiu para esclarecer a concepção sobre criança, sobre a formação dos professores na educação infantil e seu papel profissional.

A pesquisa de Nanaka (2018) teve o objetivo de identificar as contribuições e os pontos frágeis da formação continuada sobre o conhecimento e o uso da documentação pedagógica. Foi realizada num Centro de Educação Infantil em Curitiba/PR, com cinco professores e duas coordenadoras, por meio da pesquisa qualitativa, em forma de questionário e entrevista, organizados por eixos e categorias.

A pesquisa apontou que a formação continuada contribui para dar maior visibilidade à criança e ao professor por meio de estudos e discussões sobre a documentação pedagógica que possibilitou mudanças no olhar das professoras. A pesquisa contribui no sentido de enfatizar que a documentação pedagógica é um importante instrumento, que os professores necessitam compreender e participar de formações a fim de aprender a elaborar essa documentação com a finalidade de ser uma fonte de análise do seu trabalho, apontando pontos positivos e a necessidade de aperfeiçoar sua prática pedagógica.

Os estudos de mestrado analisados neste subtítulo permitem concluir que os pesquisadores dão muita importância aos documentos de política educativa em sua função de diretrizes da educação infantil em geral, e em particular de formação continuada dos professores desse nível de ensino.

As pesquisas revelam a enorme importância da educação infantil como primeira etapa da educação básica, assim como a extraordinária importância dos professores e sua formação continuada, como vias principais para materializar as políticas, integrar teoria e prática e alcançar a melhora constante das práticas profissionais desses docentes. Infere-se que dadas as particularidades da educação infantil, os domínios teórico, pedagógico e profissional desses professores não podem ser alcançado se a formação continuada não estiver devidamente organizada, com a qualidade necessária para o aprimoramento sistemático do trabalho dos professores.

Quadro 3 – Artigos selecionados como fontes de evidências

N.º	Referência	Base de dados
1	REIS, Gabriela Alves de Souza Vasconcelos dos; OSTETTO, Luciana Esmeralda. Compartilhar, estudar, ampliar olhares: narrativas docentes sobre formação continuada. **Educação e Pesquisa**, revista da Faculdade de Educação da Universidade de São Paulo, n. 44, 2018. Disponível em: https://www.scielo.br/j/ep/a/4KPrBhHg3dxGkN9h-c5QFTJn/abstract/?lang=pt. Acesso em: 13 nov. 2022.	SCIELO
2	PEREIRA, Meira Chaves. A formação docente continuada de professores da educação infantil em Sorocaba/SP. **Laplage em Revista**, Universidade Federal de São Carlos - Campus Sorocaba, v. 3, p. 190-199, 2017. Disponível em: https://dialnet.unirioja.es/servlet/articulo?codigo=6192036. Acesso em: 13 nov. 2022.	Capes

N.º	Referência	Base de dados
3	MELIM, Ana Paula Gaspar; ALMEIDA, Ordália Alves. Políticas públicas, formação de professores e práticas de alfabetização e letramento: o curso de especialização em docência na educação infantil. **Laplage em Revista**, Universidade Federal de São Carlos - Campus Sorocaba, v. 4, n. 2, p. 133-141, maio 2018. Disponível em: http://dx.doi.org/10.24115/S2446-6220201842479p. 133-141. Acesso: 13 nov. 2022.	Capes

Fonte: elaborado pelos autores (2023)

As pesquisadoras Reis e Ostetto (2018) apresentam um estudo realizado com quatro professoras e um professor da educação infantil da Rede Municipal de Educação de Itaboraí/RJ. Elas utilizaram a metodologia qualitativa, com técnicas como as autobiografias e as entrevistas-narrativas, para buscar informações sobre os percursos formativos dos professores. As autoras apoiaram-se principalmente nas narrativas dos professores, obtidas nos encontros de formação, para perscrutar sentidos e discutir contribuições da formação continuada para a prática pedagógica na Educação Infantil. Como resultados, apontam questões conceituais e formais, enfatizando a relação teoria x prática presente nos percursos formativos.

As histórias dos docentes, capturadas pelas entrevistas-narrativas, são repletas de reflexões sobre as dimensões teóricas e práticas da profissão. Nos percursos formativos enunciados, as professoras e o professor que se fizeram narradores afirmam a necessidade da teoria, mas que ela deve ser experimentada, vivenciada, para tornar-se prática. A pesquisa contribui para o nosso estudo porque proporciona reflexões sobre o olhar e a percepção dos professores sobre a formação continuada deles.

No artigo de Pereira (2017), a autora propõe-se a discutir a formação continuada de professores da educação infantil, em nível nacional e em particular na cidade de Sorocaba/SP, mediante uma pesquisa documental, analisando documentos como os Planos Nacional e Municipal de Educação. Sua pesquisa concluiu que, como mostram os documentos normativos, existe uma previsão da formação continuada dos professores desse nível de ensino, que no âmbito municipal de Sorocaba, sendo a Escola de Gestores e o Centro de Referência os responsáveis por organizar e efetivar os espaços de formação continuada dos professores da educação infantil em atenção às demandas do município.

O estudo traz também importantes reflexões sobre as peculiaridades da infância, da educação infantil, do olhar sensível que se precisa para capacitar os profissionais, assim como para se compreender as crianças como seres históricos.

As pesquisadoras Melim e Almeida (2018) investigam concepções pedagógicas de professores da educação infantil que fizeram a disciplina Cotidiano e Organização do Trabalho Pedagógico na Educação Infantil – Letramento, que formou parte do currículo do curso de Especialização em Docência na Educação Infantil, oferecido pelas universidades federal e estadual do Mato Grosso do Sul, em parceria com a Coordenadoria de Educação Infantil do MEC e a União Nacional de Dirigentes Municipais (UNDIME).

As autoras analisam as narrativas dos professores de educação infantil de Campo Grande/MG, participantes do curso, para explorar a compreensão dos conceitos de alfabetização e letramento. O trabalho revela a riqueza das discussões entre os professores, com destaque para as ponderações sobre as práticas de alfabetização e letramento na educação infantil e as necessidades de fomentar políticas públicas que facilitem a formação docente para se atuar com eficácia nesse nível educacional.

Os artigos científicos analisados neste subtítulo permitem concluir que – como nas teses e dissertações revisadas anteriormente –, a pesquisa dominante sobre o tema da formação continuada dos professores da educação infantil no Brasil é de natureza qualitativa. Nesses estudos, as autobiografias, as entrevistas-narrativas e as revisões documentais são as técnicas mais utilizadas, e os resultados revelam a preocupação dos pesquisadores com a qualidade da formação dos professores para atuarem na educação infantil, a inquietação a respeito do entendimento psicológico-pedagógico da infância e os cuidados que se deve ter ao formar o corpo docente para lidar com e educar os alunos dessa faixa etária. É evidente que a educação infantil tem as suas especificidades e que os professores devem ser formados em consonância a elas.

CONCLUSÕES

Retomamos aqui a questão norteadora que o presente estudo pretendeu responder: *qual é o estado do conhecimento sobre a formação continuada dos professores da educação infantil na atualidade?* Respondendo-a, verificam-se as seguintes evidências:

1. As fontes de evidências aqui revisadas permitem ter uma visão ampla da educação infantil e da problemática da formação continuada dos professores que exercem a docência nesse nível de ensino.

2. As pesquisas dominantes sobre a formação continuada dos professores da educação infantil são de natureza qualitativa. Das 12 fontes de evidências analisadas, seis delas (50%) desenvolvem pesquisa de campo no âmbito da formação continuada, explorando por meio de técnicas narrativas, as concepções, preocupações e visões dos docentes da educação infantil, assim como a prática profissional nesse nível de ensino; três delas (25%) combinam a revisão documental com técnicas narrativas, envolvendo coordenadores pedagógicos e gestores da educação infantil; e apenas três (25%) são revisões documentais. Isso evidencia a preocupação dos pesquisadores com as práticas da formação, o que significa uma atitude de compromisso com a qualidade e a transformação constante das ações e dos programas de formação continuada na educação infantil.

3. Em dois trabalhos (na dissertação de Sousa [2017] e na tese de Silva [2017]) faz-se uma discussão sobre a educação infantil como primeira etapa da educação básica, defendendo o caráter específico desse nível educacional, o que, na visão dos professores leva-os a concluir que a sua formação continuada deve ser específica, ou seja, separada dos demais professores da educação básica.

4. Em cinco desses trabalhos (SILVA, 2017; NASCIMENTO, 2017; MELIN e ALMEIDA, 2018; SILVA, 2020; RIBEIRO, 2022), as informações levantadas nos cursos de formação continuada dos professores e suas análises buscam elaborar conclusões sobre as características especiais da educação infantil, as necessidades dos professores e sua prática pedagógica, no intuito de seu aprimoramento sistemático. Ou seja, entende-se que a formação dos professores não deve partir apenas dos critérios de especialistas, senão principalmente das reflexões teórica e experiência prática dos professores, em que a relação teoria-prática tem importância fundamental.

5. Com base nos dados levantados nesta pesquisa, constata-se que os estudos sobre a formação continuada dos professores da educação infantil ainda são escassos quando comparados com os realizados

sobre os docentes de outros níveis educacionais, são maiormente de caráter descritivo sobre as percepções dos professores e não avaliam em profundidade os resultados de ações e programas de formação continuada dos professores da educação infantil.

6. Essas conclusões permitem-nos formular novos problemas de investigação nesse campo, como o seguinte: *como elaborar uma estratégia de formação continuada dos professores da educação infantil fundamentada na Teoria Histórico-Cultural e na Aprendizagem Desenvolvimental de L. Vigotsky, D. Elkonin, V. Davidov e V. Repkin, que parta das necessidades contextuais da escola e da prática profissional dos professores?*

7. A pesquisa permitiu-nos dar cumprimento ao objetivo traçado: *elaborar um estado do conhecimento sobre a formação continuada dos professores da educação infantil como tarefa prévia que permita direcionar estudos de maior abrangência.*

REFERÊNCIAS

ARKSEY, H.; O'MALLEY, L. Scoping studies: towards a methodological framework. **International Journal of Social Research Methodology**, v. 8, p. 19-32, 2005. Disponível em: https://www.tandfonline.com/doi/abs/10.1080/136455703200 0119616. Acesso em: 5 jul. 2022.

BRASIL. **Constituição da República Federativa do Brasil**. Promulgada em 5 de outubro de 1988. Texto consolidado até a Emenda Constitucional n.º 91, de 18 fevereiro de 2016. Disponível em: http://www.planalto.gov.br/ccivil_03/constituicao/constituicaocompilado.htm. Acesso em: 20 jul. 2022.

BRASIL. Presidência da República. **Lei n.º 9.394 de 20 de dezembro de 1996**. Estabelece as diretrizes e bases da educação nacional. Brasília, DF, 20 dez. 1996. Disponível em: https://www.planalto.gov.br/ccivil_03/LEIS/l9394.htm. Acesso em: 20 jul. 2022.

BRASIL. Ministério da Educação. **Base Nacional Comum Curricular.** Brasília: MEC/SEB, 2017. Disponível em: http://basenacionalcomum.mec.gov.br/. Acesso em: 15 jul. 2022.

BRASIL. Presidência da República. **Lei n.º 10.172, de 9 de janeiro de 2001**. Aprova o Plano Nacional de Educação e dá outras providências. Brasília: 9 jan. 2001.

Disponível em: https://www.planalto.gov.br/ccivil_03/leis/leis_2001/l10172.htm. Acesso em: 3 out. 2022.

BRASIL. Ministério da Educação e da Cultura. Plano Nacional de Educação (PNE) – 2014-2024. **PNE em movimento**. Disponível em: https://pne.mec.gov.br/. Acesso em: 20 jul. 2022.

BRASIL. Conselho Nacional de Educação (CNE). Resolução CNE/CP n.º 1, de 27 de outubro de 2020. Dispõe sobre as Diretrizes Curriculares Nacionais para a Formação Continuada de Professores da Educação Básica e institui a Base Nacional Comum para a Formação Continuada de Professores da Educação Básica (BNC) – Formação Continuada). **Norm(Ativas)**, 27 out. 2020. Disponível em: https://normativasconselhos.mec.gov.br/normativa/view/CNE_RES_CNECPN120 20.pdf?query=Educacao%20Ambiental. Acesso em: 25 jul. 2022.

DE MARCO, M. T. **Docência na educação infantil**: Proposta de formação continuada de professores desenvolvida em uma escola pública do município de Medianeira (PR). 2019. 162f. Tese (Doutorado em Educação) – Universidade Estadual Paulista Júlio de Mesquita Filho, Marília, 2019. Disponível em: https://repositorio.unesp.br/handle/11449/191296?locale-attribute=es. Acesso em: 15 out. 2022.

FERREIRA, N. S. C. (org.). **Formação continuada e gestão da educação**. 2. ed. São Paulo: Cortez, 2006.

FLOR, M. G. **Formação continuada e ressignificação da prática pedagógica do professor da educação infantil**: Desafios e perspectivas. 2021. 121f. Dissertação (Mestrado em Educação) – Universidade Regional Integrada do Alto Uruguai e das Missões, 2021. Disponível em: https://ppgedu.fw.uri.br/storage/siteda4b9237bacccdf19c0760cab7aec4a8359010b0/dissertacoes/ discente146/arq_1635449341.pdf. Acesso em: 20 out. 2022.

GARCÍA, C. M. Desenvolvimento profissional dos professores. *In*: **Formação de professores**: para uma mudança educativa. Lisboa: Porto Editora, 1999. p. 136-145.

GARCÍA ÁLVARÉZ, J. **Fundamentos de la formación permanente del profesorado, mediante el empleo del vídeo**. Marfil: Alcoy, 1987.

GATTI, B. A. Análise das políticas públicas para formação continuada no Brasil, na última década. **Revista Brasileira de Educação**, Brasília, v. 13, n. 37, jan./abr. 2008. Disponível em: https://doi.org/10.1590/S1413-24782008000100006. Acesso em: 20 out. 2022.

IMBERNÓN, F. **Formação continuada de professores**. Tradução de Juliana dos Santos Padilha. Porto Alegre: Artmed, 2010.

MELIM, A. P. G.; ALMEIDA, Ordália A. Políticas públicas, formação de professores e práticas de alfabetização e letramento: O curso de especialização em docência na educação infantil. **Laplage em Revista**, Universidade Federal de São Carlos - Campus Sorocaba, v. 4, n. 2, p. 133-141, maio 2018. Disponível em: http://dx.doi.org/10.24115/S2446-6220201842479p. 133-141. Acesso em: 13 nov. 2022.

NANAKA, M. S. **Contribuições da formação continuada a professores de crianças de zero a três anos**. 2018. 72f. Dissertação (Mestrado em Educação) – Pontifícia Universidade Católica de São Paulo (PUC-SP), São Paulo, 2018. Disponível: https://tede2.pucsp.br/handle/handle/21471. Acesso em: 12 nov. 2022.

NASCIMENTO, F. C. do. **Formação de professores da educação infantil:** a experiência de um curso de formação continuada. 2017. 130f. Dissertação (Mestrado em Educação) – Universidade Federal do Pará (UFPA), Belém, 2017. Disponível em: http://repositorio.ufpa.br/jspui/handle/2011/9497. Acesso em: 22 out. 2022.

PEREIRA, M. C. A formação docente continuada de professores da educação infantil em Sorocaba/SP. **Laplage em Revista**, Universidade Federal de São Carlos - Campus Sorocaba, v. 3, p. 190-199, 2017. Disponível em: http://www.laplageemrevista.ufscar.br/index.php/lpg/article/view/366/595. Acesso em: 13 nov. 2022.

REIS, G. A. S. V.; OSTETTO, L. E. Compartilhar, estudar, ampliar olhares: narrativas docentes sobre formação continuada. **Educação e Pesquisa**, revista da Faculdade de Educação da Universidade de São Paulo, n. 44, 2018. Disponível em: https://www.scielo.br/j/ep/a/4KPrBhHg3dxGkN9hc5QFTJn/abstract/?lang=pt#. Acesso em: 3 mar. 2022.

RIBEIRO, P. H. **Contradições da Base Nacional Comum Curricular acerca do conhecimento artístico na educação infantil em interface com a formação continuada de professores/as.** 2022. 170f. Dissertação (Mestrado em Educação) – Universidade Estadual de Maringá (UEM), Maringá, 2022. Disponível em: http://www.dfe.uem.br/poliana_hreczynski_ribeiro.pdf. Acesso em: 16 out. 2022.

SILVA, A. D. B. **A organização curricular por campos de experiências**: como a formação continuada de professores de educação infantil da Secretaria Municipal de Educação de Manaus enfoca essa questão? 2021. 168f. Dissertação (Mestrado em Educação) – Universidade Federal do Amazonas (UFAM), Manaus, 2021. Disponível em: https://tede.ufam.edu.br/handle/tede/8707. Acesso em: 21 out. 2022.

SILVA, A. M. **A (re)construção da prática docente**: formação continuada em serviço. 2020. 131f. Dissertação (Mestrado em Educação) – Universidade de Brasília (UnB), Brasília-DF, 2020. Disponível em: https://repositorio.unb.br/handle/10482/39915. Acesso em: 16 out. 2022.

SILVA, M. de J. A. **Formação continuada de professores da educação infantil e suas relações com a reelaboração da prática docente**. 2017. 202f. Tese (Doutorado em Educação) – Universidade Federal do Piauí (UFPI), Teresina, 2017. Disponível em: https://ufpi.br/arquivos_download/ arquivos/23_Jesus_Assuncao_abril_2018_final20190708103853.pdf. Acesso em: 15 out. 2022.

SOUSA, E. F. de. **A formação continuada das professoras de educação infantil em municípios da região de Laguna-SC (AMUREL)**. 2017. 131f. Dissertação (Mestrado em Educação) – Universidade do Sul de Santa Catarina (UNISUL), Santa Catarina, 2017. Disponível em: https://repositorio.animaeducacao.com.br/handle/ANIMA/15254. Acesso em: 20 out. 2022.

TARDIF, M. **Saberes docentes e formação profissional**. 13. ed. Petrópolis: Vozes, 2012.

TARDIF, M. **Saberes docentes e formação profissional**. 17. ed. Petrópolis: Vozes, 2017.

TRICCO, A. C. *et al.* **Preferred reporting items for systematic reviews and meta-analyses extension for scoping reviews (PRISMA-ScR) Checklist. 2018b**. Disponível em: http://www.prisma-statement.org/documents/PRISMA-ScR-Fillable-Checklist_11Sept2019.pdf. Acesso em: 23 out. 2021.

YEPES-NUÑEZ, J. J.; URRUTIA, G.; ROMERO-GARCÍA, M.; ALONSO-FERNÁNDEZ, S. Declaración PRISMA 2020: una guía actualizada para la publicación de revisiones sistemáticas. **Revista Española de Cardiología**, Elsevier, España, v. 74, n. 9, p. 790-799, 2021.

4

A FORMAÇÃO CONTINUADA DE PROFESSORES DE EDUCAÇÃO AMBIENTAL: UMA REVISÃO DE ALCANCE

Cibele Caetano Resende
Orlando Fernández Aquino

INTRODUÇÃO

Diante das mudanças climáticas e dos processos de degradação socioambiental reportados por numerosas pesquisas científicas ao redor do mundo, torna-se necessário fazer da Educação Ambiental (EA) um dos pilares para gerar mudanças nas atitudes sociais por meio da educação. Considera-se que as transformações das concepções e das atitudes das pessoas com respeito ao meio ambiente são um processo que precisa começar pela escolarização, e a formação dos professores pode fazer a diferença na obtenção de resultados nesse campo. Para isso, os docentes que trabalham com a Educação Ambiental (EA) precisam atuar de maneira criativa e transformadora, abandonando o conservadorismo e as práticas repetitivas que não coadunam com as urgências exigidas nessa área de conhecimentos.

Escolas e professores preparados em Educação Ambiental ajudam a formar conhecimentos e hábitos e a transformar a conduta de familiares e alunos para atuarem de forma consciente em seu entorno social. Porém, a prática pedagógica dos professores de Educação Ambiental deve-se apoiar em metodologias significativas para ensinar temas relevantes e atuais, construindo conhecimentos e práticas que concebam uma intervenção crítica na realidade. Mais do que isso, formar sujeitos escolares críticos e transformadores por meio de uma

> [...] pedagogia que esteja votada à inserção dos educandos em seu processo de ensino e aprendizagem, que os constituam como sujeitos no mundo e que gire em torno das relações existentes entre sociedade, cultura e natureza (TORRES; FERRARI; MAESTRELLI, 2014, p. 15).

A Educação Ambiental Escolar (EAE), ministrada por professores assistidos por um bom programa de formação continuada, estaria em condições de cumprir com a Lei nº 9.795, de 27 de abril de 1999, que dispõe sobre a Educação Ambiental, de maneira que ela seja corretamente trabalhada em todos os níveis de ensino. Entende-se que é dever do Estado assegurar e promover a Educação Ambiental de qualidade no âmbito escolar, bem como a capacitação tanto de professores como das comunidades na produção de ações em favor do meio ambiente.

Com esses antecedentes, entendemos a necessidade de compreender o estado atual da formação continuada de professores de educação ambiental da educação básica, como tarefa científica prévia a uma proposta de Programa de Formação Continuada de Professores de Educação Ambiental.

Sendo assim, o interesse da investigação comunga com os seguintes questionamentos: como, nas pesquisas atuais, trata-se o tema da formação continuada dos professores de Educação Ambiental? Quais generalizações podem ser feitas sobre o estado do conhecimento da formação dos professores de Educação Ambiental na educação básica? Como são tratados os Programas de Formação Continuada de Professores de Educação Ambiental na literatura mais recente? A formulação dessas perguntas permitiu definir o seguinte objetivo geral: *realizar uma revisão de alcance sobre pesquisas realizadas entre 2017 e 2022, relacionadas com a formação dos professores que trabalham com Educação Ambiental na educação básica.*

4.1 METODOLOGIA

Para a realização da presente pesquisa foi feito um protocolo contendo as linhas gerais da revisão de alcance, com o propósito de orientar a pesquisa de modo interno, porém ele não foi publicado na internet.

Seguiu-se o método de revisão sistemática de literatura, na variante da revisão de alcance, de acordo com a Extensão PRISMA-ScR e seu *checklist* (TRICCO *et al.*, 2018). Essa lista de verificação compõe-se de sete seções, subdivididas em 22 itens que, se seguidos de forma rigorosa, permitem chegar a resultados interessantes.

De acordo com Galvão e Ricarte (2020), a revisão sistemática de literatura é um enfoque, uma modalidade de pesquisa em si própria. Essa maneira de fazer investigação vem ganhando terreno em quase todos os âmbitos da ciência nas últimas duas décadas e comporta diferentes variantes de realização, dependendo dos objetivos e dos métodos empregados pelos pesquisadores. De maneira geral, a revisão sistemática de literatura define-se da seguinte maneira:

> É uma modalidade de pesquisa, que segue protocolos específicos, e que busca entender e dar alguma logicidade a um grande corpus documental [...] Está focada no seu caráter de reprodutibilidade por outros pesquisadores, apresentando de forma explícita as bases de dados bibliográficos que foram consultadas, as estratégias de busca empregadas em cada base, o processo de seleção dos artigos científicos, os critérios de inclusão e exclusão dos artigos e o processo de análise de cada artigo. [...] De forma geral, a revisão de literatura sistemática possui alto nível de evidência e se constitui em um importante documento para tomada de decisão nos contextos públicos e privados. [...] a revisão sistemática de literatura é uma pesquisa científica composta por seus próprios objetivos, problemas de pesquisa, metodologia, resultados e conclusão (GALVÃO; RICARTE, 2020, p. 58-59).

No caso que nos ocupa, usamos a variante da revisão de alcance (*Scoping Review*) por considerarmos que é a que melhor ajusta-se às necessidades do presente estudo. Conforme Arksey e O'Malley (2005 *apud* MICHILOT *et al.*, 2021), existem quatro motivos para realizar uma revisão de alcance: 1) a necessidade de examinar a atividade científica, especialmente em áreas em que é difícil observar as informações disponíveis; 2) a rápida identificação da literatura prévia para determinar a viabilidade de uma investigação de maior alcance; 3) a possibilidade de sintetizar resultados científicos; 4) identificar lacunas na literatura.

Ainda na esteira de Michilot *et al.* (2021), a revisão de alcance permite identificar e incorporar pesquisas com diferentes desenhos de estudo, o que possibilita incorporar pesquisas diversas e propicia uma ampla exploração das evidências, para que sejam selecionadas pesquisas que levem a respostas das perguntas de investigação. Todavia a revisão sistemática da literatura propicia a avaliação, a análise e a seleção das fontes de evidências (dissertações, teses e artigos científicos) que vão ao encontro do objetivo do estudo.

Os critérios de elegibilidade das fontes selecionadas foram os seguintes: 1) estudos teóricos e empíricos relacionados ao objetivo da pesquisa; 2) só textos publicados na língua portuguesa; 3) o marco temporal da busca limitou-se aos últimos seis anos (2017-2022); 4) estudos encontrados em outros repositórios, além das bases de dados previamente determinadas.

A estratégia de busca das fontes de evidência, nas três bases de dados pautou-se pela utilização de descritores. Depois de numerosas provas com um número maior deles, optamos por trabalhar apenas com os seguintes, pois foram os que apresentaram maior eficiência na procura realizada: 1) professores AND Educação Ambiental; 2) orientadores AND Educação Ambiental; 3) professor AND Educação Ambiental AND Educação Básica; 4) formação AND professores AND Educação Ambiental; 5) formação AND orientadores AND educação AND ambiental; 6) programa AND formação AND Educação Ambiental.

Nas bases de dados de dissertações e teses foram utilizados os seguintes filtros: marco temporal de seis anos (2017-2022), área de concentração: educação; área de avaliação: educação; grande área de conhecimento: ciências biológicas; área de avaliação: educação; nome do programa: educação; Educação Ambiental.

Na base de dados SciELO, usando-se os descritores já mencionados, utilizamos os seguintes filtros: marco temporal dos últimos seis anos (2017-2022), revistas das áreas de educação e Educação Ambiental, língua portuguesa, programas de pós-graduação em educação e área de avaliação educação. Essa estratégia de busca, especificando as bases de dados, descritores e filtros, garante a reprodutibilidade da pesquisa.

O procedimento para a seleção de cada uma das fontes de evidência foi a revisão cuidadosa do título, do resumo e das palavras-chave; no caso de dúvida, fazíamos uma leitura mais exploratória para determinar sua inclusão ou não.

A organização da informação para sua posterior análise foi feita da seguinte maneira: usamos uma matriz em Excel, que permitiu extrair de cada fonte de evidência as seguintes variáveis: referência completa na Norma ABNT; objetivo/problema do estudo; objeto da pesquisa; metodologia de investigação; contexto, lugar e sujeitos da pesquisa; achados e conclusões do estudo. Uma vez completada a matriz com todas as informações, consideramos que a informação estava pronta para ser submetida a análise.

4.2 RESULTADOS E DISCUSSÃO

4.2.1 Dados gerais obtidos na pesquisa

Na biblioteca do Instituto Brasileiro de Informação em Ciência e Tecnologia (IBICT) foram encontradas 4.343 dissertações. Depois de realizado o refinamento da busca e a análise preliminar das fontes, foram selecionadas sete delas, que eram as que se ajustavam aos critérios de inclusão (elegibilidade). Para completar o escopo desse tipo de fontes, quatro foram selecionadas do banco de Teses e Dissertações da Capes, para um total 11 dissertações (ver Quadro 1).

Ainda na plataforma do IBICT, foram encontradas 2.055 teses e, após aplicação dos critérios de refinamento, apenas três foram selecionadas por cumprirem os critérios de elegibilidade. Além disso, foram incorporadas duas da Biblioteca Digital da Universidade de São Paulo (USP), fazendo um total de cinco teses de doutorado (ver Quadro 2).

Na Base de Dados SciELO foram encontrados 222 artigos sobre o tema pesquisado. Após a análise detalhada dos títulos, dos resumos e das palavras-chave, foram selecionados seis deles, que são os que cumpriram com os critérios de inclusão. Ainda, incorporamos três artigos de revistas não contempladas na base pesquisada, em um total de nove artigos científicos (ver Quadro 3). No total, as fontes de evidências entre dissertações, teses e artigos somaram 25.

Os descritores mais produtivos para a busca foram os seguintes: a) professores AND Educação Ambiental; b) formação AND professores AND Educação Ambiental. Os dois descritores de menor utilidade foram: a) orientadores AND Educação Ambiental e b) formação AND orientadores AND Educação Ambiental. Esses dados revelam que a maioria dos pesquisadores da área estão preocupados principalmente com a pesquisa sobre a formação dos professores de Educação Ambiental, o que coaduna com o tema da nossa pesquisa.

Uma análise por gêneros textuais faz evidente que entre 2017 e 2022, as dissertações de mestrado (11) foram mais do que o dobro das teses (5). Ao mesmo tempo, elas também estão em maioria quanto aos artigos científicos (9). Chama a atenção que os artigos científicos encontrados em SciELO são escassos, quando comparados com as dissertações. Isso significa que a produção desse gênero científico é insuficiente em relação ao tema da formação continuada dos professores de Educação Ambiental. O presente estudo é uma contribuição ao crescimento dos artigos nessa área.

4.2.2 Análise das dissertações selecionadas como fontes de evidências

No Quadro 1 apresentamos as 11 dissertações de mestrado selecionadas, assim como as bases de dados em que se encontram. Na sequência, segue a análise das informações levantas sobre essas fontes de evidências.

Quadro 1 – Dissertações selecionadas como fontes de evidências

Dissertações	Base de dados
SILVEIRA, Patricia Vieira Sarmento. **Formação de professores para a construção de saberes ambientais na escola.** 2020. 138f. Dissertação (Mestrado em Educação) – Programa de Estudos Pós-Graduação em Educação: Formação de Formadores, Pontifícia Universidade Católica de São Paulo (PUC-SP), São Paulo, 2020.	IBICT
MATTOS, Ariane Barilli de. **Prática docente em Educação Ambiental:** pesquisa-ação colaborativa em uma escola pública estadual. 2019. 142f. Dissertação (Mestrado em Educação) – Universidade Estadual do Oeste do Paraná (UNOESTE), Presidente Prudente, 2019.	IBICT
CRUZ, Marcus Vinícius dos Santos. **Análise crítica de documentos sobre Educação Ambiental do MEC e do MMA.** 2018. 162f. Dissertação (Mestrado em Educação em Ciências e Matemática) – Universidade Federal de Goiás (UFG), Goiânia, 2018.	IBICT
NASCIMENTO, Jéssica Engel do. **Percepções de educação ambiental e meio ambiente de estudantes do curso de formação docente em nível médio de Santa Helena/PR.** 2018. 195f. Dissertação (Mestrado em Educação) – Programa de Pós-Graduação em Educação, Universidade Estadual do Oeste do Paraná (UNIOESTE), Cascavel, 2018.	IBICT
SANTANA, Debora Bezerra de. **Construindo pontes entre a educação científica e a educação ambiental na prática docente.** 2018. 118f. Dissertação de Mestrado (Programa de Pós-Graduação em Ensino das Ciências) – Universidade Federal Rural de Pernambuco (UFRPE), Recife, 2018.	IBICT
SILVA, Jailton Santos. **Perspectivas e contribuições do mestrado profissional em Ciências Ambientais para a formação em Educação Ambiental.** 2018. 176f. Dissertação (Mestrado em Educação) – Programa de Pós-Graduação em Educação, Universidade Federal de Sergipe (UFS), São Cristóvão, 2018.	IBICT

Dissertações	Base de dados
ANJOS, Maria Danyelle Amaral dos. **Experiência e percepção ambiental de alunos integrantes de uma COM-VIDA na escola.** 2017. 140f. Dissertação (Mestrado em Ensino das Ciências) – Programa de Pós-Graduação em Ensino das Ciências, Universidade Federal Rural de Pernambuco (UFRPE), Recife, 2017.	IBICT
BASTOS, Jaqueline Mendes. **Plano Nacional de formação de professores da Educação Básica (PARFOR):** concepções, diretrizes e princípios formativos. 2017. 147f. Dissertação (Mestrado em Educação e Cultura) – Universidade Federal do Pará (UFPA), Cametá, 2017.	Capes
REINIAK, Jacson Luis. **Representações sociais de Educação Ambiental:** o que pensam professores de uma escola pública de ensino fundamental. 2017. 225f. Dissertação (Mestrado em Educação) – Universidade da Região de Joinville (UNIVILLE), Joinville, 2017.	Capes
MONTEIRO, Maria do Rosário Guedes. **Formação continuada de professores no Brasil:** um estado da arte (2013-2016). 2017. 249f. Dissertação (Mestrado em Educação) – Programa de Pós-Graduação em Educação, Universidade Federal do Rio Brando (UFAC), Acre, 2017.	Capes
WILBERT, Patricia de Burlet. **A formação de professores da rede municipal de ensino de Petrópolis - RJ:** Um estudo sobre a Educação Ambiental. 2017. 136f. Dissertação (Mestrado em Educação) – Programa de Pós-Graduação em Educação, Universidade Católica de Petrópolis (UCP), Petrópolis, 2017.	Capes

Fonte: elaborado pelos autores (2023)

Iniciamos a análise das dissertações na base de dados da IBICT, com a pesquisa de Silveira (2020), que teve como objetivo entender como os saberes docentes orientam as práticas pedagógicas na área do saber ambiental, com indicações para a formação docente. Aplicamos a metodologia qualitativa – pesquisa bibliográfica e entrevistas semiestruturadas – com professores da rede municipal de São Paulo, que atuam no ensino fundamental I e II.

O achado mais importante dessa pesquisa é que os professores de Educação Ambiental aguardam por um membro externo para articular as ações educativas em EA. Eles precisam de formações colaborativa e política para preverem a participação dos alunos nas atividades e para poderem envolver a escola como um todo. Os resultados dessa dissertação evidenciam necessidades de ações formativas com os docentes de EA.

Por sua parte, Mattos (2019) objetivou compreender as contribuições da pesquisa-ação colaborativa para a escola e para a prática docente de professores de Educação Ambiental de ensino fundamental II e ensino médio no trabalho com a disciplina. A pesquisadora fez buscas em bases de dados como Capes, SciELO e IBICT, além de aplicar questionário a cinco professores de diferentes cidades do interior de São Paulo, e concluiu que nas práticas de Educação Ambiental, o protagonismo dos alunos guiados pelos professores permite a reflexão crítica sobre os diferentes temas em estudo.

Cruz (2018) procurou analisar os documentos federais oficiais que versam sobre EA, buscando identificar convergências e divergências existentes em decorrência da duplicidade de origem desses textos, assim como definições do Ministério da Educação (MEC) implantados pelo Ministério do Meio Ambiente (MMA). A dissertação utilizou a análise documental orientada pela análise crítica da EA. A pesquisadora observou divergências no Programa Nacional de Educação Ambiental (ProNEA) entre as propostas para EA geradas pelo Ministério da Educação e pelo Ministério do Meio Ambiente, e sugere que os cursos de Pós-Graduação trabalhem a EA numa perspectiva crítica e emancipatória, quebrando as propostas documentais conservadoras e mercantilistas.

Em sua dissertação de mestrado, Nascimento (2018) fundamentou sua pesquisa com base em uma revisão de diferentes correntes da EA. A partir de um enfoque qualitativo, aplicou questionário e entrevistas sobre meio ambiente e Educação Ambiental a estudantes do Curso de Formação Docente do Ensino Médio de Santa Helena-PR. Nos resultados, destaca que em EA, como em outras disciplinas de formação, os sujeitos constroem seus aprendizados com base em contextos sociais, culturais e históricos nos quais se encontram imersos.

Já Santana (2018), em sua dissertação, questionou como a educação científica expressa-se na prática do professor de Ciências que atua em Educação Ambiental. Por meio da análise documental de trabalhos premiados no evento Ciência Jovem durante três anos consecutivos, a pesquisadora obteve subsídios para compreender seu objeto de estudo.

Nas discussões obtidas nas entrevistas, uma das professoras afirmou que a educação científica não se dissocia da Educação Ambiental e que os conhecimentos são comuns nos dois campos. Isso destaca a percepção distorcida e sua visão reducionista da EA e do currículo de ciências. Percebe-se, assim, o quanto é primordial a formação inicial nos cursos de graduação em Ciências Biológicas, enfatizando o método científico das abrangências pedagógicas e metodológicas para o trabalho em Educação Ambiental. Como percebido pela pesquisadora, há de se pensar em trabalhar uma Educação Ambiental crítica, em diálogo com educação científica, superando as visões distorcidas da Ciência na escola.

Na investigação de Silva (2018) pretendeu entender como o Mestrado Profissional em Ensino de Ciências Ambientais contribui para atuação docente na perspectiva da Educação Ambiental na educação básica. Pautada numa abordagem quantiqualitativa, os resultados foram obtidos por meio de pesquisa documental, questionário e entrevistas semiestruturadas.

Ressaltamos aqui a importância do mestrado profissional como instrumento de política pública formativa e a inserção das questões socioambientais nos currículos da educação básica, e que as Instituições de Ensino Superior (IES) consideram necessária a inserção da Educação Ambiental como forma de refletir a própria realidade por meio do diálogo, da ação interdisciplinar e de intervenções conscientes no meio ambiente (SILVA, 2018).

A pesquisadora enfatiza que na formação de professores em EA, dois desafios são apresentados: massificar a sua inserção no currículo desses cursos e ressignificar a sua prática na formação e, posteriormente, nas escolas de educação básica, a partir de um movimento de resistência à disjunção e à fragmentação do conhecimento. De fato, seria uma conquista a inserção da Educação Ambiental nos currículos formativos, tanto na graduação quanto na pós-graduação, ampliando as discussões e possibilitando que o trabalho ocorra efetivamente nas escolas de educação básica.

Anjos (2017) trouxe em sua dissertação a reflexão quanto à aplicação de um COM-VIDA (comissão que tem a intenção de organizar a escola como um espaço sustentável) na educação básica. Para responder os questionamentos propostos, foi utilizada a metodologia qualitativa fenomenológica, observando o contexto e aplicando entrevistas estruturadas. A conclusão foi de que a participação em uma COM-VIDA traz contribuições formativas como: formação de um sujeito pragmático da EA, aprendizagem pela experiência e integração como vivência significativa.

Como pesquisadores da área, concordamos que o COM-VIDA é uma oportunidade de inserir práticas de Educação Ambiental a serem trabalhadas por professores, envolvendo os alunos e a comunidade escolar como um todo, o que contribui para que os sujeitos envolvam-se e gerem comportamentos e atitudes sustentáveis.

A pesquisa de Bastos (2017) tem estreito vínculo com a nossa pesquisa sobre a formação continuada dos professores de Educação Ambiental na educação básica. O Plano Nacional de Formação de Professores da Educação Básica (PARFOR) foi instituído em 2009, implantado em colaboração com a Capes, sendo seu objetivo principal garantir que os professores em exercício na rede pública de educação básica obtenham a formação exigida pela Lei de Diretrizes e Bases de Educação Nacional (LDBEN) n.º 9.394/96.

Em sua dissertação, a autora analisou a concepção de formação docente presente no Plano Nacional de Formação de Professores da Educação Básica, tendo em vista as orientações que constam nas Diretrizes e nos Princípios que o normatizam, bem como sob o "olhar" de professores e gestores do referido Programa. Ela apoiou-se na metodologia qualitativa e utilizou técnicas como análise documental e entrevista semiestruturada, que foram aplicadas a professores-formadores, professores-egressos, alunos-professores e gestores do programa.

A autora destaca em suas conclusões que o PARFOR, como política educacional, apresenta desafios que perpassam contextos locais e nacionais e que precisa ser aprimorado para a melhora da formação dos docentes da área e da qualidade da educação pública de modo geral.

Em sua dissertação de mestrado, Reiniak (2017) procedeu ao levantamento e à análise das representações sociais de Educação Ambiental de professores de uma escola pública de ensino fundamental no município de Joinville, Santa Catarina. Adotando como metodologia os estudos sobre representações sociais aplicados à Educação Ambiental, ele utilizou-se da abordagem qualiquantitativas de tipo etnográfico por via da análise das respostas dadas a um roteiro com 16 questões, aplicado aos participantes, do estudo dos documentos disponibilizados pela escola e da prática de observação de campo.

Em sua conclusão merece destaque a função mediadora da EA no contexto escolar para se construir um mundo mais sustentável. Das representações coletadas dos professores, constata-se seu nível inicial de formação na área, pois não revelam as enormes possibilidades exploratórias, críticas e holísticas que a AE oferece para se discutir uma agenda mundialmente debatida sobre o tema na atualidade.

Monteiro (2017) utilizou como foco principal de sua dissertação a formação continuada no Brasil mediante o estado da arte. Para isso, usou como fonte o Banco de Teses e Dissertações da Capes. Nas palavras da pesquisadora, ela empregou a metodologia qualitativa nas vertentes etnográfica, dialética, descritiva sócio-histórica, colaborativa e interpretativa, e concluiu seu trabalho com foco nas categorias de tema, referencial teórico e metodologia, revelando a necessidade de se repensar os modelos de formação, assim como no desenvolvimento de políticas educacionais para a qualidade da formação docente em EA.

Para a dissertação de Wilbert (2017), a pesquisadora entrevistou e aplicou questionários a 55 professores de 22 escolas públicas de Petrópolis-RJ. O objetivo era estudar a formação continuada de professores de Educação Ambiental, assim como sua prática pedagógica, pautada na perspectiva crítica. Sua análise mostrou que mesmo com políticas públicas formativas para os professores da área, a EA de qualidade ainda não se tornou uma realidade nas escolas públicas, o que é muito preocupante não apenas para os professores de EA, mas para a sociedade como um todo.

Na pesquisa foi destacado que existem diversos fatores que contribuem para essa realidade: investimento deficiente do poder público em políticas formativas e de incentivo às escolas para o trabalho com a EA; necessidade de ampliação de recursos públicos para que as escolas possam incentivar os professores e as comunidades com projetos de impacto social; falta de iniciativas privadas que apoiem as escolas e as universidades nas atividades de EA.

Como conclusão da análise das dissertações examinadas neste subtítulo, podemos concluir que no período de 2017-2022 houve uma preocupação constante dos pesquisadores da área de Educação Ambiental com a formação continuada dos docentes que atuam na educação básica, assim como com a prática pedagógica dos professores da área.

É recorrente a análise das políticas de formação desses educadores, sua prática pedagógica e as dificuldades das escolas para a implementação das ações de Educação Ambiental. A maior evidência consiste no fato de que a formação continuada e as práticas pedagógicas dos docentes de Educação Ambiental, muito além das políticas públicas, precisam de aprimoramento e resultados do impacto da formação na Educação Ambiental de crianças e jovens, envolvendo a escola e a comunidade em que se encontra.

Nesses estudos, a Educação Ambiental é compreendida como um eixo transversal com infinitas potencialidades para a formação humana e de imensa necessidade para a sociedade contemporânea.

4.2.3 Análise das teses selecionadas como fontes de evidências

No Quadro 2 são apresentadas as teses selecionadas nas bases de dados como fontes de evidências que cumpriram os critérios de inclusão. Depois segue a análise dos resultados extraídos de cada uma delas.

Quadro 2 – Teses selecionadas como fontes de evidências

Teses	Base de dados
NEPOMUCENO, Aline Lima de Oliveira. **Das tensões políticas à prática pedagógica socioambiental**: contextos da política estadual de educação ambiental (SE). 2017. 229f. Tese (Pós-Graduação em Educação) – Universidade Federal de Sergipe (UFS), São Cristóvão, 2017.	IBICT
SUDAN, Daniela Cássia. **Educação Ambiental e teoria crítica**: a dialética da emancipação na formação socioambiental de servidores de uma Universidade Pública do estado de São Paulo. 2017. 265f. Tese (Doutorado em Educação) – Universidade Federal de São Carlos (UFSCar), localidade, 2017.	IBICT
RUFFO, Thiago Leite de Melo. **Formação continuada e práticas docentes em Educação Ambiental no contexto do semiárido paraibano**. 2016. 270f. Tese (Doutorado em Educação) – Universidade Federal da Paraíba (UFPB), João Pessoa, 2016.	IBICT
FAUSTINO, Mariana Tambellini. **Mídia e Educação Ambiental na formação continuada de professores**: mobilizando saberes docentes e a consciência crítica. 2019. 242f. Tese (Doutorado em Ensino de Biologia) – Ensino de Ciências (Física, Química e Biologia), Universidade de São Paulo (USP), São Paulo, 2019. doi:10.11606/T.81.2019.tde-09122019-181212. Disponível em: https://teses.usp.br/teses/disponiveis/81/81133/tde-09122019-181212/pt-br.php. Acesso em: 25 set. 2022.	Biblioteca Digital de Teses e Dissertações Universidade de São Paulo (USP).
COSTA, Lorenna Silva Oliveira. **A Educação Ambiental crítica e a formação humana**: a tomada de consciência e a elaboração conceitual na formação de educadores ambientais. 2017. 248 f. Tese (Doutorado em Ciências Ambientais) – Universidade Federal de Goiás (UFG) Goiânia, 2017. Disponível em: https://repositorio.bc.ufg.br/tede/handle/tede/8064. Acesso em: 24 out. 2022.	Biblioteca Digital de Teses e Dissertações da Universidade de Goiás (UFG).

Fonte: elaborado pelos autores (2023)

A tese de Nepomuceno (2017) visa compreender a Política Estadual de EA de Sergipe (Lei n.º 6882/2010) quanto às suas possibilidades de gestão e inserção no cotidiano escolar de unidades escolares sergipanas. A pesquisadora buscou discutir a influência ou não dessa lei na Educação Formal, apontando caminhos de consolidação da EA Crítica e suas respectivas potencialidades para a emancipação e a transformação da ordem dominante, instaurada no regime de exclusão das relações sociais e, sobretudo, da relação ser humano-natureza.

Ela utilizou a metodologia qualitativa, sendo na primeira etapa a revisão bibliográfica e documental-exploratória juntamente às entrevistas semiestruturadas com gestores e alguns técnicos que atuam nas Secretarias do Governo Estadual. Muitos desses técnicos também atuam na rede estadual de Educação, possibilitando selecionar as escolas que tiveram ações de EA no ano de 2016. Após a análise dos questionários, detectou-se que: ações limitadas e fragmentadas ainda fazem parte do cotidiano escolar nas atividades socioambientais de escolas de Sergipe; os modelos de EA continuam distantes de estarem aptos para enfrentar a problemática da crise socioambiental e gerar transformações; a formação deficitária dos trabalhadores da educação (que incluem desde a gestão administrativa até os docentes) e as políticas públicas educacionais (que ainda não têm um programa orientador da prática de EA nos espaços formais) são as principais barreiras encontradas para a implementação da EA no estado sergipano.

A tese evidencia a necessidade de se divulgar e aplicar melhor as políticas públicas de Educação Ambiental, bem como de ampliar e investir na formação continuada de professores.

Por sua vez, Sudan (2017) analisou um projeto de formação socioambiental junto a servidores públicos docentes, técnicos e administrativos de uma (IES) do estado de São Paulo. Com base no referencial da Teoria Crítica, da Escola de Frankfurt e da Educação Ambiental Emancipatória, tal estudo objetivou investigar quais são os elementos potencialmente emancipatórios emergentes da tensão entre o vivido e o proposto nesse projeto, bem como discutir se tais elementos contribuem para a revisitação da emancipação na EA.

Foi aplicada a metodologia qualitativa, com todos os pesquisados sendo convidados a participar da pesquisa por meio de um grupo focal, sendo eles docentes, estudantes de graduação e servidores da instituição. Os resultados dos relatos afirmam a colaboração na promoção das reflexões e indagações num fazer diferenciado.

Na visão do autor, a pesquisa permitiu compreender a Educação Ambiental Emancipatória como aquela que potencializa uma resistência à racionalidade instrumental e ao sistema hegemônico capitalista, e que vem a politizar a EA e a dar um salto na superação do senso comum sobre as questões socioambientais na instituição.

A tese de Ruffo (2016) tem muito a ver com a nossa pesquisa, já que objetivou analisar o processo de formação continuada de professores em EA no Cariri paraibano, assim como suas implicações na prática docente. Seu estudo fundamentou-se na perspectiva crítica/emancipatória, interdisciplinar e contextualizada na realidade local, buscando a sustentabilidade do Bioma Caatinga em convivência com o semiárido.

A metodologia aplicada no estudo com professores do Cariri foi qualitativa e resultou em novos projetos formativos, já que foi criado um curso de Especialização lato sensu intitulado Educação Ambiental para o Semiárido. Consideramos louvável a criação desse curso, que fortalece a formação continuada de professores em EA crítica e evidencia práticas pedagógicas possíveis de serem incorporadas no contexto escolar. E pactuamos com a iniciativa do pesquisador de criar um curso de especializações em EA, fortalecendo os processos formativos de professores de escolas públicas e privadas.

Por sua vez, Faustino (2019) fundamenta sua investigação em três áreas do conhecimento: a formação de professores, a Educação Ambiental e a alfabetização midiática. As duas contextualizações iniciais vêm ao encontro do nosso interesse pesquisado, já que combina as metodologias qualitativa e a quantitativa, a pesquisa-ação e a revisão bibliográfica.

A pesquisadora desenvolveu nove oficinas de formação continuada de professores, sendo que cinco entraram para análise dos resultados. Os objetivos das oficinas tinham a ver com: o uso das mídias no ambiente escolar na perspectiva da Educação Ambiental crítica; o planejamento escolar; as mídias usadas com crianças com necessidades auditivas; as práticas e a identidade docente; os saberes e as experiências docentes. A informação coletada foi agrupada mediante análise categorial e depois submetida a análise e interpretação dos resultados.

A pesquisa é relevante por suas contribuições à prática da formação dos professores de EA e porque aprimora as discussões críticas referentes às questões socioambientais, assim como o uso dos recursos informáticos na didática da EA e na formação dos professores, considerando, inclusive, os alunos com necessidades especiais.

Na tese de Costa (2017), ele problematiza a relação entre a apropriação dos conhecimentos ambientais e a formação humana em um espaço formativo, fundamentando a sua pesquisa no Materialismo Histórico-Dialético e na Teoria Histórico-Cultural como as principais bases epistemológicas e metodológicas no processo de construção do conhecimento.

Ele utiliza técnicas como a revisão bibliográfica e a revisão do Projeto Pedagógico do Curso, sendo a principal uma pesquisa empírica desenvolvida com estudantes do curso de licenciatura em Química da região Centro-Oeste do Brasil, vinculados ao Programa Institucional de Bolsa de Iniciação à Docência (PIBID). Foram formados grupos de discussão com os alunos para se debater conceitos como: sustentabilidade, crise ambiental e sistema capitalista, e uso de mídias na EA. Como resultado, as discussões significativas aumentaram a consciência dos alunos com quanto às práticas ambientais.

Como conclusão parcial da análise das informações coletadas nas cinco teses analisadas neste subtítulo, é possível observar consistente elevação da qualidade dos estudos realizados pelos pesquisadores quando comparados com as dissertações analisadas no subtítulo anterior.

Nos cinco estudos revisados foi realizada uma pesquisa empírica de formação dos professores de Educação Ambiental, e as fundamentações teóricas e as metodologias revelam-se consistentes e contextualizadas. Os resultados práticos evidenciam o esforço dos estudos científicos por mudar a realidade da formação dos professores e do ensino da Educação Ambiental no Brasil.

Nas teses desaparece um pouco a preocupação com a análise das políticas de Educação Ambiental, mas, em comum com o grupo anterior, permanece a apreensão dos pesquisadores com a formação dos professores, considerada insuficiente, assim como com as condições da escola e dos alunos para as melhores práticas socioambientais.

4.2.4 Análise dos artigos científicos selecionados como fontes de evidências

No Quadro 3 constam os artigos selecionados como fontes de evidências. Na sequência, fazemos uma breve avaliação de cada uma dessas fontes e elaboramos uma conclusão parcial dessa análise.

Quadro 3 – Artigos selecionados como fontes de evidências

Artigos	Base de dados
SILVA, A. Ferreira de Souza; SANTOS, T. Mendes dos. Educação Ambiental no processo formativo de professores: Nunca vi, nem vivi, eu só ouço falar. **Revista Ambiente e Educação**, Programa de Educação Ambiental da FURG, v. 27, p. 1, p. 1-23, 2022. Disponível em: https://periodicos.furg.br/ambeduc/article/view/13561. Acesso em: 8 out. 2022.	Outra base de dados
LIMA, Valdivan Ferreira de; PATO, Claudia. Educação ambiental: aspectos que dificultam o engajamento docente em escolas públicas do Distrito Federal. **Educar em Revista**, Curitiba, v. 37, e.78223, 2021.	SciELO
NOVAIS FILHO, Fernando de Oliveira, Chaves, Andréia Barreto; SILVA, Alexsandro Ferreira de Souza e; SILVA, Silvana do Nascimento. Aproximações e distanciamentos de um grupo de mestrandos em educação científica e formação de professores sobre educação ambiental, **Revista de Iniciação à Docência**, Universidade Estadual do Sudoeste da Bahia, v. 6, n. 1, p. 109-122, 2021. Disponível em: https://periodicos2.uesb.br/index.php/rid/article/view/6979. Acesso em: 23 out. 2022.	Outra base de dados
FILHO, Everaldo Nunes de; FARIAS, Carmen Roselaine de Oliveira. Duas décadas da Política Nacional de Educação Ambiental: percepções de professores no contexto de uma escola pública de Pernambuco. **Revista Brasileira de Estudos Pedagógicos**, Brasília, v. 101, n. 258, p. 481-502, Brasília, DF, maio-ago., 2020.	SciELO
SANTOS-JUNIOR, Robiran José dos; FISCHER, Marta Luciane (2020). A vulnerabilidade do professor diante dos desafios da educação ambiental. **Cadernos de Pesquisa**, São Paulo, v. 50, n. 178, p. 1.022-1.040, out.-dez. 2020.	SciELO
LIELL, Cláudio Cristiano; BAYER, Arno. A pesquisa-ação na formação continuada em Educação Ambiental para professores de matemática. **Educação em Revista**, Curitiba, v. 35, n. 73, p. 229-250, jan. 2019.	SciELO
WIZIACK, Suzete Rosana de Castro; PAVAN, Ruth. A formação continuada de professores em educação ambiental por meio da educação a distância. **Revelli – Revista de Educação, Linguagem e Literatura**, v. 11, e-201925, 2019. Dossiê: Inovação, tecnologias e práticas docentes. Disponível em: https://www.revista.ueg.br/index.php/revelli/article/view/9550. Acesso em: 13 out. 2022.	Outra base de dados

Artigos	Base de dados
MARTINS, José Pedro de Azevedo; SCHNETZLER, Roseli Pacheco. Formação de professores em educação ambiental crítica centrada na investigação-ação e na parceria colaborativa. **Revista Ciência & Educação**, Bauru, v. 24, n. 3, p. 581-598, 2018.	SciELO
JUNIOR, Lailton Passos Cortes; SÁ, Luciana Passo. Conhecimento pedagógico do conteúdo no contexto da Educação Ambiental: uma experiência com mestrandos em ensino de ciências. **Ensaio Pesquisa em Educação em Ciências**, Belo Horizonte, v. 19, e.2589, 2017.	SciELO

Fonte: elaborado pelos autores (2023)

Ferreira e Mendes (2022) apresentam uma pesquisa de abordagem qualitativa, com a aplicação de questionário a oito participantes de um minicurso realizado como projeto de extensão na Universidade Estadual do Sudoeste da Bahia. Constatou-se que há escassa discussão nas escolas e nas universidades sobre Educação Ambiental, que o tratamento da EA é deficitário nas escolas e que os projetos nessa área, assim como as condições institucionais para sua implementação, são insuficientes e não permitem levar a cabo o trabalho interdisciplinar da EA. Os autores concluíram que a formação de alunos e professores é inadequada e que os temas de EA são praticamente excluídos dos currículos das licenciaturas em que se formam os professores do ensino médio.

Lima e Pato (2021) contaram em sua pesquisa com 17 professores de escolas públicas do Distrito Federal-DF e realizaram com eles entrevistas individuais e coletivas (grupo focal e roda de conversas), objetivando compreender aspectos que dificultam o engajamento de professores nas propostas de Educação Ambiental, a partir da percepção desses sujeitos.

Eles encontraram as seguintes questões desfavoráveis ao engajamento dos docentes: a prerrogativa curricular transversal da EA, que exige trabalho interdisciplinar; as relações de poder e conflitos nas escolas, que afeitam diversas formas de trabalho em equipe; as rotinas enfrentadas no cotidiano escolar, que obstaculizam o trabalho científico na área; a inadequada formação acadêmica e em valores dos professores. Fica clara, então, a necessidade de fortalecimento dos espaços formativos que abordem a temática ambiental de forma crítica e humana, nos quais o professor deve perceber as possibilidades de aplicação dos conceitos científicos em sua prática pedagógica.

No artigo de Filho e Farias (2020) apresenta-se um relato de experiência com professores da educação básica, objetivando compreender as percepções do grupo acerca da Política Nacional de Educação Ambiental (PNEA). Os autores investigaram os processos de construção de significados referentes à PNEA durante a elaboração de um projeto curricular de Educação Ambiental no contexto da escola, aplicando a metodologia de leitura coletiva e reflexiva.

Eles constataram que as informações quanto ao PNEA chegaram à escola de forma empírica, sem nenhuma discussão teórica, e que isso influenciou a construção do currículo de EA da escola. Destacamos que o olhar crítico dos professores diante da EA escolar, como já tratado em outras pesquisas aqui mencionadas, reforça uma participação ativa e questionadora na construção de projetos e currículos pensados entre os pares.

Santos-Junior e Fischer (2020) exprimem em seu artigo um tema relevante a ser discutido: a vulnerabilidade do professor na aplicação da EA no meio escolar. Eles falam dos valores e da moralidade, e citam que "a formação do educador ambiental compreende, também, os princípios do desenvolvimento da moralidade ambiental" (KAHN, 1997, p. 18 *apud* SANTOS-JUNIOR; FISCHER, 2020, p. 1025). Os autores investigaram a concepção da EA formal no contexto da educação básica visando compreender a representação do educador ambiental, assim como identificar suas vulnerabilidades. Eles relatam que

> [...] diante da baixa participação em atividades de EA, somada à sequência padronizada e incoerente entre o posicionamento espontâneo e o objetivo com as assertivas, identificou-se a possibilidade de que o mecanismo de desejabilidade social seja fator limitante a ser considerado para esse instrumento. Identifica-se que, embora o professor detenha conhecimento da importância da EA, principalmente com foco no aluno, constitui-se em sujeito vulnerável quando há incipiência de agregação e meios para viabilizar o trabalho de qualidade, devendo ainda ser responsável por construir seu próprio conjunto de conhecimentos, cujas limitações ainda sustentam concepções antropocêntricas (SANTOS-JUNIOR; FISCHER, 2020, p. 1038).

O estudo resulta importante, especialmente por incursionar na vulnerabilidade dos professores de Educação Ambiental por conta de sua formação deficiente e certas incompreensões e hostilidades encontradas nas escolas.

A pesquisa de Liell e Bayer (2019) traz os resultados de uma experiência de formação continuada que liga a Educação Ambiental e a Educação Matemática. Metodologicamente, o estudo apoia-se no enfoque qualitativo, especificamente na metodologia da pesquisa-ação, e envolveu oito professores de Matemática dos anos finais da educação básica de um município de Rio Grande do Sul.

O artigo torna-se interessante porque relata o trabalho diferenciado de EA na área da Matemática, mostrando que não apenas a disciplina de Ciências Naturais é a responsável pela Educação Ambiental na escola e fundamenta a necessidade da inclusão da temática ambiental na aprendizagem da Matemática, considerando as concepções, a memória e os saberes dos alunos e suas comunidades (LIELL; BAYER, 2019).

Wiziack e Pavan (2019) analisaram a formação em Educação Ambiental de professores que participaram nos Programas Escolas Sustentáveis e o Com-Vida. Esses programas foram ofertados nas escolas em torno de 2010, sob a coordenação do Ministério da Educação (MEC). As autoras realizaram pesquisa empírica com 10 professores de uma escola de Campo Grande-MS, numa perspectiva qualitativa, e a partir dela elaboraram as conclusões principais.

Esses programas destacavam a necessidade da presença dos princípios da sustentabilidade socioambiental nos currículos escolares. As pesquisadoras destacaram a importância da parceria entre as universidades federais, a Capes e as escolas, para ofertar educação continuada aos professores de forma gratuita e a distância, questão que logo, lamentavelmente, foi-se perdendo.

Martins e Schnetzler (2018) estudaram um programa de formação continuada de professores em Educação Ambiental Crítica centrado na investigação-ação e na parceria colaborativa entre pares, tendo como foco as mudanças que se produzem na prática pedagógica dos professores, proporcionadas pela teoria e pela metodologia adotadas.

Os pesquisadores aplicaram os princípios da Educação Ambiental Crítica, com base em autores como Carvalho (2001), Guimarães (2004) e Tozoni-Reis (2008), que prestam atenção a como os professores desenvolvem senso crítico sobre temas ambientais e como a criticidade contribui para sua formação, e concluíram que há a necessidade de proporcionar aos docentes condições materiais e intelectuais para que possam, junto ao trabalho coletivo com seus pares, investigar sua própria prática de ensino e melhorá-la com base em critérios pedagógicos e científicos. Eles destacaram, ainda, que para que isso aconteça é preciso existir sólidas políticas de formação que sejam efetivamente instrumentalizadas.

No artigo de Junior e Sá (2017), eles analisaram elementos do Conhecimento Pedagógico do Conteúdo (PCK), que são mobilizados por alunos iniciantes de um Mestrado em Educação em Ciências ao elaborarem atividades relacionadas à Educação Ambiental ou usarem temas ambientais voltados para a educação básica. "O modelo de PCK [...] foi sintetizado em cinco conhecimentos base para a profissão docente: a) conhecimento da avaliação; b) conhecimento pedagógico; c) conhecimento do conteúdo; d) conhecimento dos alunos; e) conhecimento curricular" (GESS-NEWSOME; CARLSON, 2013, p. 12 *apud* JUNIOR; SÁ, 2017, p. 5).

Em seu estudo, os autores enfatizaram que existem poucos trabalhos que buscam relacionar o modelo PCK com o ensino de temas de natureza ambiental, e destacaram que no âmbito da formação de professores, esse tema é um importante campo de estudo a ser explorado.

Os pesquisadores aplicaram questionário e entrevistaram oito mestrandos de áreas diversas. Os resultados apontaram que os mestrandos tinham a base de conhecimentos para um PCK bem desenvolvido e que na formação inicial é necessário facilitar aos futuros professores a integração de conhecimentos específicos da ciência e da EA, que deveriam consolidar-se em sua futura prática docente.

Numa síntese dos resultados dos nove artigos aqui analisados, podemos dizer que, como nas teses, mantém-se as qualidades teórica e metodológica dos estudos realizados, assim como a realização de pesquisas empíricas que avaliam e buscam soluções para a deficiente formação continuada dos professores de Educação Ambiental na educação básica, pois apenas um dos artigos foca na pós-graduação stricto sensu.

Chama a atenção o interesse dos investigadores quanto ao estudo de programas de formação continuada dos professores de Educação Ambiental e os programas Escolas Sustentáveis e Com-Vida, pois já foi observada essa mesma preocupação com o estudo do Programa Nacional de Educação Ambiental (ProNEA), mas sem aprofundamento em novas propostas ou alternativas a esses programas.

CONCLUSÕES

A revisão sistemática de literatura, na variante da revisão de escopo (*Scoping Review*), mostrou-se uma metodologia particularmente eficiente para responder às questões norteadoras colocadas desde a Introdução: *como, nas pesquisas atuais, trata-se o tema da formação continuada dos professores de Educação Ambiental? Quais generalizações podem se fazer sobre o estado do conhecimento da formação dos professores de Educação Ambiental na educação básica?* E, também, para se fazer cumprir o objetivo da presente pesquisa: *realizar uma revisão de alcance sobre pesquisas realizadas entre 2017 e 2021, relacionadas com a formação dos professores que trabalham com Educação Ambiental na educação básica.*

O estudo contou com 25 fontes de evidências, sendo 11 dissertações, cinco teses e nove artigos, cuidadosamente selecionadas entre muitas outras encontradas nas bases de dados Banco de Dissertações e Teses da Capes, Biblioteca Digital Brasileira de Teses e Dissertações (BDTD) e SciELO (Scientific Electronic Library Online).

Os fundamentos teóricos da maioria desses estudos são a Educação Ambiental Crítica, com base no referencial da Teoria Crítica da Escola de Frankfurt, assim como a Educação Ambiental Emancipatória, segundo a pedagogia de Paulo Freire. Alguns estudos, especialmente nas dissertações, não declaram suas bases epistemológicas. Aparece apenas um estudo fundamentado no materialismo histórico-dialético e na teoria da atividade de A. N. Leontiev, que chama a atenção dada a penetração da teoria histórico-cultural e da aprendizagem desenvolvimental no Brasil nas últimas décadas. Isso significa que a pedagogia e a didática de base dialético-materialista ainda não têm uma capilaridade na formação de professores e na didática da Educação Ambiental, o que resulta em uma carência e uma oportunidade para novas pesquisas.

O enfoque metodológico dominante nos estudos revisados é o qualitativo, com a aplicação de técnicas como entrevistas, grupos focais, questionários e pesquisa-ação.

Observamos um interesse dos pesquisadores em estudar a formação continuada dos professores de Educação Ambiental que atuam na educação básica mediante intervenções empíricas, já que se considera ser ela deficiente, desatualizada, fragmentada e escassamente científica, na contramão das políticas educacionais que direcionam a área.

Os Programas de Formação de Professores de Educação Ambiental, impulsionados pelo Ministério da Educação em diferentes momentos e contextos, como Escolas Sustentáveis, Com-Vida e o Programa Nacional de Educação Ambiental (ProNEA), atraem o interesse científico dos pesquisadores, que assinalam pontos fortes e críticas, mas não fazem propostas alternativas para solucionar os problemas da formação continuada desses docentes.

A maioria dos estudos evidencia a fragilidade e a necessidade de se fortalecer a formação continuada especializada dos professores de Educação Ambiental, como o elemento-chave para a solução dos problemas do ensino desse eixo transversal da educação básica, mas novamente não foram encontrados estudos que aportem soluções a respeito.

Com esses resultados, a presente revisão permitiu a construção, também como conclusão, o objeto de investigação, o problema e o objetivo geral da tese de doutorado da primeira autora deste capítulo. Dando seguimento às pesquisas aqui revisadas, o objeto de estudo é *a formação continuada dos professores de Educação Ambiental da educação básica*. O problema de pesquisa formula-se da seguinte maneira: *como elaborar uma Estratégia de Formação Continuada para Professores de Educação Ambiental da educação básica que se fundamente na epistemologia dialético-materialista e na teoria da aprendizagem desenvolvimental, que dê cumprimento às exigências atuais desse tipo de modalidade formativa?* Em consequência, o objetivo geral da pesquisa de doutorado é *elaborar uma Estratégia de Formação Continuada para Professores de Educação Ambiental da educação básica que se fundamente na epistemologia dialético-materialista e na teoria da aprendizagem desenvolvimental, que dê cumprimento às exigências atuais desse tipo de modalidade formativa.*

REFERÊNCIAS

ANJOS, M. D. A. **Experiência e percepção ambiental de alunos integrantes de uma COM-VIDA na escola**. 2017. 140f. Dissertação (Mestrado em Ensino das Ciências) – Programa de Pós-Graduação em Ensino das Ciências, Universidade Federal Rural de Pernambuco (UFRPE), Recife, 2017.

BASTOS, J. M. **Plano Nacional de formação de professores da Educação Básica (PARFOR)**: concepções, diretrizes e princípios formativos. 2017. 147f. Dissertação (Mestrado em Educação e Cultura) – Universidade Federal do Pará (UFPA), Cametá, 2017.

BRASIL. [Constituição (1988)]. **Constituição da República Federativa do Brasil.** Brasília, DF: Senado Federal: Centro Gráfico, 1988. Disponível em: https://www2. senado.leg.br/bdsf/bitstream/handle/id/518231/CF88_Livro_EC91_2016.pdf. Acesso em: 3 abr. 2022.

BRASIL. **Versão preliminar do Programa Nacional de Escolas Sustentáveis.** Ministério da Educação. Brasília, 2014. Disponível em: http://pdeinterativo.mec. gov.br/escolasustentavel/manuais/Manual_Escolas_Sustentaveis_v%2005.07.2013. pdf. Acesso em: 5 abr. 2022.

COSTA, L. S. O. **A Educação Ambiental crítica e a formação humana**: a tomada de consciência e a elaboração conceitual na formação de educadores ambientais. 2017. 248 f. Tese (Doutorado em Ciências Ambientais) – Universidade Federal de Goiás (UFG) Goiânia, 2017. Disponível em: https://repositorio.bc.ufg.br/tede/handle/tede/8064. Acesso em: 3 out. 2022.

CRUZ, M. V. S. **Análise crítica de documentos sobre Educação Ambiental do MEC e do MMA.** 2018. 162f. Dissertação (Mestrado em Educação em Ciências e Matemática) – Universidade Federal de Goiás (UFG), Goiânia, 2018.

FAUSTINO, M. T. **Mídia e Educação ambiental na formação continuada de professores**: mobilizando saberes docentes e a consciência crítica. 2019. 321f. Tese (Doutorado em Ensino de Biologia) – Ensino de Ciências (Física, Química e Biologia), Universidade de São Paulo (USP), São Paulo, 2019. doi:10.11606/T.81.2019.tde-09122019-181212. Disponível em: https://teses.usp.br/teses/disponiveis/81/81133/tde-09122019-181212/pt-br.php. Acesso em: 7 set. 2022.

SILVA, A. F. S.; SANTOS, T. M. Educação Ambiental no processo formativo de professores: Nunca vi, nem vivi, eu só ouço falar. **Revista Ambiente e Educação**, Programa de Educação Ambiental da FURG, v. 27, p. 1, p. 1-23, 2022. Disponível em: https://periodicos.furg.br/ambeduc/article/view/13561. Acesso em: 3 out. 2022.

FILHO, E. N.; FARIAS, C. R. O. Duas décadas da Política Nacional de Educação Ambiental: percepções de professores no contexto de uma escola pública de Pernambuco. **Revista Brasileira de Estudos Pedagógicos**, Brasília, v. 101, n. 258, p. 481-502, Brasília, DF, maio-ago., 2020.

GALVÃO, M. C. B.; RICARTE, I. L. M. Revisão sistemática da literatura: conceituação, produção e publicação. **LOGEION – Filosofia da Informação**, Rio de Janeiro, v. 6, n. 1, p. 57-73, set. 2019/fev. 2020.

JUNIOR, L. P. C.; SÁ, L. P. Conhecimento pedagógico do conteúdo no contexto da Educação Ambiental: uma experiência com mestrandos em ensino de ciências. **Ensaio Pesquisa em Educação em Ciências**, Belo Horizonte, v. 19, e.2589, 2017.

LIELL, C. C.; BAYER, A. A pesquisa-ação na formação continuada em Educação Ambiental para professores de matemática. **Educação em Revista**, Curitiba, v. 35, n. 73, p. 229-250, jan. 2019.

LIMA, V. F.; PATO, C. Educação ambiental: aspectos que dificultam o engajamento docente em escolas públicas do Distrito Federal. **Educar em Revista**, Curitiba, v. 37, e.78223, 2021.

MAIA, J. S. S.; TEIXEIRA, L. A. Formação de professores e educação ambiental na escola pública: contribuições da pedagogia histórico-crítica. **Revista HISTE-DBR** (on-line), Campinas, v. 15, n. 63, p. 293-305, 2015. Disponível em: https://periodicos.sbu.unicamp.br/ojs/index.php/histedbr/article/view/8641185. Acesso em: 3 abr. 2022.

MARTINS, J. P. A.; SCHNETZLER, R. P. Formação de professores em educação ambiental crítica centrada na investigação-ação e na parceria colaborativa. **Revista Ciência & Educação**, Bauru, v. 24, n. 3, p. 581-598, 2018.

MATTOS, Ariane Barilli de. **Prática docente em Educação Ambiental**: pesquisa-ação colaborativa em uma escola pública estadual. 2019. 142f. Dissertação (Mestrado em Educação) – Universidade Estadual do Oeste do Paraná (UNOESTE), Presidente Prudente, 2019.

MICHILOT-CHAMBERGO, D.; DIAZ-BARRERA, E.; BENITES-ZAPATA, V. A. Revisiones de alcance, revisiones paraguas y síntesis enfocada en revisión de mapas: aspectos metodológicos y aplicaciones. **Revista Peruana de Medicina Experimental y Salud Publica**, Lima, v. 38, n. 1, p. 136-42, 2021. Disponible em: http://www.scieloSciELO.org.pe/scieloSciELO.php?script=sci_arttext&pi-d=S1726-46342021000100136. Acesso em: 25 de abr. de 2022.

MONTEIRO, Maria do Rosário Guedes. **Formação continuada de professores no Brasil**: um estado da arte (2013-2016). 2017. 249f. Dissertação (Mestrado em Educação) – Programa de Pós-Graduação em Educação, Universidade Federal do Rio Brando (UFAC), Acre, 2017.

NASCIMENTO, J. E. **Percepções de educação ambiental e meio ambiente de estudantes do curso de formação docente em nível médio de Santa Helena/PR.** 2018. 195f. Dissertação (Mestrado em Educação) – Programa de Pós-Graduação em Educação, Universidade Estadual do Oeste do Paraná (Unioeste), Cascavel, 2018.

NEPOMUCENO, A. L. O. **Das tensões políticas à prática pedagógica socioambiental**: contextos da política estadual de educação ambiental (SE). 2017. 229f. Tese (Pós-Graduação em Educação) – Universidade Federal de Sergipe (UFS), São Cristóvão, 2017.

NOVAIS FILHO, F. O.; CHAVES, A. B.; SILVA, A. F. S.; SILVA, S. N. Aproximações e distanciamentos de um grupo de mestrandos em educação científica e formação de professores sobre educação ambiental, **Revista de Iniciação à Docência**, Universidade Estadual do Sudoeste da Bahia, v. 6, n. 1, p. 109-122, 2021. Disponível em: https://periodicos2.uesb.br/index.php/rid/article/view/6979. Acesso em: 4 out. 2022.

REINIAK, J. L. **Representações sociais de Educação Ambiental**: o que pensam professores de uma escola pública de ensino fundamental. 2017. 225f. Dissertação (Mestrado em Educação) – Universidade da Região de Joinville (UNIVILLE), Joinville, 2017.

REZENDE, I. M. N. **A educação ambiental no Programa Institucional de Bolsa de Iniciação à Docência (PIBID)**: subprojeto Biologia. 2016. 184f. Dissertação (Programa de Pós-Graduação em Ensino das Ciências) – Universidade Federal Rural de Pernambuco (UFRPE), Recife, 2016.

RODRIGUES, J. N.; GUIMARÃES, M. Algumas contribuições marxistas à Educação Ambiental (EA) crítico-transformadora. **Revista de Educação Pública**, [S.l.], v. 20, n. 44, p. 501-518, 2012. Disponível em: https://periodicoscientificos.ufmt. br/ojs/index.php/educacaopublica/article/view/320. Acesso em: 23 abr. 2022.

RUFFO, Th. L. M. **Formação continuada e práticas docentes em Educação Ambiental no contexto do semiárido paraibano**. 2016. 270f. Tese (Doutorado em Educação) – Universidade Federal da Paraíba (UFPB), João Pessoa, 2016.

SANTANA, D. B. **Construindo pontes entre a educação científica e a educação ambiental na prática docente**. 2018. 118f. Dissertação de Mestrado (Programa de Pós-Graduação em Ensino das Ciências) – Universidade Federal Rural de Pernambuco (UFRPE), Recife, 2018.

SANTOS-JUNIOR, R. J.; FISCHER, M. L. A vulnerabilidade do professor diante dos desafios da educação ambiental. **Cadernos de Pesquisa**, São Paulo, v. 50, n. 178, p. 1.022-1.040, out.-dez. 2020.

SILVA, J. S. **Perspectivas e contribuições do mestrado profissional em Ciências Ambientais para a formação em Educação Ambiental**. 2018. 176f. Dissertação (Mestrado em Educação) – Programa de Pós-Graduação em Educação, Universidade Federal de Sergipe (UFS), São Cristóvão, 2018.

SILVEIRA, P. V. S. **Formação de professores para a construção de saberes ambientais na escola**. 2020. 138f. Dissertação (Mestrado em Educação) – Programa de Estudos Pós-Graduação em Educação: Formação de Formadores, Pontifícia Universidade Católica de São Paulo (PUC-SP), São Paulo, 2020.

SUDAN, D. C. **Educação Ambiental e teoria crítica**: a dialética da emancipação na formação socioambiental de servidores de uma Universidade Pública do estado de São Paulo. 2017. 265f. Tese (Doutorado em Educação) – Universidade Federal de São Carlos (UFSCar), 2017.

TAKADA, M. Y. **A dimensão ética na educação ambiental**: uma análise da legislação brasileira. 2016. 101f. Dissertação (Mestrado em Educação) – Universidade do Oeste Paulista (UNOESTE), Presidente Prudente, 2016.

TRICCO, Andrea C. *et al. PRISMA extension for scoping reviews (PRISMA-SCR): checklist and explanation.* **Annals of Internaal Medicine**, PMID: 30178033, n. 169, p. 467-473, 2018. Disponível em: http://www.prisma-statement.org/Extensions/ScopingReviews. Acesso em: 22 abr. 2022.

TORRES, J. R.; FERRARI, N.; MAESTRELLI, S. R. P. Educação ambiental crítico-transformadora no contexto escolar: teoria e prática freiriana. *In*: LOUREIRO, Carlos Frederico Bernardo; TORRES, Juliana Rezende (org.). **Educação Ambiental**: dialogando com Paulo Freire. São Paulo: Cortez, 2014. p. 13-80.

WILBERT, P. B. **A formação de professores da rede municipal de ensino de Petrópolis - RJ**: Um estudo sobre a Educação Ambiental. 2017. 136f. Dissertação (Mestrado em Educação) – Programa de Pós-Graduação em Educação, Universidade Católica de Petrópolis (UCP), Petrópolis, 2017.

WIZIACK, S. R. C.; PAVAN, R. A formação continuada de professores em educação ambiental por meio da educação a distância. **Revelli – Revista de Educação, Linguagem e Literatura**, v. 11, e-201925, 2019. Dossiê: Inovação, tecnologias e práticas docentes. Disponível em: https://www.revista.ueg.br/index.php/revelli/article/view/9550. Acesso em: 22 out. 2022.

ZULETA, M. K. P. **Construção coletiva de uma proposta interdisciplinar de Educação Ambiental Educação Ambiental desde um processo de Pesquisa Ação Participante**. 2016. 148f. Dissertação (Mestrado em Educação Ambiental) – Universidade Federal do Rio Grande (FURG), Rio Grande do Sul, 2016.

5

AS COMPETÊNCIAS DIGITAIS DOCENTES: UMA REVISÃO DE ESCOPO SOBRE O TEMA

Abaporang Paes Leme Alberto
Orlando Fernández Aquino

INTRODUÇÃO

Desde 2006, quando surgiram as primeiras propostas na Espanha, as Competências Digitais Docentes têm se tornado um tema central na formação continuada dos professores. Elas vão além das habilidades com computadores e tecnologias multimídia desenvolvidas pelos professores para o seu desempenho profissional em uma sociedade em que a informação e o conhecimento são geralmente vivenciados por meio de ambientes virtuais.

Considera-se que as experiências com os meios virtuais podem capacitar os indivíduos em sua força de trabalho, que o uso de ferramentas digitais torna o trabalho mais produtivo e agrega valores econômico e profissional, e que, por meio disso, a criação, a distribuição e o compartilhamento de conhecimento são potencializados na sociedade global. No entanto as Competências Digitais Docentes não se referem apenas às habilidades e às destrezas dos professores para o manejo das Tecnologias Digitais. Elas também estão relacionadas com a cultura virtual, a formação para o trabalho, o lazer e a vida social em geral.

Para a Unesco (2019), as Tecnologias da Informação e Comunicação (TICs)[13] têm um papel crucial na Agenda 2030 da ONU para o Desenvolvimento Sustentável. Elas são apontadas como potenciais aceleradores do progresso e, consequentemente, do desenvolvimento social mediante

---

[13] Algumas literaturas utilizam a expressão Tecnologias Digitais (TD), enquanto em outras encontramos a denominação Tecnologias da Informação e Comunicação (TICs). Essas expressões são sinônimas, e como este estudo trata-se de uma revisão de literatura, utilizaremos a expressão adotada em acordo com a terminologia utilizada na literatura que está sendo trabalhada. Em situações em que houver liberdade de escolha, optaremos por Tecnologias Digitais.

o conhecimento. Ainda de acordo com a Unesco (2019), as TICs podem proporcionar soluções inovadoras que permitam aos educadores práticas pedagógicas visando ao empoderamento cidadão dos alunos.

> A integração efetiva das TIC nas escolas e salas de aula pode transformar a pedagogia e capacitar os alunos. Dentro deste contexto, as competências dos professores desempenham um papel fundamental na integração das TIC na sua prática profissional, a fim de garantir a equidade e a qualidade da aprendizagem [...] A formação dos professores e o seu desenvolvimento profissional adaptado e contínuo são essenciais a fim de obter benefícios dos investimentos feitos em TIC. O treinamento e o suporte contínuo devem permitir aos professores desenvolver as competências necessárias em TIC, para que possam, por sua vez, fazer os seus alunos desenvolver as habilidades necessárias, incluindo habilidades digitais para a vida e o trabalho (UNESCO, 2019, p. 1, tradução nossa).

Nessa perspectiva, a Unesco (2019) vem desenvolvendo o que chamamos de "Marco de Competência dos Docentes em TICs" (ICT-CFT), termo que surge na abreviação da expressão em inglês "Information and communication technology – Competency Framework for Teachers". Esse Marco serve como guia orientador para a formação de professores em Tecnologias Digitais e foi desenvolvido visando a adaptação dinâmica a diversos contextos, situações, países e políticas públicas. Trata-se de um documento adaptável, uma ferramenta norteadora para guiar a formação de professores no uso das TICs em diversos sistemas educativos. A própria Unesco define esse documento:

> Um forte compromisso político, um investimento sustentado na formação de professores. Ações planejadas de formação inicial e continuada de professores são necessários para a implementação bem-sucedida deste Marco, adaptado ao contexto dos objetivos nacionais e institucionais. Por esta razão, este documento destaca a importância de um forte compromisso com o desenvolvimento profissional contínuo dos professores, inclusive por meio das TIC, e fornece exemplos de uso para facilitar o desenvolvimento dos professores em vários contextos (UNESCO, 2019, p. 2, tradução nossa).

Esse Marco de Competências iniciou-se em 2008, com a versão 1; em 2011 foi atualizado para a versão 2, e agora está na versão 3, lançada em 2018. Essas atualizações visaram acompanhar as mudanças pedagógicas e tecnológicas, uma vez que o mundo e a sociedade também passaram por transformações nesse período, como avanços em tecnologia, inteligência artificial, tecnologias móveis, internet e atualização de recursos educacionais abertos.

Sobre as competências digitais dos professores, "o Marco apresenta um vasto leque de competências que os professores necessitam para integrar as TIC em sua prática profissional, com o objetivo de ajudar os alunos a alcançar os níveis curriculares normativos" (UNESCO, 2019, p. 2, tradução nossa). A Unesco (2019) define esse conjunto de competências como Competências Digitais Docentes. Não se trata de uma definição singular, mas de um conjunto total de 18 competências, organizadas em seis diferentes aspectos das práticas docentes: "1. Compreensão do papel das TIC nas políticas educativas; 2. Currículo e avaliação; 3. Pedagogia; 4. Aplicação de competências digitais; 5. Organização e administração; 6. Aprendizagem profissional do professor" (UNESCO, 2019, p. 6, tradução nossa).

Essas categorias têm três níveis sucessivos de desenvolvimento quanto ao uso das TICs: Aquisição (aprendendo o básico); Utilização (usando profissionalmente o que aprendeu); Criação de conteúdo (boas práticas, criando possibilidades e despertando nos alunos o uso harmonioso e autônomo das tecnologias na construção do conhecimento).

Além da UNESCO, existem também iniciativas de outros países e organismos internacionais para implementar a formação de professores em competências digitais. Esses "guias", que a Unesco chama de Marco de Competências, podem ser encontrados com outras designações, como Padrões de Competências, Standards ou outros nomes, dependendo da origem. Apesar da pluralidade de iniciativas, as de maior relevância, juntamente à Unesco, são as iniciativas da União Europeia (DigCompEdu), dos Estados Unidos (ISTE) e da Espanha (INTEF). A INTEF, em particular, é uma referência em Competências Digitais como políticas públicas desde 2006, portanto, mesmo que esteja "adaptada" à DigCompEdu desde 2017, continua sendo uma referência científica relevante e ainda há muitas citações a ela.

A União Europeia origina um Padrão de Competências definido como DigCompEdu. Esse padrão foi desenvolvido para ajudar a orientar as políticas públicas em todos os níveis de ensino e pode ser adaptado a diversos contextos para a implementação de ferramentas regionais e nacionais em programas de treinamento e formação de professores.

O DigCompEdu define competência digital como "o uso confiante, crítico e criativo das TIC para alcançar objetivos relacionados ao trabalho, empregabilidade, aprendizado, lazer, inclusão e/ou participação na sociedade" (PUNYE, 2017, p. 90, tradução nossa).

> O DigCompEdu Framework visa capturar e descrever essas competências digitais específicas do educador, propondo 22 competências elementares organizadas em 6 áreas: A área 1 é direcionada para o ambiente profissional mais amplo, ou seja, o uso de Tecnologias Digitais pelos educadores em interações profissionais com colegas, alunos, pais e outras partes interessadas, para seu próprio desenvolvimento profissional individual e para o bem coletivo da organização. A Área 2 analisa as competências necessárias para usar, criar e compartilhar recursos digitais de aprendizagem de forma eficaz e responsável. A área 3 é dedicada a gerenciar e orquestrar o uso de Tecnologias Digitais no ensino e aprendizagem. A área 4 aborda o uso de estratégias digitais para aprimorar a avaliação. A Área 5 concentra-se no potencial das Tecnologias Digitais para estratégias de ensino e aprendizagem centradas no aluno. A Área 6 detalha as competências pedagógicas específicas necessárias para facilitar a competência digital dos alunos (PUNYE, 2017, p. 9, tradução nossa).

O DigCompEdu também está organizado em seis níveis diferentes de progressão, visando indicar as necessidades para aprimorar essa competência em relação ao nível em que se encontram. São eles: A1 – Recém-Chegado; A2 – Explorador; B1 – Integrador; B2 – Especialista; C1 – Líder; C2 – Pioneiro.

Para a Sociedade Internacional de Tecnologia em Educação (ISTE), sediada nos EUA, a proposta é criar uma rede que conecta educadores, permitindo que os profissionais utilizem recursos gratuitos ou se tornem membros de uma comunidade global que acredita no poder das tecnologias para transformar a educação e resolver problemas difíceis, conforme descrito em sua comunidade oficial (ISTE).

A proposta desse padrão é uma atualização dinâmica por meio de sua rede de associados. No site oficial são encontrados cursos, certificações, treinamentos e compartilhamentos em rede, que são atualizados de forma rápida devido à natureza da rede de conexões. A ISTE relaciona o termo Competências Digitais Docentes com a capacidade dos educadores de utilizarem as tecnologias de forma eficaz e criativa para promover a aprendizagem dos alunos, estimular a colaboração, a resolução de problemas e a cidadania digital.

> [...] responsabilidade de preparar todos os alunos para o sucesso em um futuro onde o poder da computação sustenta todos os aspectos dos sistemas que encontramos em nossas vidas diárias. Garantir que cada aluno entenda e seja capaz de aproveitar o poder da computação para melhorar seu sucesso em sua vida pessoal, acadêmica ou profissional é uma meta ambiciosa. Os Padrões ISTE: Competências de Pensamento Computacional para Educadores destinam-se a ajudar todos os educadores a contribuir para tornar esse objetivo uma realidade (ISTE, 2021, p. 11, tradução nossa).

Em países da União Europeia e em organismos internacionais como a Unesco, tem havido discussões sobre a importância das Competências Digitais Docentes como políticas públicas, pelo menos desde 2006, com o surgimento do Padrão INTEF (Espanha). No Brasil, a temática parece ter ganhado mais atenção recentemente, embora reste o sentimento de timidez ao desenvolvimento do tema em nosso país. Acreditamos que esse aumento de interesse não se deve apenas à influência tecnológica na sociedade, mas também devido à assessoria da Unesco ao gabinete do Ministério da Educação (MEC) (BRASIL, 2022).

Reconhecemos a importância de realizar uma revisão sistemática da literatura sobre as competências digitais dos docentes, especialmente para a educação brasileira, que teve suas fragilidades no sistema educacional expostas durante a pandemia da Covid-19. Assim, esta revisão tem como pergunta norteadora: *qual é o estado atual do conhecimento sobre as Competências Digitais Docentes considerando as experiências internacional e nacional, incluindo o contexto brasileiro?* Essa pergunta será respondida ao alcançarmos o seguinte objetivo: *elaborar um estado do conhecimento sobre as Competências Digitais Docentes a partir de estudos realizados nos últimos seis anos (2017-2022),[14] com o objetivo de determinar conceitualizações, identificar tendências, destacar pontos relevantes e identificar omissões no tratamento do tema, especialmente no contexto brasileiro.*

5.1 METODOLOGIA

O método utilizado nesta revisão sistemática de literatura segue as diretrizes da Extensão PRISMA-ScR (*Extension for Scoping Review*), que é específica para revisões de escopo (TRICCO *et al.*, 2018a, b), um tipo particular

---

[14] Inicialmente, idealizamos realizar a pesquisa em um período de cinco anos, abrangendo de 2018 a 2022. No entanto, devido à adesão do Intef ao padrão DigCompEdu em 2017, surgiu a hipótese de que esse ano poderia ser relevante para publicações sobre essa temática. Dessa forma, o período pesquisado ficou definido de 2017 a 2022.

de revisão sistemática que segue o protocolo PRISMA (Preferred Reporting Items for Systematic reviews and Meta-Analyses) (YEPES-NUÑEZ *et al.*, 2021). Essa abordagem metodológica atende a diversos objetivos de pesquisa.

> Elas podem examinar a extensão (isto é, tamanho), alcance (variedade) e natureza (características) da evidência sobre um tópico ou questão [...]; resumir descobertas de um corpo de conhecimento que é heterogêneo em métodos ou disciplina; ou identificar lacunas na literatura para auxiliar no planejamento e comissionamento de pesquisas futuras (TRICCO *et al.*, 2018a, tradução nossa).

O PRISMA-ScR é um protocolo que orienta a elaboração da revisão de escopo composto por um *checklist* com 22 itens (sendo dois opcionais) divididos em sete seções. O pesquisador deve seguir as orientações de TRICCO *et al.* (2018b) para aplicar o protocolo de forma adequada: "foi desenvolvido de acordo com as orientações publicadas pela rede EQUATOR (Enhancing the QUALity and Transparency of Health Research) para o desenvolvimento de diretrizes de relatórios" (TRICCO *et al.*, 2018a, tradução nossa).

Para a realização do estudo, elaboramos um protocolo de pesquisa para uso interno. No entanto não está prevista a sua publicação, pois consideramos que não tem relevância pública ou utilidade além do âmbito interno.

Os critérios de elegibilidade dos textos foram os seguintes: a) relação dos textos com a Competência Digital Docente (CDD) enquanto padrão de referência; b) publicação dos textos no período de 2017 a 2022; c) disponibilidade gratuita dos textos na internet, nas línguas portuguesa, espanhola ou inglesa; d) relação direta deles com os descritores utilizados na pesquisa.

A busca de literatura ocorreu em bases de dados na Internet utilizando o critério de busca por descritores. Após diversos testes e ensaios com um maior número de descritores, selecionamos os seguintes: "competência*", "digita*", "docente*", "professor*", "formaç", "ensino" e "educação". O caractere "*" foi utilizado para abranger diferentes formas gramaticais e plurais. Por exemplo, ao pesquisar "professor*" foram incluídos no resultado da busca descritores como professor, professores, professora e professoras. Esse recurso permite obter um resultado mais abrangente.

Para a localização das fontes de evidências desta revisão de escopo foram utilizadas as seguintes bases de dados: 1) Biblioteca Digital Brasileira de Teses e Dissertações (BDTD); 2) Catálogo de Teses e Dissertações da Capes; 3) Scientific Electronic Library Online (SciELO); 4) SciVerse Scopus.

As buscas foram realizadas entre os meses de abril e junho de 2022. Em cada uma das bases de dados foram aplicados os filtros disponíveis para gerenciar as buscas, considerando variação entre as diferentes bases.

Para facilitar o gerenciamento das fontes de evidências, todos os textos que atenderam aos critérios de inclusão foram exportados para o gerenciador de referências Zotero.[15] Essa ferramenta permite organizar e gerenciar as referências de forma eficiente, além de facilitar a identificação e a eliminação de textos duplicados.

Para a extração das informações das fontes de evidências foi elaborada uma matriz no formato de planilha eletrônica, que permitiu mapear, texto por texto, os seguintes itens de análise: objetivo/problema, objetivos específicos, metodologia, contexto e sujeitos da pesquisa, conclusões ou achados da pesquisa e base de dados em que a fonte se encontrava. A matriz em planilha eletrônica serviu como o principal instrumento de organização dos dados para análise futura.

Ainda, foi elaborado um resumo das características das fontes, em poucas palavras, para facilitar o agrupamento dos temas de interesse. Esse resumo foi útil para identificar e categorizar as fontes de acordo com os temas relevantes para a revisão.

Além disso, as fontes de referências foram agrupadas de acordo com sua adesão a modelos de Competências Digitais Docentes, sendo considerados os mais conhecidos e divulgados, como DIGCOMPEDU, UNESCO, ISTE e INTEF, bem como modelos de competências nacionalizados, como os de Portugal, França, Cingapura e Colômbia. Essa abordagem permitiu uma melhor organização das informações para a apresentação dos resultados e a subsequente discussão.

5.2 RESULTADOS

Seguindo o protocolo PRISMA-ScR foram selecionadas fontes de evidências conforme o fluxograma a seguir:

---

[15] O Zotero é uma ferramenta amplamente utilizada para o gerenciamento de referências bibliográficas, proporcionando recursos para a criação de bibliotecas pessoais, inserção de metadados, criação de anotações e geração automática de citações e referências. Disponível em: https://www.zotero.org/.

Figura 1 – Fluxograma da identificação e seleção das fontes de evidências

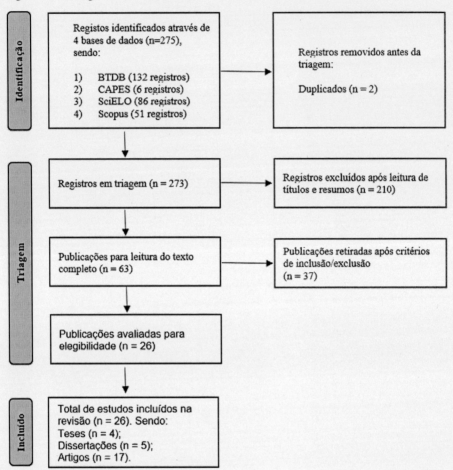

Fonte: elaborado pelos autores (2023)

As fontes de evidências selecionadas (dissertações, teses e artigos científicos) são apresentadas nos quadros 1, 2 e 3. Os dados estão organizados em ordem cronológica crescente para facilitar a compreensão sequencial dos estudos. Cada quadro é dividido em três colunas: número de ordenação, referência completa conforme ABNT e base de dados de origem.

Quadro 1 – Dissertações selecionadas como fontes de evidências

No.	Referência completa	Base de dados
1	SILVA, Denis A. **A formação continuada em Tecnologias Digitais ofertada no Paraná sob a ótica de professores da rede estadual de Foz do Iguaçu**. 2018. 137f. Dissertação (Mestrado em Linguagens e Tecnologias) – Universidade Estadual do Oeste do Paraná (UNIOESTE), Cascavel, 2018.	IBICT
2	KAIRALLAH, Sthefanie K. **Professores de inglês da rede pública na Cultura Digital**: mapeando suas percepções acerca da tecnologia e da competência digital. 2020. 132f. Dissertação (Mestrado em Linguística e Língua Portuguesa) – Faculdade de Ciências e Letras, Universidade Estadual Paulista "Júlio De Mesquita Filho" (UNESP), Araraquara, 2020.	IBICT
3	LIMA, Jorcelyo A. **Avaliação do nível de proficiência digital dos professores dos institutos Federais no estado do Maranhão**. 2020. 188f. Dissertação (Mestrado em Educação). Universidade Federal do Tocantins (UFT), Palmas, 2020.	Capes
4	ALMEIDA, Diane S. **Padrões de competência em TIC para professores**. 2021. 129f. Dissertação (Mestrado em Educação) – Universidade Federal de Santa Maria (UFSM), Santa Maria, 2021.	IBICT
5	SOUSA, Crisiany A. de. **Itinerário formativo em competências digitais para professores da educação básica**: uma proposta a partir das matrizes brasileiras. 2022. 140f. Dissertação (Mestrado em Inovação em Tecnologias Educacionais) – Universidade Federal do Rio Grande do Norte (UFRN), Natal, 2022.	Capes

Fonte: elaborado pelos autores

Quadro 2 – Teses de doutorado selecionadas como fontes de evidências

No.	Referência completa	Base de dados
6	PASINATO, Nara Maria B. **Integração das TDIC na formação de professores em Cingapura**: entre intenções, ações e concepções. 2017. 255f. Tese (Doutorado em Educação – Currículo) – Pontifícia Universidade Católica de São Paulo (PUC-SP), São Paulo, 2017.	IBICT

No.	Referência completa	Base de dados
7	DIAS, Maria Lucia. **A competência adquirida no uso das Tecnologias Digitais de Informação e Comunicação (TDIC) na formação de professores das licenciaturas em ciências biológicas, física e química da Universidade Federal do Rio Grande do Sul (UFRGS)**: um estudo de caso. 2018. 138f. Tese (Doutorado em Educação em Ciências) – Programa de Pós-Graduação em Educação em Ciências: Química da Vida e Saúde, Instituto de Ciências Básicas da Saúde Porto Alegre, Universidade Federal do Rio Grande do Sul (UFRGS), Porto Alegre, 2018.	IBICT
8	CANI, Josiane B. **Letramento digital de professores de Língua Portuguesa**: cenários e possibilidades de ensino e de aprendizagem com o uso das TDIC. 2019. 216f. Tese (Doutorado em Linguística Aplicada) – Faculdade de Letras, Universidade Federal de Minas Gerais, Belo Horizonte, 2019.	IBICT
9	TOVAR, Ernesto J. F. **Letramento praxital**: uma abordagem para mobilizar os conhecimentos, habilidades e atitudes do professor na perspectiva de aprimorar sua prática pedagógica mediada pelas TIC. 2020. 181f. Tese (Doutorado em Informática na Educação) – Universidade Federal do Rio Grande do Sul (UFRGS), Porto Alegre, 2020.	IBICT

Fonte: elaborado pelos autores (2023)

Quadro 3 – Artigos científicos selecionados como fontes de evidências

No.	Referência completa	Base de dados
10	FALCÓ BOUDET, José Maria. Evaluación de la competencia digital docente en la Comunidad Autónoma de Aragón. **REDIE. Revista Electrónica de Investigación Educativa**. Universidad Autónoma de Baja California, v. 19, n. 4, p. 73-83, dez. 2017.	SciELO
11	CABRERA BORGES, Claudia *et al*. Tecnologías digitales: análisis de planes de profesorado de Uruguay. **Cuadernos de Investigación Educativa**, Universidad ORT Uruguay, v. 9, n. 2, p. 13-32, dez. 2018.	SciELO
12	CASTAÑEDA, Linda; ESTEVE, Francesc; ADELL, Jordi. Why rethinking teaching competence for the digital world? **Revista de Educación a Distância**, Murcia, n. 56, artic. 6, 2018. Disponível em: https://www.um.es/ead/red/56/castaneda_et_al.pdf. Acesso em: 11 jul. 2023.	Scopus

No.	Referência completa	Base de dados
13	ESCUDERO, Virginia G.; GUTIÉRREZ, Ramón C.; GONZÁLEZ--CALERO SOMOZA, José Antônio. Analysis of self-perception on the level of teachers' digital competence in teachers training. **Revista Electrónica Interuniversitaria de Formación del Profesorado**, Madrid, v. 22, n. 3, p. 193-218, 2019.	Scopus
14	SILVA, Juan *et al.* Digital teaching competence in initial training: case studies from Chile and Uruguay. **Education Policy Analysis Archives**, Oviedo, v. 27, n. 4, p. 363-372, octubre-diciembre 2020.	Scopus
15	CABERO-ALMENARA, Julio *et al.* La competencia digital docente. El caso de las universidades andaluzas. **Aula Abierta**, Universidad de Sevilla, España, v. 49, n. 4, p. 363-371, 2020.	Scopus
16	DOMINGO-COSCOLLOLA, Maria *et al.* Fostering teacher's digital competence at university: the perception of students and teachers. **Revista de Investigacion Educativa**, Universidad de Murcia, España, v. 38, n. 1, p. 167-182, 2020.	Scopus
17	LAURENTE-CÁRDENAS, Carlos Miguel *et al.* Desarrollo de competencias digitales en docentes universitarios a través de entornos virtuales: experiencias de docentes universitarios en Lima. **Revista Eleuthera**, RENATA, Colombia, v. 22, n. 2, p. 71-87, dez. 2020.	SciELO
18	LOUREIRO, Ana Claudia; MEIRINHOS, Manuel; OSÓRIO, António José. Digital teaching competence: Guidelines for referential. **Texto Livre**, Universidade Federal de Minas Gerais - UFMG, v. 13, n. 2, p. 163-181, 2020.	Scopus
19	QUIROZ, Juan S.; ARREDONDO, Paloma M. Presencia de la competencia digital docente en los programas de formación inicial en universidades públicas chilenas. Revista **de Estudios y Experiencias en Educación**, v. 19, n. 41, p. 149-165, dez. 2020.	SciELO
20	SILVA, Daniela; BORGES, Jussara. Base Nacional Comum Curricular e competências infocomunicacionais: uma análise de correlação. **Intercom** – Revista Brasileira **de** Ciências **da Comunicação (RBCC)**, v. 43, n. 3, p. 99-114, set. 2020.	SciELO
21	VÓLQUEZ PÉREZ, José Antonio; AMADOR ORTÍZ, Carlos Miguel. Competencias digitales de docentes de nivel secundario de Santo Domingo: un estudio de caso. **RIDE. Revista Iberoamericana para la Investigación y el Desarrollo Educativo**, Guadalajara, México, v. 11, n. 21, dez. 2020.	SciELO

No.	Referência completa	Base de dados
22	ARAÚJO, Allyson C. de *et al.* Competências digitais, currículo e formação docente em Educação Física. **Revista Brasileira de Ciências dos Esporte**, v. 43, 2021.	SciELO
23	GONZÁLEZ FERNÁNDEZ, María Obdulia. Competencias digitales del docente de bachillerato ante la enseñanza remota de emergencia. **Apertur**a (Guadalajara, Jalisco), v. 13, n. 1, p. 6-19, 2021.	SciELO
24	PERIN, Eloni dos S.; FREITAS, Maria do Carmo D.; COELHO, Taiane Ritta. Digital teaching competence model. **SciELO Preprints**, 2021. Disponível em: https://preprints.scielo.org/index.php/scielo/preprint/view/1961. Acesso em: 10 maio 2022.	SciELO
25	SUÁREZ-GUERRERO, Cristóbal; ROS-GARRIDO, Alicia; LIZANDRA, Jorge. Approach to digital teaching competence in vocational training. **Revista de Educación a Distancia**, Universidad de Murcia, España, v. 21, n. 67, 2021.	Scopus
26	VIÑOLES-COSENTINO, Virginia. *et al.* Validation of a platform for formative assessment of teacher digital competence in times of Covid-19. **RIED – Revista Iberoamericana de Educación a Distancia**, Universidad Católica de Loja, España, v. 24, n. 2, p. 87-106, 2021.	Scopus

Fonte: elaborado pelos autores (2023)

Quadro 4 – Padrões de competências citados nas fontes de evidências por ordem alfabética

Padrões	Disser-tações	Tese	Artigos	Somatória
C2I2E – Certificat Informatique et Internet niveau 2 – Enseignant (C2i2e) – país de origem: França			1	1
CIEB – Centro de Inovação da Educação Brasileira (CIEB) – país de origem Brasil	1			1
COMPDIGITAL – Competence Digital (COMPDIGITAL) proposto por Krumsvik – país de origem: Noruega		1		1
COPOMID – Competências para professores Migrantes Digitais (COPOMID) – país de origem: Brasil		1		1

Padrões	Disser--tações	Tese	Artigos	Somatória
DIGCOMPEDU – European Framework for the Digital Competence of Educators (DigCompEdu) – origem: Comissão Europeia	2	1	10	**13**
DIGCOMPORG – Marco Europeo para Organizaciones Educativas Competentes Digitalmente (DigCompORG) – origem: Comissão Europeia			1	**1**
DIGLITE – DigiLit Leicester. Supporting teachers, promoting digital literacy, transforming learning (DIGLITE) – país de origem: Inglaterra			1	**1**
ENLACES – Centro de Educación y Tecnología del Ministerio de Educación de Chile (ENLACES) – país de origem: Chile			1	**1**
GEPE – Gabinete de Estatistica e Planeamento da Educação (GEPE) – país de origem: Portugal		1	1	**2**
INTEF – Instituto Nacional de Tecnologías Educativas y de Formación del Profesorado (INTEF) – país de origem: Espanha	1	1	9	**11**
ISTE – International Society for Technology in Education (ISTE) – país de origem: Estados Unidos		1	7	**8**
MASTERPLAN – ICT Master Plan (MASTERPLAN) – país de origem: Cingapura		1		**1**
MCCDD – Marco Común de Competencia Digital Docente (MCCDD) – (sucessor ao modelo DigComp, integra as práticas INTEF, foi trabalhada pelo autor de forma autônoma) – país de origem: Espanha.			1	**1**
MIL – Media and Information Literacy: Curriculum for Teachers (MIL) – origem: Organizações das Nações Unidas para a Educação, a Ciência e a Cultura (UNESCO)			1	**1**

Padrões	Disser-tações	Tese	Artigos	Somatória
PENTAGONO – Pentágono das Competências TIC (PENTAGONO) – país de origem: Colômbia		1		**1**
SAMR - Substitution, Augmentation, Modification, Redefinition (SAMR) – país de origem: Estados Unidos		1		**1**
TPACK – Technological Pedagogical Content Knowledge (TPACK) – país de origem: Estados Unidos		1	1	**2**
UNESCO – Information and Communication Technology – Competency Framework for Teachers. Padrões de competência da Organização das Nações Unidas para a Educação, a Ciência e a Cultura (ICT-CFP UNESCO) referenciado como (UNESCO)	4	3	11	**18**
TOTAL POR COLUNA	**8**	**13**	**45**	**66**

Fonte: elaborado pelos autores (2023)

Entre as dissertações, os padrões mais citados foram Unesco (50%) e DigCompEdu (25%). Nas teses observamos que o tema apresenta outra amplitude, com diversos padrões citados e discutidos. No entanto, o padrão Unesco mantém-se como o mais citado (23%), enquanto os outros dez padrões receberam uma citação cada, totalizando 7,7% cada um. Nos artigos também observamos que Unesco (23,91%) é o mais citado, seguido por DigCompEdu (21,74%), INTEF (19,57%) e ISTE (15,22%). Os demais nove artigos receberam uma citação cada, totalizando 2,17% cada um. Considerando todas as publicações no período de 2017 a 2022, observamos que o padrão mais citado é Unesco (26,87%), seguido por DigCompEdu (19,40%), INTEF (16,42%) e ISTE (11,94%).

Mesmo observando uma grande afinidade entre esses padrões de competências, cada um deles tende a ter a sua própria especificidade, que é compreendida a partir do conceito-chave do documento principal de cada padrão, bem como nas definições singulares presentes neles. De forma preliminar e abrangente, as definições principais são as seguintes:

1. UNESCO: a competência digital docente é entendida como a capacidade de utilizar e integrar efetivamente as Tecnologias Digitais no contexto educacional, promovendo a aprendizagem dos alunos e o desenvolvimento de habilidades digitais. O foco principal está no Desenvolvimento Profissional Docente (DPD): "O Marco apresenta um vasto leque de competências que os *professores necessitam para integrar as TIC na sua prática profissional,* com vista a ajudar os alunos a alcançar os níveis curriculares normativos" (UNESCO, 2019, p. 2, tradução e grifos nossos).

2. DigCompEdu: a competência digital docente é concebida como a capacidade de utilizar as Tecnologias Digitais de forma crítica, criativa e responsável no ensino e na aprendizagem, considerando os objetivos educacionais e as necessidades dos alunos. O foco está em preparar não apenas os professores, mas toda a sociedade, para o uso confiante e efetivo da tecnologia "A competência digital pode ser amplamente definida como *o uso confiante, crítico e criativo das TIC para alcançar objetivos relacionados ao trabalho,* empregabilidade, aprendizado, lazer, inclusão e/ou participação na sociedade" (PUNYE, 2017, p. 90, tradução e grifos nossos).

3. INTEF (Espanha): a competência digital docente é definida como a capacidade de utilizar as Tecnologias Digitais de forma pedagogicamente eficaz, incorporando-as no planejamento e no desenvolvimento das práticas educativas. INTEF (Instituto Nacional de Tecnologías Educativas y de Formación del Profesorado) é uma entidade pública espanhola que promove a formação de professores e o uso de tecnologias na educação. Em 2017, o INTEF adotou o DigCompEdu como referencial de competências digitais para os docentes espanhóis. Desde então, o instituto tem trabalhado para promover a formação e o desenvolvimento profissional dos professores em relação às competências digitais descritas no DigCompEdu. Embora o DigCompEdu seja o padrão atualmente adotado por esse organismo espanhol, o INTEF continua sendo citado como referência devido ao seu pioneirismo na discussão das Competências Digitais Docentes e na formação dos professores nessa temática. Sua influência no campo do conhecimento ainda é reconhecida, mesmo que atualmente seja o DigCompEdu o padrão adotado.

4. ISTE: a competência digital docente é compreendida como a habilidade de utilizar as Tecnologias Digitais para promover a aprendizagem significativa, o engajamento dos alunos e o desenvolvimento de habilidades do século XXI. Observamos o foco em preparar a comunidade escolar, em especial os alunos, para o uso competente e eficaz das Tecnologias Digitais. Este padrão traz uma proposta de construção de uma rede (networking) entre instituições, profissionais e usuários, visando ao apoio mútuo, à produção de conhecimentos e à otimização dos resultados. O objetivo é promover a colaboração e o compartilhamento de práticas pedagógicas inovadoras, fortalecendo a capacidade dos educadores de integrarem as Tecnologias Digitais de forma significativa no processo de ensino-aprendizagem.

> [...] responsabilidade de *preparar todos os alunos para o sucesso em um futuro onde o poder da computação* sustenta todos os aspectos dos sistemas que encontramos em nossas vidas diárias. Garantir que cada aluno entenda e seja capaz de aproveitar o poder da computação para melhorar seu sucesso em sua vida pessoal, acadêmica ou profissional é uma meta ambiciosa. Os Padrões ISTE: Competências de Pensamento Computacional para Educadores destinam-se a ajudar todos os educadores a contribuir para tornar esse objetivo uma realidade (ISTE,2021, p. 11, tradução e grifos nossos).

Concluindo, essas definições fornecem uma visão preliminar das principais características e focos de cada padrão de competência digital docente. É importante destacar que essas definições podem ser mais aprofundadas e detalhadas nos documentos oficiais de cada padrão.

Em resumo, os padrões de competências (UNESCO, INTEF, DigCompEdu e ISTE) são amplamente referenciados na literatura revisada. Embora cada padrão tenha seu foco específico, todos eles têm em comum o uso das Tecnologias Digitais. A Unesco enfatiza a utilização das TICs como competência pedagógica dos professores, visando promover a aprendizagem dos alunos.

O DigCompEdu, juntamente ao INTEF, concentra-se na formação digital da sociedade como um todo, abrangendo diversas áreas de conhecimento. O ISTE propõe o uso das TICs em uma rede de conhecimento, com o objetivo de capacitar os alunos para o uso competente dessas tecnologias. Embora tenham abordagens distintas, esses padrões destacam a importância das TICs na educação e na formação dos professores.

5.3 DISCUSSÃO

5.3.1 O conceito geral de Competência Digital

A seguir, discutimos o conceito geral de Competência Digital com base em uma seleção de conceituações retiradas das fontes de evidências do presente estudo. Será explorada a ordem das dissertações, seguida pelas teses e, por fim, os artigos científicos.

Na dissertação de Silva (2018), com base no padrão de competências INTEF, o autor afirma que:

> [...] a competência digital é uma das 8 competências chaves que qualquer jovem deve haver desenvolvido ao finalizar o ensino obrigatório para poder se incorporar à vida adulta de maneira satisfatória e ser capaz de desenvolver uma aprendizagem permanente ao longo da vida. [...] A competência digital não só proporciona a capacidade de aproveitar a riqueza das novas possibilidades associadas às Tecnologias Digitais e aos desafios que propõem, torna-se cada vez mais necessária para poder participar de forma significativa na nova sociedade e economia do conhecimento do século XXI (ESPANHA, 2017, p. xx *apud* SILVA, 2018, p. 38, tradução nossa).

Nas dissertações de mestrado de Kairallah (2020, p. 53) e Sousa (2022, p. 36), com base nas diretrizes da DigCompEdu, ambos os pesquisadores assumem o seguinte conceito de competência digital:

> [...] é um conjunto de conhecimentos, habilidades e atitudes, estratégias e sensibilização de que se precisa quando se utilizam as TICs e os meios digitais para realizar tarefas, resolver problemas, se comunicar, gestar informação, colaborar, criar e compartilhar conteúdo, construir conhecimento de maneira efetiva, eficiente, adequada de maneira crítica, criativa, autônoma, flexível, ética, reflexiva para o trabalho, o lazer, a participação, a aprendizagem, a socialização, o consumo e o empoderamento.

Na tese de doutorado de Dias (2018, p. 46), pautado no entendimento da Unesco e da legislação brasileira, a competência digital é definida como

> [...] a capacidade de "usar as Tecnologias Digitais de Informação e Comunicação de forma crítica, significativa, refle-

xiva e ética", para que o aluno da Educação Básica possa "comunicar-se, acessar e disseminar informações, produzir conhecimentos e resolver problemas" (BRASIL, 2017, p. 12).

No artigo de Perin *et al.* (2021), na visão da DigCompEdu, trabalha-se a competência digital definindo-a como:

> [...] o conjunto de conhecimentos, habilidades, atitudes o que inclui, portanto, habilidades, estratégias, valores e consciência, que são necessários ao usar meios de TDIC para executar tarefas; resolver problemas; comunicar; gerenciar informações; colaborar; criar e compartilhar conteúdo; conhecimentos de construção eficaz, eficiente, de forma adequada, de forma crítica, criativa, autônoma, de forma flexível e ética, reflexivamente para o trabalho, o lazer, a participação, aprendizagem, socialização, consumo e capacitação (PERIN *et al.*, 2021, p. 5).

Em resumo, nas citações aborda-se o conceito geral de competência digital aplicável a qualquer indivíduo adulto que precise desenvolver-se na sociedade contemporânea. No entanto é importante ressaltar que essas conceituações apresentam algumas limitações. Elas têm um foco predominantemente instrumental, priorizando o domínio das habilidades técnicas e deixando de lado aspectos importantes relacionados às dimensões emocionais, afetivas e culturais da formação humana. Além disso, a falta de fundamentações científico-pedagógica e psicológica dessas concepções é evidente.

Observa-se que muitos pesquisadores mantêm suas visões alinhadas aos documentos da Unesco e da União Europeia sem uma abordagem crítica e abertura para novas formulações do conceito. É necessário ampliar o debate e considerar diferentes perspectivas, a fim de enriquecer o entendimento da competência digital e sua aplicação na formação de crianças e jovens.

5.3.2 A conceituação da Competência Digital Docente (CDD)

A Competência Digital Docente (CDD) refere-se a um conjunto de habilidades e conhecimentos que os professores devem possuir para utilizar de forma efetiva as Tecnologias Digitais no contexto educacional. Essa competência envolve não apenas o domínio técnico das ferramentas digitais, mas também a capacidade de integrá-las de forma pedagogicamente relevante em suas práticas de ensino.

Os professores precisam adquirir a Competência Digital Docente por meio de sua formação inicial e contínua, bem como do desenvolvimento profissional ao longo de suas carreiras. Isso implica em buscar conhecimento sobre as Tecnologias Digitais disponíveis, compreender suas potencialidades e limitações, e saber como aplicá-las de maneira eficaz no processo de ensino-aprendizagem.

A Competência Digital Docente é fundamental no contexto atual, em que as Tecnologias Digitais desempenham um papel cada vez mais relevante na educação. Ela permite aos professores aproveitar o potencial das tecnologias para enriquecer as experiências de aprendizagem dos alunos, promover a colaboração, estimular a criatividade e o pensamento crítico, e preparar os estudantes para lidar com os desafios e demandas da sociedade digital.

Na dissertação de Almeida (2021, p. 19), com base na perspectiva da UNESCO, a Competência Digital Docente (CDD) é considerada como um elemento do "desenvolvimento profissional dos professores que utilizarão as habilidades e os recursos de TIC para aprimorar o ensino, cooperar com os colegas e, talvez, se transformarem em líderes inovadores em suas instituições" (UNESCO, 2009).

Já Pasinato (2017, p. 70), em sua tese de doutorado, alinhada com as diretrizes da Unesco e do GEPE, adota o seguinte conceito de Competência Digital Docente (CDD): "A competência digital alicerça-se, assim, nas competências gerais dos professores, nos seus conhecimentos prévios, de natureza científica e didática, adquirindo o seu grau de especificidade na situação pedagógica que medeiam" (COSTA *et al.* 2008). Da mesma forma, na tese de Tovar (2020), com apoio nas ideais do Pentágono e da UNESCO, o autor afirma que a CDD é a

> [...] capacidade de mobilizar um conjunto de conhecimentos, habilidades e atitudes para analisar, selecionar e utilizar criticamente dados, informações e dispositivos digitais, para aproveitar o potencial tecnológico a fim de auxiliar sua prática pedagógica e facilitar a construção de conhecimento (TOVAR, 2020, p. 68).

No artigo de Falcó Budet (2017), com maior apoio bibliográfico, se trata a Competência Digital Docente da seguinte maneira:

> Krumsvik (2009) define a Competência Digital Docente (CDD) como o uso das TICs para ensinar e aprender com critérios didáticos e pedagógicos e com consciência ética e

moral. Castañeda (2015) considera que é o que um professor deve saber para ensinar com tecnologias, e Lázaro e Gisbert (2015) definem como a capacidade do corpo docente de possuir um nível de competência digital que lhe permita usar a tecnologia com eficácia, de forma adequada e adaptada aos alunos e às aprendizagens que devem ser alcançadas (FALCÓ BUDET, 2017, p. 74, tradução nossa).

Da mesma maneira, no artigo de Domingo-Coscollola *et al.* (2021, p. 168) se faz revisão de várias fontes para definir a Competência Digital Docente. Estas são as palavras dos autores:

De acordo com Castañeda, Esteve e Adell (2018, p. 14), a Competência Digital Docente é 'uma competência docente para o mundo digital entendida como holística, situada, orientada para papéis de desempenho, função e relação, sistêmica, treinável e em constante desenvolvimento'. Essa CDD é composta pelas habilidades, atitudes e conhecimentos necessários para os educadores apoiarem a aprendizagem dos alunos como participantes ativos em um mundo digital (HALL, ATKINS, FRASER, 2014). Além disso, é definida como o conjunto de capacidades e habilidades que nos levam a incorporar e usar adequadamente as TICs como recurso metodológico, transformando-se em Tecnologias para Aprendizagem e Conhecimento (TAC) com uma clara implicação didática (TOURÓN, MARTÍN, NAVARRO, PRADAS E ÍÑIGO, 2018, tradução nossa).

Como mencionado nas citações acima, as Competências Digitais Docentes são conceitualizadas pelos autores de acordo com a perspectiva predominante da UNESCO. Elas são definidas como conhecimentos, habilidades e estratégias para o uso das Tecnologias Digitais no contexto educativo. No entanto, é notável que essas competências são frequentemente abordadas de forma instrumental, como uma ferramenta intelectual coletiva que possibilita o uso profissional das Tecnologias Digitais com fins pedagógico-didáticos. O que é surpreendente é a falta de fundamentação científico-pedagógica dessas competências. Não é mencionada a teoria da aprendizagem em que se baseiam nem sua base epistemológica ou filosófica. Isso levanta a questão de como é possível que organizações internacionais e pesquisadores revisados neste estudo adotem uma abordagem pedagógica para o exercício da profissão docente e para orientar currículos e aprendizagem escolar sem expressar claramente a matriz epistemológica e científico-pedagógica dessa teoria.

5.3.3 Síntese das contribuições das dissertações revisadas

Sobre a formação docente, os professores pesquisados consideram a formação continuada relevante (SILVA, 2018), porém há lacunas nos programas de formação inicial e continuada para o uso das TICs (KAIRALLAH, 2020). É necessário um modelo formativo adaptável aos diferentes contextos e culturas educacionais, como proposto pelos padrões de Competências Digitais Docentes por Sousa (2022).

A maioria dos professores entrevistados tinha algumas habilidades com as TICs (ALMEIDA, 2021), mas a formação e o nível de escolaridade influenciavam o envolvimento e a utilização das TICs pelos docentes (LIMA, 2020). Diferentes estudos evidenciam a necessidade e a importância dos programas de formação dos professores para a integração das TICs em sua prática pedagógica (SILVA, 2018; KAIRALLAH, 2020; ALMEIDA, 2021; SOUSA, 2022).

Um dos problemas enfrentados pelos sistemas educacionais para a integração das TICs no ensino-aprendizagem está relacionado à infraestrutura das escolas, pois existem disparidades regionais e entre os países quanto à disponibilidade de recursos tecnológicos nas instituições educativas, além de desigualdades sociais significativas no acesso às TICs por parte de crianças e jovens, o que dificulta o trabalho dos professores mesmo que estejam bem preparados (SILVA, 2018; KAIRALLAH, 2020).

5.3.4 Síntese das contribuições das teses revisadas

Esses estudos ressaltam a importância da formação dos professores em Tecnologias Digitais, tanto no início de sua carreira como em programas de formação continuada. Cani (2019) e Tovar (2020) enfatizam a necessidade de capacitá-los para que possam utilizar de forma efetiva as Tecnologias Digitais em suas práticas pedagógicas.

No entanto há uma discrepância entre a proposta de formação inicial, que supostamente inclui as Tecnologias Digitais, e os resultados obtidos pelos formandos, como apontado por Dias (2018). Isso indica que a formação inicial dos professores ainda precisa ser aprimorada para melhor abordar o uso das Tecnologias Digitais e preparar adequadamente os futuros profissionais da educação.

Além disso, Pasinato (2017) destaca a falta de compreensão dos docentes em relação ao potencial das Tecnologias Digitais no processo de ensino-aprendizagem. Muitos ainda não compreendem como as Tecnologias Digitais podem ser utilizadas de forma eficaz em sala de aula e, por isso, tendem a evitar seu uso.

Essas constatações destacam a necessidade de uma abordagem mais abrangente e efetiva na formação dos professores em relação às Tecnologias Digitais. É essencial promover uma compreensão mais profunda dos benefícios e das possibilidades que as Tecnologias Digitais podem oferecer para melhorar a qualidade do ensino e o engajamento dos alunos. Ademais, é importante fornecer suporte contínuo e recursos para os professores, de modo a capacitá-los a utilizar as Tecnologias Digitais de forma significativa e integrada às práticas pedagógicas.

5.3.5 Síntese das contribuições dos artigos revisados

Com relação à formação docente, diversos estudos ressaltam a necessidade de aprimorar e fortalecer a formação inicial, além de promover a formação continuada dos professores (FALCÓ BOUDET, 2017; ESCUDERO; GUTIÉRREZ; GONZÁLEZ-CALERO SOMOZA, 2019; DOMINGO-COSCOLLOLA *et al.*, 2020; VÓLQUEZ PÉREZ; AMADOR ORTÍZ, 2020). O objetivo é capacitar os professores para que eles possam utilizar as Tecnologias Digitais (TDs) de forma efetiva em suas práticas pedagógicas (CABRERA BORGES *et al.*, 2018).

No entanto constatamos que o nível de Competências Digitais Docentes (CDDs) dos formandos em cursos de formação docente ainda é incipiente (QUIROZ; ARREDONDO, 2020) e baixo (ESCUDERO; GUTIÉRREZ; GONZÁLEZ-CALERO SOMOZA, 2019), e precisa ser aprimorado, mesmo apresentando semelhanças em diferentes países (SILVA, 2019).

Essas pesquisas destacam a importância de investir em programas de formação que promovam o desenvolvimento das competências digitais dos professores. É fundamental oferecer oportunidades de capacitação que abranjam não apenas o uso básico das Tecnologias Digitais, mas também a compreensão de como integrá-las de forma significativa e pedagogicamente eficaz no contexto educacional.

Essas evidências apontam para a necessidade de uma abordagem abrangente e contínua na formação docente, com o objetivo de fortalecer as competências digitais dos professores e melhorar a qualidade do ensino com o uso das Tecnologias Digitais. Esses esforços devem ser adaptados às particularidades de cada país e contexto educacional, buscando proporcionar aos educadores as habilidades e os conhecimentos necessários para enfrentar os desafios e aproveitar as oportunidades oferecidas pelas tecnologias na educação.

No que diz respeito à Competência Digital Docente (CDD), é urgente a necessidade de incorporar as Tecnologias Digitais (TDs) em sala de aula (VIÑOLES-COSENTINO *et al.*, 2021). Os professores têm algum conhecimento, mesmo que básico, em TDs (GONZÁLEZ FERNÁNDEZ, 2021), mas a maioria não as integra em sua prática profissional (SUÁREZ-GUERRERO; ROS-GARRIDO; LIZANDRA, 2021). Observa-se que seu uso no contexto escolar é uma demanda da pedagogia contemporânea, mas requer formação profissional para sua efetiva incorporação (CABERO-ALMENARA, 2020). Isso tem levado ao surgimento de padrões internacionais que orientam o uso profissional das TDs na educação (LOUREIRO; MEIRINHOS; OSÓRIO, 2020).

No Brasil, esses modelos ainda são pouco explorados na prática dos professores (PERIN; FREITAS; COELHO, 2021), apesar de a Base Nacional Comum Curricular (BNCC) ter incorporado referências importantes das CDDs (SILVA; BORGES, 2020). Entretanto seu uso por parte dos docentes ainda é limitado em comparação com outros países, como Nova Zelândia e Austrália (ARAÚJO, 2021).

Alguns autores consideram os marcos das CDDs de suma importância para o desenvolvimento profissional dos professores e a disseminação do conhecimento (CASTAÑEDA; ESTEVE; ADELL, 2018). Ao começarmos a utilizar TDs e recursos virtuais nos ambientes de formação, estaremos contribuindo para que os futuros profissionais também os utilizem (LAURENTE-CÁRDENAS *et al.*, 2020).

Destacamos o estudo de Loureiro, Meirinhos e Osório (2020), que teve como objetivo analisar as concepções de Competência Digital Docente defendida em referências elaboradas em Portugal (GEPE), Espanha (INTEF), França, União Europeia (UE), Unesco e pela International Society for Technology in Education (ISTE) (LOUREIRO; MEIRINHOS; OSÓRIO, 2020, p. 163).

Os objetivos deste estudo incluíram a caracterização da estrutura de competências apresentada pelos diferentes referenciais, a identificação de suas especificidades e a compreensão de suas principais linhas de ação. Para alcançar esses objetivos, os autores submeteram os referenciais a uma análise de conteúdo e compararam os resultados de forma sistemática. Os pesquisadores observaram que

> [...] i) uma tendência para incluir competências base que são similares; ii) uma tendência para priorizar competências para integração das TIC; iii) uma estrutura de competências do mais abrangente para o mais específico; iv) uma consciência da interdependência das competências, assim como do modelo de implementação ou de influência que os sustenta (LOUREIRO; MEIRINHOS; OSÓRIO, 2020, p. 177).

Consideramos que o resultado obtido nesta pesquisa se trata de uma contribuição significativa para as instituições de formação inicial e continuada de professores, bem como para o desenvolvimento de projetos de pesquisa sobre a formação das Competências Digitais Docentes (CDDs) em diferentes países. No entanto apontamos a existência de lacunas nos padrões de competências existentes, mas não nos aprofundamos nesse aspecto específico.

CONCLUSÕES

O presente estudo teve como pergunta científica a seguinte: *qual é o estado atual do conhecimento sobre as Competências Digitais Docentes considerando as experiências internacional e nacional do Brasil?* De acordo com essa questão, o objetivo geral foi *elaborar um estado do conhecimento sobre as Competências Digitais Docentes a partir de estudos realizados nos anos 2017-2022, no intuito de determinar conceitualizações, tendências, pontos relevantes e omissões no tratamento do tema, especialmente no Brasil.* As proposições teóricas que seguem mostram a solução do problema e o cumprimento do objetivo.

Neste estudo foram analisadas 26 fontes de evidências, das quais 14 (53,84%) concentraram-se principalmente na formação dos professores, sendo duas dissertações, uma tese e 11 artigos científicos. Outros 10 estudos (38,46%) abordaram o diagnóstico das necessidades de formação dos docentes, incluindo duas dissertações, duas teses e seis artigos. Apenas duas fontes de evidências dedicaram-se ao estudo do uso das Tecnologias Digitais pelos professores, sendo uma dissertação e uma tese. Esses dados evidenciam que a preocupação principal dos pesquisadores está voltada para a formação dos professores, uma questão fundamental que encontra consenso tanto na academia quanto nas políticas públicas internacionais e nacionais.

No que diz respeito aos gêneros de comunicação científica, a análise revelou uma predominância dos artigos científicos (65,38%). Essa predominância é significativa, uma vez que essas publicações são conhecidas por apresentarem resultados atualizados e rigorosos, passando por uma revisão por pares antes de sua publicação. Isso demonstra a importância atribuída pelos pesquisadores à publicação de estudos científicos de qualidade no campo das Competências Digitais Docentes.

Os resultados mostram que das metodologias utilizadas pelos pesquisadores, 10 estudos (38,46%) foram classificados como pesquisas bibliográficas/documentais, sendo uma dissertação e nove artigos. Outros sete estudos (26,92%) foram caracterizados como pesquisas de campo, incluindo duas dissertações e cinco artigos. As entrevistas semiestruturadas foram empregadas em cinco estudos (19,23%), sendo uma dissertação, uma tese e três artigos. Por fim, os estudos de caso foram utilizados em quatro pesquisas (15,38%), incluindo uma dissertação e três teses.

É notável a predominância dos estudos bibliográficos/documentais em relação à pesquisa de campo para investigar e aprimorar a formação e a prática pedagógica dos professores. Isso pode indicar uma necessidade de ampliar as pesquisas de campo que envolvam a observação direta das práticas docentes e a coleta de dados no contexto educacional. A combinação de diferentes abordagens metodológicas pode enriquecer o conhecimento sobre as Competências Digitais Docentes e contribuir para uma formação mais efetiva dos professores nessa área.

Verificamos que, em âmbito internacional, existem três padrões principais de Competências Digitais Docentes (CDDs) predominantes. O primeiro é o padrão da Unesco (2019), que destaca as potencialidades da computação para a paz mundial. No entanto, para que o uso das Tecnologias Digitais seja estendido em nível social, é necessário formar os professores para sua utilização pedagógica nas escolas. Essa tarefa nem sempre é fácil devido às diferenças regionais e culturais entre os países e seus sistemas educacionais.

O segundo padrão é o DigCompEdu (2017), que enfoca a formação de toda a comunidade social para o uso seguro e competente das tecnologias. Esse projeto também enfrenta os desafios mencionados anteriormente em relação às diferenças regionais e culturais.

O terceiro padrão é o ISTE (2021), que propõe a formação de uma rede de informações para práticas educativas com tecnologias, porém ainda não foi alcançado plenamente o objetivo de estabelecer essa rede.

Esses padrões destacam a importância da formação docente para o uso adequado das Tecnologias Digitais e evidenciam os desafios que existem para implementar essas competências em diferentes contextos educacionais. É fundamental considerar as particularidades regionais, culturais e sistêmicas ao se desenvolver estratégias de formação e implementação das Competências Digitais Docentes.

É importante ressaltar que apesar das preocupações com a formação dos professores, os padrões de Competências Digitais Docentes mencionados apresentam algumas fragilidades. Embora enfatizem o amplo domínio das Tecnologias Digitais e definam sistemas de competências semelhantes, todos eles têm um enfoque predominantemente instrumental e pragmático.

Uma crítica relevante é que esses padrões visam instrumentalizar os professores para melhor preparar as crianças e os jovens para o mercado de trabalho neoliberal. Nesse sentido, falta uma fundamentação pedagógico-didática mais sólida que considere a dimensão cultural das Tecnologias Digitais, os aspectos contextuais, históricos e culturais de cada região e sociedade, bem como questões humanas essenciais na formação, como o afetivo-emocional, o volitivo e o moral.

É fundamental que a formação dos professores em Competências Digitais Docentes vá além dos aspectos técnico e instrumental, incorporando uma visão crítica, reflexiva e contextualizada. Isso permitirá que os docentes desenvolvam habilidades para utilizar as tecnologias de forma significativa e adequada, levando em consideração as necessidades e as realidades dos estudantes, bem como promovendo uma educação mais humanizada e integral.

No contexto brasileiro, o Plano Nacional de Educação (2014-2024), a Base Nacional Comum Curricular (2017) e outros documentos destacam a necessidade urgente de incorporar as Tecnologias Digitais (TDs) na formação inicial e continuada dos professores. Além disso, a pandemia de Covid-19 (2020-2021) evidenciou ainda mais a importância dessas tecnologias na educação.

Contudo existem desafios significativos a serem enfrentados. A falta de infraestrutura nas escolas, como acesso à internet e equipamentos adequados, é uma barreira para a efetiva utilização das TDs. Ademais, uma parcela dos docentes ainda apresenta resistência ao uso das TDs, muitas vezes devido à falta de compreensão de suas enormes potencialidades e de seus benefícios para a prática pedagógica.

A formação continuada dos professores em relação às TDs também é um ponto crítico. A precariedade nessa área impede que os docentes atualizem-se e adquiram as competências necessárias para utilizar as tecnologias de maneira eficaz em suas aulas.

Diante desse cenário, é essencial que as políticas educacionais e as práticas formativas sejam acionadas de forma urgente para superar essas deficiências. É necessário investir em infraestrutura nas escolas, promover a conscientização e capacitação dos educadores sobre as potencialidades das TDs e oferecer programas de formação continuada que abordem de forma abrangente as Competências Digitais Docentes. Somente assim será possível efetivar a integração das TDs na educação de forma significativa e transformadora.

O novo problema de pesquisa proposto é: como elaborar uma proposta de Competências Digitais Docentes (CDDs) para serem incorporadas na formação dos professores da educação básica do Brasil a partir da integração efetiva das Tecnologias Digitais (TDs) e dos fundamentos científico-pedagógicos da teoria do ensino desenvolvimental, considerando a formação integral dos sujeitos sociais?

Essa questão de pesquisa busca explorar a possibilidade de se desenvolver uma nova abordagem de Competências Digitais Docentes que vá além dos modelos dominantes e que seja ajustada à realidade do Brasil. A proposta visa incorporar efetivamente as TDs na formação dos professores da educação básica, levando em consideração os fundamentos científico-pedagógicos da teoria do ensino desenvolvimental.

A teoria do ensino desenvolvimental, que considera a formação integral dos sujeitos sociais, pode fornecer um embasamento pedagógico sólido para a utilização das TDs no contexto educacional. Dessa forma, a proposta de Competências Digitais Docentes busca ir além do enfoque meramente instrumental e pragmático, procurando uma abordagem que valorize a dimensão pedagógica, os aspectos culturais, contextuais e históricos, assim como as questões humanas da formação.

A elaboração dessa proposta requer um olhar crítico sobre os padrões existentes e uma reflexão sobre como adaptá-los à realidade brasileira, considerando as necessidades e os desafios específicos do contexto educacional do país. É importante também considerar o diálogo com a teoria do ensino desenvolvimental, incorporando seus princípios e seus fundamentos na definição das Competências Digitais necessárias para os professores da educação básica.

Essa nova proposta de Competências Digitais Docentes poderá contribuir para uma formação mais abrangente de docentes, que leve em conta não apenas o uso das TDs, mas também a formação integral dos sujeitos sociais, considerando suas dimensões cognitivas, afetivas, morais e volitivas. A partir disso, esperamos que seja promovida uma educação mais significativa e mais alinhada com as necessidades e as demandas da sociedade atual.

REFERÊNCIAS

ALMEIDA, D. S. **Padrões de competência em TIC para professores**. 2021. 129f. Dissertação (Mestrado em Educação) – Universidade Federal de Santa Maria (UFSM), Santa Maria, 2021.

ARAÚJO, A. C. de *et al*. Competências digitais, currículo e formação docente em Educação Física. **Revista Brasileira de Ciências dos Esporte**, v. 43, p. 1-10, 2021. Acesso, 04 de nov. de 2022.

BRASIL. **Ministério da Educação**. Assessoria Internacional. Disponível em: https://www.gov.br/mec/pt-br/assessorias/assessoria-internacional. Acesso em: 4 nov. 2022.

CABERO-ALMENARA, J. *et al*. La competencia digital docente. El caso de las universidades andaluzas. **Aula Abierta**, Universidad de Sevilla, España, v. 49, n. 4, p. 363-371, 2020.

CABRERA BORGES, C. *et al*. Tecnologías digitales: análisis de planes de profesorado de Uruguay. **Cuadernos de Investigación Educativa**, Universidad ORT Urugüay, v. 9, n. 2, p. 13-32, dez. 2018.

CANI, J. B. **Letramento digital de professores de Língua Portuguesa**: cenários e possibilidades de ensino e de aprendizagem com o uso das TDIC. 2019. 216f. Tese (Doutorado em Linguística Aplicada) – Faculdade de Letras, Universidade Federal de Minas Gerais, Belo Horizonte, 2019.

CASTAÑEDA, L.; ESTEVE, F.; ADELL, J. Why rethinking teaching competence for the digital world? **Revista de Educación a Distância**, Murcia, n. 56, artic. 6,

2018. Disponível em: https://www.um.es/ead/red/56/castaneda_et_al.pdf. Acesso em: 11 jul. 2023.

CELLARD, A. (2008). A análise documental. *In*: POUPART, Jean; DESLAURIERS, Jean-Pierre; GROULX, Lionel-H; LAPERRIÉRE, Anne; Mayer, Robert; Pires, Álvaro (org.). **A pesquisa qualitativa**: enfoques epistemológicos e metodológicos. Rio de Janeiro: Vozes, 2008. p. 295-316.

DIAS, M. L. **A competência adquirida no uso das Tecnologias Digitais de Informação e Comunicação (TDIC) na formação de professores das licenciaturas em ciências biológicas, física e química da Universidade Federal do Rio Grande do Sul (UFRGS)**: um estudo de caso. 2018. 138f. Tese (Doutorado em Educação em Ciências) – Programa de Pós-Graduação em Educação em Ciências: Química da Vida e Saúde, Instituto de Ciências Básicas da Saúde Porto Alegre, Universidade Federal do Rio Grande do Sul (UFRGS), Porto Alegre, 2018.

DOMINGO-COSCOLLOLA, M. *et al.* Fostering teacher's digital competence at university: the perception of students and teachers. **Revista de Investigacion Educativa**, Universidad de Murcia, España, v. 38, n. 1, p. 167-182, 2020.

ESCUDERO, V. G.; GUTIÉRREZ, R. C.; GONZÁLEZ-CALERO SOMOZA, J. A. Analysis of self-perception on the level of teachers' digital competence in teachers training. **Revista Electrónica Interuniversitaria de Formación del Profesorado**, Madrid, v. 22, n. 3, p. 193-218, 2019.

FALCÓ BOUDET, J. M. Evaluación de la competencia digital docente en la Comunidad Autónoma de Aragón. **REDIE- Revista Eléctrónica de Investigación Educativa**, Universidad Autónoma de Baja California, v. 19, n. 4, p. 73-83, dez. 2017.

GONZÁLEZ FERNÁNDEZ, M. O. Competencias digitales del docente de bachillerato ante la enseñanza remota de emergencia. **Apertura** (Guadalajara, Jalisco), v. 13, n. 1, p. 6-19, 2021.

ISTE. **StandardsOneSheetCombined**. Arlington-VA, USA: ISTE, vF309-2021. Disponível em: https://iste.org/pt/iste-standards. Acesso em: 1 nov. 2022.

KAIRALLAH, S. K. **Professores de inglês da rede pública na Cultura Digital**: mapeando suas percepções acerca da tecnologia e da competência digital. 2020. 132f. Dissertação (Mestrado em Linguística e Língua Portuguesa) – Faculdade de Ciências e Letras, Universidade Estadual Paulista "Júlio De Mesquita Filho" (UNESP), Araraquara, 2020.

LAURENTE-CÁRDENAS, C. M. *et al.* Desarrollo de competencias digitales en docentes universitarios a través de entornos virtuales: experiencias de docentes universitarios en Lima. **Revista Eleuthera**, RENATA, Colombia, v. 22, n. 2, p. 71-87, dez. 2020.

LIMA, J. A. **Avaliação do nível de proficiência digital dos professores dos institutos Federais no estado do Maranhão**. 2020. 188f. Dissertação (Mestrado em Educação). Universidade Federal do Tocantins (UFT), Palmas, 2020.

LOUREIRO, A. C.; MEIRINHOS, M.; OSÓRIO, A. J. Digital teaching competence: Guidelines for referential. **Texto Livre**, Universidade Federal de Minas Gerais - UFMG, v. 13, n. 2, p. 163-181, 2020.

PASINATO, N. M. B. **Integração das TDIC na formação de professores em Cingapura**: entre intenções, ações e concepções. 2017. 255f. Tese (Doutorado em Educação – Currículo) – Pontifícia Universidade Católica de São Paulo (PUC-SP), São Paulo, 2017.

PERIN, E. S.; FREITAS, M. C. D.; COELHO, T. R. Digital teaching competence model. **SciELO Preprints**, 2021. Disponível em: https://preprints.scielo.org/index.php/scielo/preprint/view/1961. Acesso em: 10 maio 2022.

PUNIE, Y.; REDECKER, Ch. (ed.). **European framework for the digital competence of educators**: digcompedu. EUR 28775 EN, Publications Office of the European Union, Luxembourg, 2017.

SASSO DE LIMA, T. C.; TAMASO MIOTO, R. C. Procedimentos metodológicos na construção do conhecimento científico: a pesquisa bibliográfica. Revista Katálysis, Florianópolis, n. 10, p. 37-45, 2007.

QUIROZ, J. S.; ARREDONDO, P. M. Presencia de la competencia digital docente en los programas de formación inicial en universidades públicas chilenas. Revista **de Estudios y Experiencias en Educación**, v. 19, n. 41, p. 149-165, dez. 2020.

SILVA, D.; BORGES, J. Base Nacional Comum Curricular e competências infocomunicacionais: uma análise de correlação. **Intercom** – Revista Brasileira **de** Ciências **da Comunicação (RBCC)**, v. 43, n. 3, p. 99-114, set. 2020.

SILVA, D. A. **A formação continuada em Tecnologias Digitais ofertada no Paraná sob a ótica de professores da rede estadual de Foz do Iguaçu**. 2018. 137f. Dissertação (Mestrado em Linguagens e Tecnologias) – Universidade Estadual do Oeste do Paraná (UNIOESTE), Cascavel, 2018.

SILVA, J. *et al.* Digital teaching competence in initial training: case studies from Chile and Uruguay. **Education Policy Analysis Archives**, Oviedo, v. 27, n. 4, p. 363-372, octubre-diciembre 2020.

SOUSA, C. A. **Itinerário formativo em competências digitais para professores da educação básica**: uma proposta a partir das matrizes brasileiras. 2022. 140f. Dissertação (Mestrado em Inovação em Tecnologias Educacionais) – Universidade Federal do Rio Grande do Norte (UFRN), Natal, 2022.

SUÁREZ-GUERRERO, C.; ROS-GARRIDO, A.; LIZANDRA, J. Approach to digital teaching competence in vocational training. **Revista de Educación a Distancia**, Universidad de Murcia, España, v. 21, n. 67, 2021.

TOVAR, E. J. F. **Letramento praxital**: uma abordagem para mobilizar os conhecimentos, habilidades e atitudes do professor na perspectiva de aprimorar sua prática pedagógica mediada pelas TIC. 2020. 181f. Tese (Doutorado em Informática na Educação) – Universidade Federal do Rio Grande do Sul (UFRGS), Porto Alegre, 2020.

TRICCO, A. C. *et al. PRISMA extension for scoping reviews (PRISMA-SCR): checklist and explanation.* **Annals of Internaal Medicine**, PMID: 30178033, n. 169, p. 467-473, 2018a. Disponível em: http://www.prisma-statement.org/Extensions/ScopingReviews. Acesso em: 22 abr. 2022.

UNESCO. **Marco de competencias de los docentes en materia de TIC.** Versión 3. Madrid, Unesco, 2019. 64 p.

VIÑOLES-COSENTINO, V. *et al.* Validation of a platform for formative assessment of teacher digital competence in times of Covid-19. **RIED. Revista Iberoamericana de Educacion a Distancia**, Universidad Católica de Loja, España, v. 24, n. 2, p. 87-106, 2021.

VÓLQUEZ PÉREZ, J. A.; AMADOR ORTÍZ, C. M. Competencias digitales de docentes de nivel secundario de Santo Domingo: un estudio de caso. **RIDE. Revista Iberoamericana para la Investigación y el Desarrollo Educativo**, Guadalajara, México, v. 11, n. 21, dez. 2020.

YEPES-NUÑEZ, J. J.; URRUTIA, G.; ROMERO-GARCÍA, M.; ALONSO-FERNÁNDEZ, S. Declaración PRISMA 2020: una guía actualizada para la publicación de revisiones sistemáticas. **Revista Española de Cardiología**, Elsevier, España, v. 74, n. 9, p. 790-799, 2021.

6

EXPLORANDO O CONCEITO DE COMPETÊNCIA DOCENTE: UMA REVISÃO DE ESCOPO

Alice Goulart de Sousa
Orlando Fernández Aquino

INTRODUÇÃO

O tema das competências docentes tem a maior relevância para a conformação dos currículos escolares, para os processos de ensino-aprendizagem e para a formação dos professores. O assunto vem sendo tratado na literatura especializada desde a década de 1960. Montse e Romeu (2022) e renomeados autores como Zabala (1998); Perrenoud (1999, 2014); Zabalza (2003) e Zabala e Arnau (2010) têm-se dedicado a ele. Ao mesmo tempo, organismos como a Organização das Nações Unidas para a Educação, a Ciência e a Cultura (UNESCO) e a Organização para a Cooperação e Desenvolvimento Econômico (OCDE), têm produzido diretrizes geralmente acatadas pelos sistemas educativos em diferentes partes do mundo.

Perrenoud (1999, p. 7) define que competência é a "capacidade de agir eficazmente em um determinado tipo de situação, apoiada em conhecimentos, mas sem limitar-se a eles". O autor entende as competências como uma maneira eficaz de enfrentar situações concretas por meio da associação da consciência com recursos intelectuais como saberes, capacidades, condutas, conhecimentos e valores, de forma rápida, inovadora e articulada (PERRENOUD, 1999).

Ele cita as seguintes competências docentes: organizar e dirigir situações de aprendizagem; administrar a progressão das aprendizagens; conceber e fazer evoluir os dispositivos de diferenciação; envolver os alunos em suas aprendizagens e em seu trabalho; trabalhar em equipe; participar da administração da escola; informar e envolver os pais; utilizar novas tecnologias; enfrentar os deveres e os dilemas éticos da profissão e administrar sua própria formação contínua (PERRENOUD, 2014).

Essas capacidades expressam várias dimensões e vários contextos de atuação docente, como a necessidade de relacionar os conteúdos aos objetivos de aprendizagem, considerar o conhecimento prévio dos alunos e o trabalho por pesquisas, projetos e situações-problema; reconhecer a avaliação como processo contínuo, inclusive a avaliação das competências desenvolvidas pelo aluno.

O autor considera que o docente deve atuar de acordo com a heterogeneidade da turma e estimular a cooperação entre os alunos, provocar o desejo de aprender e envolvê-los no ambiente educacional e nas atividades pedagógicas da escola. Essas práticas compreendem: a análise de fatos complexos e situações profissionais; trabalhar em projetos que envolvam recursos da escola e incentivar a participação de outros segmentos (pais, bairro etc.); utilizar as ferramentas digitais de acordo com os objetivos de ensino; impedir formas de violência, preconceitos e discriminações de várias naturezas e valorizar o respeito; conduzir o desenvolvimento profissional de competências considerando a formação coletiva no ambiente escolar.

As percepções apresentadas por Perrenoud (2014) podem relacionar-se com os conceitos apresentados por Zabala e Arnau (2010), uma vez que esses autores destacam que as competências possibilitam ao indivíduo resolver diversas situações de sua realidade. Os dois professores ainda (2010) argumentam que competência é a presença de estruturas mentais e intelectuais que possibilitam a ação, capacidade essa usada para resolver situações reais e difíceis de maneira eficiente e rápida, sendo, para isso, necessária a articulação de saberes, valores e ações integradas. Os autores afirmam que capacidades e condutas estão associadas às competências, uma vez que elas precisam estar relacionadas com saberes para que se efetive uma prática competente.

Por sua vez, Zabalza (2003) define as competências como uma formação de conhecimentos e habilidades que os sujeitos devem ter para realizar alguma atividade. Nessa perspectiva, as competências do professor implicam a seleção e a organização de conteúdos disciplinares; a apresentação de informações e explicações compreensíveis; o gerenciamento de Tecnologias de Informação e Comunicação; o desenho da metodologia e da organização das atividades; a comunicação-relacionamento com os alunos; a elaboração de tutoriais na condução de processos de avaliação da aprendizagem; a reflexão e a pesquisa e o trabalho em equipe, buscando a identificação com a instituição onde se atua.

Na ótica de Zabalza (2003), é relevante que os professores desenvolvam competências adequadas e atualizadas para lidar com os desafios da Educação contemporânea, como a questão das TICs e do relacionamento professor-aluno. O autor destaca que as competências não se limitam ao domínio de conteúdo específicos, mas a habilidades e atitudes que os docentes devem apresentar para desenvolverem uma atuação mais efetiva e transformadora na vida dos alunos.

Ele ressalta a importância da capacidade de planejar e organizar o fazer pedagógico, da criação de ambientes de aprendizagem inclusivos mediante a utilização de recursos tecnológicos e metodologias criativas, além da avaliação do processo de ensino-aprendizagem de maneira ordenada e reflexiva, e o estabelecimento de uma comunicação eficaz com os alunos, como foco do aprimoramento da qualidade da Educação.

A partir do estudo desses autores, identificamos que Philippe Perrenoud é considerado um dos pensadores que oferece base teórica à corrente de pensamento didático-pedagógico denominada de Pedagogia das Competências, uma expressão que se originou na crise estrutural do sistema capitalista, que precisava encontrar diferentes possibilidades para continuar predominante dada a necessidade de formação de um outro trabalhador, com maior qualificação, que tinha que se adequar às novas exigências da produção do mercado. Essa pedagogia propõe um modelo educativo formado por diversas teorias e procedimentos que focam no desenvolvimento de competências específicas, sendo a Educação compreendida de forma abrangente: ensino formal, fundamental, superior, profissional etc.

Conforme aponta Araújo (2001), a Pedagogia das Competências é definida como uma abordagem que objetiva promover a reorganização da afinidade entre a educação profissional e o sistema produtivo, de acordo com princípios que garantam as demandas de força de trabalho atuais de empresas estruturadas de acordo com a produção flexível, configurando um contexto econômico e político relacionado à Educação.

Por sua parte, a Unesco (2000) conceitua as competências como um conjunto de conhecimentos, capacidades, interpretações e comportamentos mobilizados para a resolução de problemas profissionais. Segundo a organização, ser competente resulta em ser capaz de realizar uma atividade profissional, resolver questões ou desenvolver projetos em tempo hábil, e desenvolver saberes conceituais relevantes e com várias capacidades de ação e ligação, com vistas a obter resultados com qualidade.

As competências permitem compreender o que está sendo feito, ter consciência dos resultados e avaliar a ação. Por fim, ser competente significa ter a capacidade de aprender e criar novos saberes, de modo que, no contexto educacional, o docente deve atualizar seus conhecimentos para desenvolver habilidades de forma contínua ao se qualificar e ter aptidões para o desempenho de sua atividade.

O direcionamento do trabalho da Unesco em relação à formação de professores em Mídia e Tecnologias de Informação e Comunicação abrange a integração das TICs na Educação como recursos educativos, assim como a integração curricular da literacia midiática e informacional no ensino obrigatório (GUTIÉRREZ-MARTÍN *et al.*, 2022).

Conforme aponta Baccin (2018), de acordo com os pressupostos da UNESCO, as novas tecnologias exigem novos papéis para o educador, novas pedagogias e diferentes técnicas de treinamento. Essas novas habilidades que precisam ser desenvolvidas situam-se nas reformas do ensino e em projetos que parecem estar ordenados com as diretrizes encaminhadas pelo Banco Mundial; por exemplo, quando se afirma a necessidade de se realizar uma grande reforma na Educação para formação de capital humano e estímulo do crescimento econômico.

De acordo com a OCDE (2014), as competências constituem habilidades, conhecimentos, ações e valores necessários para que as pessoas possam engajar-se de forma efetiva na vida nos aspectos pessoal e profissional. Tal visão compreende competências intelectuais como a leitura, a escrita e a matemática, além de capacidades sociais, como a comunicação e o trabalho em equipe. Assim, a OCDE considera essenciais determinadas competências para o êxito individual, social e com o viés econômico, indicando a importância da aprendizagem ao longo da vida para atender às demandas globais do mercado de trabalho e de desenvolvimento.

Em seu trabalho intitulado *Uma abordagem estratégica das políticas de competências*, a Organização afirma que as pessoas necessitam de competências funcionais e comportamentais que as auxiliem no sucesso no mercado de trabalho, assim como competências que resultem em contribuições para melhores resultados sociais e para a construção de sociedades mais coesas e tolerantes (OCDE, 2014). Nessa percepção, competências (ou habilidades) são definidas como "um grupo de conhecimentos, atributos e capacidades que podem ser aprendidas e que possibilitam que os indivíduos realizem uma atividade ou tarefa de forma bem-sucedida e consistente" (OCDE, 2014, p. 12).

Embora a OCDE tenha uma abordagem abrangente para o desenvolvimento de competências, existem críticas sobre suas perspectivas, como a ênfase nas habilidades cognitivas e técnicas em prejuízo de capacidades socioemocionais. Outro ponto é a prática de valorizar a aprendizagem de acordo com padrões determinados e com foco na avaliação, o que pode comprometer a inovação, a diversidade e a criação no processo de ensino.

De acordo com Pereira (2018), essa organização avançou na conformação de propostas educativas em uma visão de educação instrumental, propícia às regras econômicas, que buscam ajustar os sistemas educacionais aos serviços de um padrão de desenvolvimento que serve aos interesses do capital financeiro internacional. As intenções da OCDE estariam baseadas nos fundamentos da sociedade do conhecimento e da informação e na teoria do capital humano, conforme a concepção de competências e habilidades, relacionando as exigências do processo de acumulação flexível do modo de produção capitalista.

Podemos observar que os documentos dos organismos internacionais, como a OCDE, podem expressar determinada visão de mundo, de sujeito e de história, não indicando somente diretrizes para a Educação, mas articulando interesses ao projetar políticas e produzindo intervenções sociais determinadas (EVANGELISTA, 2012).

Conforme argumenta Pereira (2018), desde o ano 2000, sucessivas gestões do Governo Federal do Brasil acentuaram as relações com a OCDE, ressaltando que essa ligação reforça a tríplice gestão na esfera da Educação (nacional, estadual, municipal), numa estrutura de poder em que se incluem os setores empresariais, que buscam ampliar os ganhos, comprometendo os direitos dos trabalhadores da Educação e sua autonomia.

Essa forma de administração também fere e fragiliza conquistas de legislações educacionais já estabelecidas, como o princípio da gestão democrática e da participação ativa das comunidades acadêmicas nos processos de avaliação da qualidade do ensino, bem como na tomada de decisões e norteamento de políticas que interessam às escolas públicas.

Diante do exposto, acreditamos ser necessário o aprofundamento na análise crítica do tema das competências docentes na Educação, e continuar denunciando a ingerência do capitalismo neoliberal na Educação, com a finalidade de formar mão de obra para a manutenção do status quo do capitalismo transnacional, amparando-se no discurso da Pedagogia das Competências, dentre outros artifícios. Faz-se urgente a reformulação da Teoria Pedagógica das Competências Docentes com foco na formação multilateral dos sujeitos humanos, para o qual o enfoque histórico-cultural da Pedagogia e da Didática podem trazer enormes contribuições.

Para acometer essa tarefa, inicialmente, impõe-se uma revisão de literatura sobre a problemática das competências docentes que permita dar resposta às seguintes questões: *quais são os tipos de competências atribuídas principalmente aos professores e como elas se conceptualizam nas pesquisas sobre o tema no período de 2017 a 2021?* De acordo com essas questões, o *objetivo geral* do presente estudo *é identificar e conceitualizar as competências docentes principalmente atribuídas aos professores a partir das pesquisas realizadas no quinquênio 2017-2021.*

6.1 METODOLOGIA

O método que permitiu a realização da pesquisa foi a revisão sistemática de literatura, na variante da Extensão PRISMA-ScR (*Extension for Scoping Review*) (TRICCO *et al.*, 2018). Os autores argumentam que as revisões de alcance são uma forma de compêndio do conhecimento, que seguem uma conduta sistemática para traçar evidências sobre um tema e descobrir os principais conceitos, ideias e fontes, além de ficar apto a conhecer o assunto (TRICCO *et al.*, 2018).

Esse tipo de investigação permite avaliar o tema de forma ampla e identificar os principais conceitos de um tópico por meio de sua literatura. Outras características que podem ser destacadas nessa forma de revisão é que ela apresenta uma abordagem informativa e mais qualitativa, daquilo que se pretende pesquisar, possibilitando a identificação de lacunas, novas hipóteses e um norteamento para estudos futuros.

Segundo Chambergo-Michilot *et al.* (2021), a revisão de escopo não se propõe a identificar um único desenho de estudo; ela pode incluir vários caminhos e várias possibilidades. Assim, essa técnica de pesquisa consiste numa exploração mais vasta das evidências ao incluir os estudos que respondem a questões de investigação, sejam eles estudos teóricos ou empíricos.

Para a realização da pesquisa elaboramos um protocolo contendo os objetivos, as bases de dados a serem pesquisadas, os descritores, os critérios de elegibilidade das fontes e as formas de organização da informação para sua análise, mas esse protocolo, por ser de uso interno dos pesquisadores, não foi publicado na *web*.

Os critérios de elegibilidade dos textos foram os seguintes: a) teses, dissertações e artigos científicos que correspondem ao marco temporal de 2017-2021; b) textos que estavam em consonância com os descritores que finalmente foram definidos; c) textos em língua portuguesa; d) tanto pesquisas teóricas como aplicadas no âmbito das competências dos professores. As teses, dissertações e artigos científicos que não se encaixaram nos critérios de elegibilidade ficaram excluídos do escopo da pesquisa porque apresentaram temas de estudo distantes da investigação. Outros critérios de exclusão foram utilizados, como trabalhos repetidos e os que não estavam acessíveis de forma gratuita.

Esses critérios de elegibilidade justificam-se porque permitiram, dentro do marco temporal estabelecido, identificar as competências docentes analisadas e consideradas importantes, assim como os principais autores e teorias adotadas e percursos teóricos empregados. Eles também facilitaram a exploração de textos científicos de diferentes gêneros textuais – artigos, teses e dissertações.

Em relação às estratégias de busca eletrônica e aos limites aplicados, para a busca de dissertações e teses foram utilizadas duas bases de dados: o Catálogo de Teses e Dissertações da Capes e a Biblioteca Digital Brasileira de Teses e Dissertações (BDTD). A utilização dessas duas bases de dados justifica-se, pois, no Brasil, são consideradas as melhores de seu tipo para a localização de dissertações e teses.

Na exploração dessas duas bases de dados utilizamos os seguintes filtros: mestrados e doutorados de 2017 a 2021; grande área de conhecimento: Ciências Humanas; área de conhecimento: Educação; área de avaliação: Educação; Concentração: educação, formação de professores e educação escolar; programa de pós-graduação em Educação.

Em relação à pesquisa dos artigos científicos, consultamos as bases de dados SciELO (Scientific Electronic Library Online) e Scopus *(SJR*-Scimago Journal*)*, esta última propriedade da empresa Elsevier. A primeira delas está conceituada como a melhor base de seu tipo para a América Latina, e Scopus, junto à WOS (Web Of Science), está entre as melhores do mundo, com grande impacto na Europa e na América do Norte. Nessas duas bases, para a localização dos artigos foram utilizados os seguintes filtros: Brasil; português; 2017 a 2021; ciências humanas; educação; artigo.

Depois de numerosos ensaios com um número considerável de descritores, chegamos à conclusão de apenas trabalhar com competências AND professores OR docentes, já que isso mostrou-se suficiente para atender aos objetivos da pesquisa.

A busca inicial resultou em 145 dissertações e 71 teses no Banco da Capes; 52 dissertações e 31 teses na BDTD; 70 artigos em SciELO e 75 em Scopus. Após análise da temática e dos critérios de seleção estabelecidos foram selecionadas 15 referências, de acordo com os critérios de elegibilidade já indicados e por referirem-se diretamente ao conceito e às características das competências docentes.

A busca foi realizada entre os meses de janeiro a março de 2022. Para a seleção de cada uma das fontes de evidência elaboramos um resumo contendo os seguintes itens: referência completa nas normas ABNT; problema/objetivo geral e específicos da investigação; metodologia; contexto, lugar e sujeitos da pesquisa; resultados/conclusões da pesquisa; contribuições para o presente trabalho. Esses itens, levantados em cada uma das fontes de evidências selecionadas, constituíram mais tarde o guia para a análise das informações coletadas. Os textos selecionados como fontes de evidências foram agrupados por gêneros textuais para facilitar a discussão dos resultados, como pode ser visto no subtítulo que segue.

6.2 RESULTADOS E DISCUSSÃO

Na discussão dos resultados, apresentamos primeiro a análise das dissertações, seguida da avaliação das teses de doutorado e, então, dos artigos científicos selecionados. No total foram analisadas 15 fontes de evidências, sendo quatro dissertações, seis teses e cinco artigos.

6.2.1 Tratamento das competências docentes nas dissertações selecionadas como fontes de evidências

Na dissertação de Santos (2019) são analisadas as possibilidades oferecidas pelos processos alternativos de formação docente tendo em conta a necessidade da formação da Fluência Tecnológica Digital (FTD) nos professores, uma competência necessária e demandada pelo contexto atual da sociedade.

A autora acredita que os espaços convencionais de formação docente, muitas vezes focados na Pedagogia tradicional, expositiva, mais conteudista e técnica, podem não propiciar o desenvolvimento de competências digitais aos docentes em formação. O objetivo da pesquisa foi analisar a questão da formação de professores para o contexto do século XXI em espaços disruptivos de aprendizagem.

De acordo com ela, a FTD é uma competência que consiste em o professor conhecer vários aparatos tecnológicos e saber avaliá-los de maneira crítica para usá-los de modo criativo e produzir objetos de conhecimento relevantes com seus alunos por meio das tecnologias, tornando o aprendizado mais atrativo e motivador (SANTOS, 2019).

A pesquisa foi realizada numa sala com estrutura física, aparatos tecnológicos e organização diferente dos de uma sala de aula convencional. O local apresentava uma disposição de cadeiras e mesas móveis, com bases feitas em vidros que permitiam escrever e apagar os registros com facilidade, aparatos tecnológicos para realidade virtual etc.

A dissertação de Santos (2019) caracteriza-se como uma pesquisa de enfoque qualitativo, do tipo exploratória, que usa como método principal a pesquisa-ação. A autora utiliza várias técnicas para a coleta de dados, como o questionário, a entrevista e a observação participante. As participantes da pesquisa foram 10 alunas do Curso de Pedagogia da Universidade de Passo Fundo, que estavam na fase final do curso, e todas preencheram o questionário e participaram das entrevistas.

Por meio desse método foi possível analisar a percepção dos sujeitos da pesquisa sobre os espaços disruptivos e suas dinâmicas, a possibilidade de aplicação de Tecnologias Digitais em processos educativos e o uso dessas tecnologias no trabalho docente, e a elaboração e o compartilhamento de material didático pela equipe.

Em seus resultados, Santos (2019) indicou que os espaços disruptivos de aprendizagem podem ser uma alternativa positiva para a efetivação de processos de formação de professores, com vistas ao desenvolvimento e ao aprimoramento de competências, em especial a Fluência Tecnológica Digital. Para a autora, a FTD relaciona-se diretamente com conhecimentos, avaliação, utilização e produção de recursos tecnológicos digitais com o objetivo de modificar o contexto do processo de ensino-aprendizagem, visando à melhoria da qualidade do ensino.

Por sua parte, Schneider (2012), ao discorrer sobre a Fluência Tecnológica Digital (FTD), argumenta que ser fluente tecnologicamente é ter conhecimento e ter-se apropriado das ferramentas tecnológicas, assim como conhecer sua base e sua aplicabilidade em várias situações. Portanto esse processo trata-se da criação, da correção e da modificação interativa mediante diferentes ferramentas e artefatos para compartilhar novos conceitos e novas funções e ideias.

Na dissertação de Braga dos Santos (2020), assume-se como problema científico a identificação dos fundamentos epistemológicos e políticos da inovação na Educação e na formação de professores. O objetivo do estudo consistiu em analisar os fundamentos epistemológicos e políticos da inovação em Educação e na formação de professores, compreendendo o seu movimento segundo as produções teóricas e os relatórios das Organizações Multilaterais (OMs).

A autora elaborou uma análise documental dos relatórios emitidos pelo Centro de Pesquisa e Inovação Educacional (CERI), vinculado à Organização para a Cooperação e Desenvolvimento Econômico (OCDE), buscando o movimento entre as produções teóricas e as diretrizes da Organização para desvelar os fundamentos da inovação nesse campo. Como base epistemológica de sua investigação, utilizou o Materialismo Histórico-Dialético, o que lhe permitiu analisar, de acordo com ela, a dinâmica das relações complexas entre os indivíduos e a sociedade, em que o sujeito considera-se um ser histórico no entremeado das relações dialéticas da luta de classes.

Braga dos Santos (2020) conclui que as categorias identificadas nos documentos de organismos multilaterais são a Sociedade do Conhecimento, a Inovação Pedagógica e o Conceito de Inovação. Elas situam-se na ideia humanista moderna, constituindo bases da inovação na Educação, as quais conformam a epistemologia da prática, que se constrói em um modelo de formação individual visando ao desenvolvimento profissional por competências e habilidades.

Assim, a inovação em Educação e na formação de professores funciona como ferramenta de reestruturação social norteada pelo modelo de acumulação flexível do capital, seguindo os critérios de sistematização da Educação internacional, objetivando a elevação da qualidade ligada a uma oferta básica de serviços com foco no aumento da produtividade e da recondução financeira (BRAGA DOS SANTOS, 2020).

O trabalho de Maduro (2020) teve como objeto de estudo a verificação e a análise de competências docentes utilizadas pelos professores no âmbito da Educação Profissional e Tecnológica. A autora realizou uma pesquisa de enfoque quantiqualitativo, de acordo com as concepções de Creswell (2007). Participaram 62 docentes do Instituto Federal de Educação, Ciência e Tecnologia do Sul de Minas Gerais, que lecionam na modalidade do Ensino Médio Integrado (EMI).

A autora utilizou o questionário como instrumento de coleta de dados. Seu estudo compreendeu o processo das informações e dos dados obtidos por essa via, que foram organizados em quadros, tabelas e gráficos. Maduro (2020) concluiu que as principais competências dos sujeitos da pesquisa referem-se aos eixos: professor reflexivo, estratégias de ensino, novas tecnologias, conceber e fazer evoluir os dispositivos de diferenciação e a relação professor-aluno.

No desenvolvimento do estudo, a autora destaca a importância de o professor refletir sobre sua formação, seu processo de autoformação e de reconstituição dos conhecimentos adquiridos inicialmente em comparação a sua prática realizada. Maduro (2020) acrescenta que se deve estar atento à educação afetiva, que caminha junto à educação intelectual, uma vez que as dificuldades afetivas abalam as adaptações sociais e escolares, assim como ocasionam inquietações nos comportamentos dos alunos.

Ainda em relação aos seus resultados, a autora indica que os eixos como a interdisciplinaridade, o envolvimento dos alunos e a participação na administração escolar também são praticados constantemente pela maioria dos docentes. Nesse processo, o primeiro eixo relaciona-se ao trabalho em equipe, que propicia o envolvimento dos docentes em projetos e favorece a comunicação entre professores e alunos em diversas áreas do conhecimento.

A autora destaca que a tarefa docente não se caracteriza somente por transmitir informações, também é necessário escutar os alunos. É essencial que o professor facilite os espaços de atenção e diálogo para que eles aprendam a expressar-se para encontrarem soluções aos problemas que apresenta o processo de ensino-aprendizagem (MADURO, 2020). Para a autora, fica evidente que as competências relacionadas à família dos alunos e à formação continuada dos professores necessitam ser mais atendidas no âmbito escolar, já que os dados indicaram pouca participação dos educadores nessas questões.

Com respeito à formação continuada, destaca ela que está relacionada com a prática reflexiva, que consiste na análise realizada pelo professor de suas ações, condutas e saberes, o que o leva a buscar novas estratégias que aperfeiçoem sua prática docente. Já para Souza e Silva (2020), a prática reflexiva consiste em aprendizagem e regulação de sua atividade cotidiana.

Na pesquisa de Páscoa (2021) é abordada a problemática das competências socioemocionais a serem desenvolvidas pelos alunos da educação básica. A autora propõe-se a descobrir como as competências socioemocionais adentram na educação básica, por meio de uma análise de reportagens da revista *Nova Escola*. Ao analisar a dimensão conceitual dessas competências, a autora refere-se à formação do aluno de forma integral, apontada por Rodrigues (2015), que considera que é preciso um contexto social para que essas competências sejam analisadas e compreendidas para que, no processo da vida pessoal, o sujeito possa agir nas relações sociais e vividas.

Páscoa (2021) discorre sobre a temática baseada no conceito de competências que se refere a elementos da escola como espaço de possibilidade de construção de indivíduos reflexivos, com consciência de seu desenvolvimento, por meio da participação na construção de saberes, sendo efetivo e transformador. A autora complementa que a ideia de competências socioemocionais relaciona-se a um conceito que remete a uma formação para a Educação do indivíduo reconhecido como integral – corpo e mente, cognição e emoção.

Para melhor compreensão da temática cabe destacar que as competências socioemocionais nascem da construção *big five*, que emergiu nos Estados Unidos na década de 30, tendo como foco a análise da personalidade por meio de cinco elementos: abertura a novas experiências; conscienciosidade; extroversão; neuroceticismo e simpatia. Páscoa (2021) argumenta que, atualmente, as competências socioemocionais estão no contexto escolar, cabendo a reflexão sobre sua função e se há contribuição para uma melhor Educação. A autora acrescenta que as emoções são parte da constituição humana e envolvem os sentimentos, e que fatores como colaboração e relações sociais fazem parte dos saberes que podem ser desenvolvidos por intermédio de práticas coletivas, tendo os professores como condutores e mediadores dessa construção com os alunos. Dessa forma, partindo do mapeamento que resulta no perfil da pessoa, objetiva-se avaliar o potencial de habilidades e competências dos indivíduos (PÁSCOA, 2021).

A metodologia de pesquisa de Páscoa (2021) consistiu em utilizar as estratégias de hipercrítica a partir do conceito de Veiga-Neto (1995), como aquilo que está baseado em uma crítica de si, indo e voltando no tempo segundo a leitura e a análise de narrativas, revelando as referências de um determinado período e uma lógica estabelecida. Em seu estudo, a autora identifica a lógica neoliberal, exercida por uma racionalidade capitalista, que cria formas de vida e de conduzir a docência brasileira.

Em seus resultados, a autora conclui que alguns documentos analisados utilizam as competências socioemocionais a serem desenvolvidas nos alunos compreendendo uma relação de formação integral do sujeito, enquanto outros documentos entendem essas competências com foco na formação dos discentes para o mercado neoliberal. Nessa perspectiva, Páscoa (2021) indica que as competências socioemocionais são consideradas produtos fabricados pela lógica neoliberal no contexto analisado, de acordo com as referidas reportagens da revista *Nova Escola*.

As fontes analisadas até aqui permitem concluir que as competências na Educação são um constructo teórico fabricado pela lógica neoliberal e seus grandes centros de poder financeiro, dos Estados Unidos e da Europa, e seu claro objetivo é a formação dos professores para que, com sua grande capilaridade social mediante os sistemas educativos, eles formem grandes massas de sujeitos para o mercado de trabalho capitalista.

Mesmo que a linguagem use palavras como solidariedade, humanidade, igualdade e acesso ao conhecimento, no fundo isso apenas serve para disfarçar os verdadeiros objetivos, o que explica o grande destaque que o manejo das Tecnologias Digitais tem nas competências que devem formar os professores, assim como as questões atreladas aos relacionamentos sociais, à adaptabilidade, à reflexividade, à emocionalidade, ao domínio das linguagens etc., na formação dos futuros cidadãos.

6.2.2 O tratamento das competências docentes nas teses selecionadas como fontes de evidências

A tese de Barbaceli (2017) teve como objetivo investigar as relações entre a política atual de formação docente e a profissionalização dos professores de acordo com o desenvolvimento de competências específicas. Na conceituação das competências, a autora expõe que há um viés de formação profissional, relacionando-o à formação de professores e à crescente necessidade de certificações e especializações docentes.

Conforme cita a autora, com base em Shiroma e Evangelista (2004), a proposta atual de desenvolvimento por competências baseia-se em pressupostos neoliberais que têm foco no pragmatismo e na desintelectualização do docente, em vez de tê-lo no aumento da qualificação, resultando dessa troca a diminuição de aptidões para intervenções conscientes. Destaca ela que o objetivo consiste na administração dos profissionais da Educação e na transformação da escola num ambiente que condicione segmentos sociais que, hipoteticamente, poderiam colocar em risco os interesses dominantes na divisão internacional do trabalho, conforme a dinâmica social atual.

Barbaceli (2017) revisou documentos nacionais e internacionais por meio de pesquisas documental e bibliográfica, sobre competências e a legislação brasileira sobre formação docente. A autora verificou em documentos oficiais de organismos globais como a Unesco e o Banco Mundial, assim como na Lei de Diretrizes e Bases da Educação e nos Parâmetros Curriculares Nacionais, que o desenvolvimento por competências define-se como um dos grandes objetivos dos processos educativos na atualidade.

Na contramão dessa visão, fundamentada no Materialismo Histórico-Dialético, a autora propõe uma nova abordagem da formação docente, focada no desenvolvimento do homem genérico e na efetiva profissionalização e valorização da docência, na perspectiva da abordagem histórico-cultural e da Teoria da Atividade, desenvolvida por autores como L. S. Vigotski e A. N. Leontiev.

A pesquisadora conclui que a formação dos professores, de acordo com as Teorias de Desenvolvimento por Competências, aponta para uma visão simplificada da atuação docente, já que considera a produção de resultados por meio de processos que remetem à lógica mercadológica e neoliberal. Daí a necessidade de se repensar a formação do professor no viés histórico-cultural (BARBACELI, 2017). A nossa visão coincide com a da autora, destacando-se que existe bastante consenso na comunidade científica a respeito de que o enfoque histórico-cultural e o da Teoria da Atividade são alternativas para uma formação e para uma atuação docente transformadoras.

Por sua vez, Baccin (2018) indica que seu problema de pesquisa consiste em investigar o processo de Reconhecimento de Saberes e Competências (RSC) e suas implicações para o trabalho e para a carreira dos professores que atuam nos Institutos Federais de Educação, Ciência e Tecnologia pertencentes à carreira do Ensino Básico Técnico e Tecnológico (EBTT).

Seu objetivo geral foi tentar compreender as relações entre capital, trabalho, educação e Estado no campo das políticas educacionais, assim como a relação da carreira docente com o projeto de Educação do Capital, que se desdobra em um propósito para a reforma dos Institutos Federais de Educação (IFEs), no âmago das relações com o movimento mais geral de acumulação do capital.

Mais especificamente, a autora objetivou analisar a concepção do RSC proposta no Plano de Carreira do EBTT e seus desdobramentos; investigar o significado que adquire a concepção do RSC para os docentes da carreira do EBTT; conhecer as disputas entre o governo e os sindicatos da categoria docente no processo de formulação e implantação dessa política; pesquisar os impactos da adoção do RSC no trabalho e na carreira docente.

A pesquisadora destaca que a concepção dos saberes e das competências dos professores corresponde com a institucionalização das políticas de avaliação de desempenho baseadas em resultados, adotadas no serviço público; ou seja, uma política de certificação que introduz a lógica dos padrões de competências para os Institutos Federais de Educação (BACCIN, 2018). Para entender melhor os saberes e competências considerados no RSC, citamos a Resolução n.º 1, de 20 de fevereiro de 2014, em que se apresentam os perfis para a concessão do Reconhecimento.

> Para fins de Reconhecimento de Saberes e Competências devem ser observados os seguintes perfis:
>
> a) RSC I - Reconhecimento das experiências individuais e profissionais, relativas às atividades de docência e/ou orientação, e/ou produção de ambientes de aprendizagem, e/ou gestão, e/ou formação complementar e deverão pontuar, preferencialmente, nas diretrizes relacionadas no inciso I, do art. 11, desta Resolução.
>
> b) RSC II - Reconhecimento da participação em programas e projetos institucionais, participação em projetos de pesquisa, extensão e/ou inovação e deverão pontuar, preferencialmente, nas diretrizes relacionadas no inciso II, do art. 11, desta Resolução.
>
> c) RSC III - Reconhecimento de destacada referência do professor, em programas e projetos institucionais e/ou de pesquisa, extensão e/ou inovação, na área de atuação e deverão pontuar, preferencialmente, nas diretrizes relacionadas no inciso III, do art. 11, desta Resolução (BRASIL, 2014).

Araújo e Mourão (2021) argumentam que o Governo estabeleceu o RSC como característica apenas da carreira de professor de EBTT, sendo ele uma espécie de prêmio de consolação para os docentes dessa modalidade de ensino e de carreira. Dessa forma, sem ter a titulação exigida para ser promovido em sua classe, o docente faz jus à Retribuição por Titulação (RT) ao apresentar suas atividades de ensino, pesquisa e extensão, mas só pode progredir entre as classes com o tempo de atividade, pois ainda não tem o título exigido para essa finalidade, no caso, o título de doutor.

Em relação à metodologia da pesquisa, Baccin (2018) utiliza o método materialista histórico-dialético, uma vez que ele permite o entendimento das contradições entre capital e trabalho, das conexões entre o singular, o particular e o universal, possibilitando compreender o fenômeno em sua totalidade, como resultado de várias determinações.

A pesquisa envolveu a participação de 228 professores de 16 institutos federais do Brasil, englobando 37 campi e dirigentes sindicais. Também utilizou análise de documentos, questionários e entrevistas semiestruturadas como instrumentos de coleta de dados. Os docentes responderam ao questionário, enquanto os dirigentes sindicais participaram da entrevista.

Baccin (2018) apontou em seus resultados que há um reordenamento da rede federal devido às mudanças no capitalismo contemporâneo; ou seja, existe uma demanda por parte do sistema produtivo pelo aumento e pela reforma dos IFs para a formação da força de trabalho demandada pelo mercado. Nesse sentido, ocorre a Educação para o empreendedorismo e o fomento de parcerias público-privadas, modificando a carreira e o trabalho docentes (BACCIN, 2018).

No mesmo cenário da Educação Profissional e Tecnológica, na terceira tese selecionada, Rodrigues (2019) teve como objetivo geral investigar o processo de formação/profissionalização de professores da Rede Federal de Educação Profissional, Científica e Tecnológica (RFEPCT) da carreira do EBTT. A autora formulou como objetivo específico a análise do Reconhecimento de Saberes e Competências, mesmo tema apresentado na tese de Bacin (2018), uma vez que essa é uma das bases atuais da progressão da carreira docente da Educação Profissional e Tecnológica, sendo objeto de estudo de vários pesquisadores.

Conforme indica Rodrigues (2019), o RSC pode ser compreendido como um dispositivo de valorização do trabalho docente, ou seja, um mecanismo de aceitar determinadas qualidades e/ou capacidades dos professores da carreira do ensino básico, técnico e tecnológico, previstas na legislação vigente. Discorrendo sobre essa temática, a autora reflete que esse dispositivo consagra uma hierarquia que decompõe as classes dos saberes, ao realizar uma análise atenta do currículo dos docentes, proporcionando-lhes uma progressão na carreira, resultando num aumento salarial, em que recebem a retribuição por titulação sem qualificação. Conforme determinação legal, o RSC significa o processo seletivo pelo qual são reconhecidos os conhecimentos e habilidades desenvolvidas a partir da experiência individual e profissional, assim como no exercício das atividades feitas no âmbito acadêmico (RODRIGUES, 2019). A pesquisa teve como metodologia a análise documental e a aplicação de questionário e entrevista semiestruturada, participando seis docentes do Instituto Federal de Ouro Preto. A interpretação dos dados foi realizada com base na Teoria de Análise Crítica do Discurso (FAIRCLOUGH, 2016, *apud* RODRIGUES, 2019). Em seus resultados, apontou-se que o Reconhecimento de Saberes e Competências, apesar de ser compreendido como um mecanismo de valorização da atividade docente, tem ocasionado posições controversas ao considerar a especificidade do contexto histórico-social da sociedade brasileira (RODRIGUES, 2019). Adicionalmente, a autora reflete que a interpretação da Lei do Magistério Federal foi realizada por meio de documentos normativos e essa Lei contém questões controversas, assim como visões neoliberais, uma vez que o Estado, ao aprová-la, pode afetar o processo de formação e profissionalização do professor. De um lado, a Lei representa um incentivo ou premiação, pois permite a progressão salarial, já no outro viés, essa simboliza um desestímulo à formação e à capacitação, ao interferir nos processos docentes de formação acadêmica, o que pode comprometer a melhoria da qualidade da Educação e dos processos de ensino-aprendizagem.

Nessa mesma linha de estudos, Santos (2019a) objetivou analisar os impactos da reestruturação da carreira docente a partir dos marcos regulatórios das Leis n.º 11.784/2008 e n.º 12.772/2012 e suas regulamentações, principalmente por meio do Reconhecimento de Saberes e Competências, no contexto da prática e na formação do docente da Universidade Federal do Pará (UFPA).

A pesquisa teve como objetivos específicos a análise do nexo entre as reformas do Estado e trabalho, formação e carreira docente do Magistério Federal; a análise da carreira docente EBTT, em face dos marcos regulatórios apresentados nas Leis n.º 11.784/2008 (BRASIL, 2008) e n.º 12.772/2012 (BRASIL, 2012); os estudos dos impactos do RSC sobre a carreira e sua repercussão no trabalho e na formação dos professores do EBTT, da UFPA.

Na compreensão do sentido das competências e dos saberes docentes, a autora ressalta que o RSC é entendido como um processo de seleção pelo qual são reconhecidos as habilidades e os conhecimentos desenvolvidos com base na experiência individual e profissional, bem como no exercício das atividades realizadas no âmbito acadêmico. Dessa maneira, ocorre o reforço de mecanismos de avaliação que determinam o perfil do que é ser um docente produtivo que mereça ser "reconhecido" por seus méritos pessoais, configurados como "saberes" e "competências", definidos pela legislação educacional em vigor, conforme citamos anteriormente (SANTOS, 2019a).[16]

Como pode ser observado por intermédio do trabalho de Santos (2019a), com as referidas leis a carreira configura-se a partir do fundamento de divisão, separando o magistério superior e o ensino básico técnico e tecnológico, que devem ter regulamentações próprias, destacando-se, em relação à última, a criação do RSC como padrão remuneratório correspondente à qualificação por meio da pós-graduação.

A autora utilizou como enfoque metodológico o materialismo histórico-dialético, ao indicar como categorias gerais de análise a Carreira, o Trabalho e a Formação Docente. A pesquisa resultou em um levantamento e uma análise de material bibliográfico, documental e pesquisa de campo, utilizando-se como instrumentos de coleta de dados o questionário e a entrevista semiestruturada, assim como a Análise do Discurso para avaliação das informações.

Ao usar os instrumentos com 36 professores (questionário) participantes do 37º Congresso do Sindicato Nacional dos Docentes das Instituições de Ensino Superior e 12 docentes (entrevista) da UFPA em suas investigações, o estudo demonstrou uma ausência de forma definida dessa carreira devido à falta de coerência em relação à valorização da docência, indicada na Constituição Federal de 1988 e na Lei de Diretrizes e Bases da Educação Nacional, de 1996, uma vez que a sua reestruturação tem como resultados negativos o impacto no trabalho e na formação dos docentes (SANTOS, 2019a).

No cenário de políticas para carreiras no Brasil, ao analisar o efeito do RSC, constatou-se um fator contraditório no horizonte da efetiva valorização

---

[16] Para melhor compreensão da investigação, cabe destacar que a Lei n.º 11.784/2008, que criou e normatizou a carreira do EBTT, antes reconhecida como Magistério Federal de 1° e 2° graus, em si já indicava a estrutura do magistério federal e as concepções da carreira docente apontadas pelo Governo. Já a Lei n.º12.772/2012 trata de outra reestruturação da carreira dos professores das instituições federais de ensino.

da carreira docente, pois determina um padrão meritocrático relacionado ao indivíduo no abono financeiro ligado às concepções neoliberais de Educação e, em outra via, uma vantagem financeira na remuneração dos professores que estão há muitos anos sem aumento salarial e sem as correções inflacionárias nos seus salários (SANTOS, 2019a), elementos semelhantes que refletimos nos estudos anteriores que abordam a análise do RSC.

Na mesma linha de pesquisa, Negreiros (2020) objetivou amplificar e aprofundar os conhecimentos sobre o exercício do magistério em duas instituições da Rede Federal de Educação Profissional Científica e Tecnológica, onde atuam professores com distintos níveis de formação: bacharéis e licenciados. Teve como objetivos específicos analisar as particularidades dos saberes docentes para verificar se há diálogo entre eles e o desenvolvimento das competências essenciais dos profissionais da Educação. Nesse contexto, importantes questões foram consideradas, como a trajetória profissional, a formação, a relevância da formação pedagógica na atuação docente, os saberes velados vindos das experiências e as condições salariais e de trabalho em relação à oferta de ensino com qualidade.

Na conceituação das competências docentes, o autor refletiu que a condição para o exercício da docência pressupõe uma qualificação própria, oferecida em cursos de licenciatura, que capacita os professores com os conhecimentos inerentes ao exercício do magistério (NEGREIROS, 2020).

As pesquisas qualitativa e quantitativa abrangeram a participação de 246 professores do Centro Federal de Educação Tecnológica de Minas Gerais e 73 docentes do Instituto Federal de Ouro Preto, que responderam a um questionário, além da realização de 16 entrevistas, sendo oito docentes do CEFET-MG e oito professores do IFMG-Ouro Preto. A síntese das pesquisas indicou que no âmbito da EPT de nível médio é indispensável uma política pública mais organizada para formação inicial do professor, assim como é essencial assegurar a formação continuada dos docentes em exercício (NEGREIROS, 2020).

Nessa análise, as políticas de formação docente para atuação nessa modalidade de ensino deram-se de maneira tardia e foram marcadas por campos de disputas e ideias, ou seja, no espaço político, em que se projeta a atuação do Governo, e verificou-se a dualidade dos ensinos propedêutico e técnico, sendo o primeiro ofertado para a elite e o segundo para a classe trabalhadora do país há séculos. Já em relação à formação dos professores, compreenderam-se diversos percursos de formação, bacharelado e licenciatura, observando-se os saberes didáticos e pedagógicos como constitutivos da profissão de magistério. Referente à análise curricular, notamos uma divisão entre teoria e prática, assim como o desafio de harmonizar os conhecimentos disciplinantes e os vindos da experiência docente (NEGREIROS, 2020).

Na mesma vertente da Educação Professional Tecnológica (EPT), Silva (2020) apresentou como objetivo de seu estudo saber como os professores do curso de Mecânica do Instituto Federal de São Paulo compreenderam as reformas, suas diferentes concepções e seus fundamentos, expressos nos diferentes decretos e documentos de orientação curricular.

Como objetivos específicos, a autora abordou as concepções sobre currículo que orientaram as reformas da educação profissional técnica de nível médio em relação aos aspectos que definiram essas reformas: os conceitos de competências e o trabalho como princípio educativo. As reformas da EPT de nível médio foram analisadas por meio dos Decretos n.º 2.208/97 e n.º 5.154/04 e os participantes entrevistados foram três professores do curso de Mecânica.

Na ótica conceitual de competências docentes, a autora indicou que elas significam ações que objetivam acelerar a formação do trabalhador e promover certificações modulares, processo formativo para suprir o mercado de trabalho de pessoas capazes de realizar novas tarefas em ambientes sistêmicos mutantes (Pedagogia das Competências), em oposição ao trabalho como princípio educativo, que tende a formar para o mundo do trabalho considerando a dimensão social do desenvolvimento.

Nesse sentido, a chamada Pedagogia das Competências busca adaptar a formação às condições variáveis do mercado de trabalho e não dialoga com o trabalho como princípio educativo, que estabelece a relação entre o Trabalho e a Educação, afirmando a natureza formativa do Trabalho e da Educação como ação humana mediante o desenvolvimento de todas as potencialidades do ser (CIAVATTA, 2009).

Em seus resultados a pesquisa mostrou que os professores têm preferência e aproximação com a Pedagogia das Competências, fato relacionado à história do curso, em que predomina uma lógica da cultura industrial, que é expressa na instituição escolar e explica a forma como reagem às políticas educacionais. Em síntese, se as reformas buscam mudanças que reafirmam as opiniões dos professores, como a reforma expressa no Decreto n.º 2.208/97, eles reagem de forma a ratificar a reforma. No entanto, se a reforma prevê mudanças em sua prática e uma visão diferente, como no Decreto n.º 5.154/2004, há uma resistência nessa transformação (SILVA, 2020).[17]

Como resultado da análise dessas cinco teses de doutorado podemos concluir que as atuais políticas de formação docente por competências respondem à lógica capitalista neoliberal de preparação dos professores para que possam formar os alunos como mão de obra instrumentalizada, o que responde aos interesses do capital. Esse tipo de formação desconsidera o trabalho como princípio educativo, assim como a identidade entre a vida produtiva e a cultura como fator de humanização, além de não considerar a necessidade da integração histórica entre o ser humano, suas formações mental e moral, sua autonomia, sua liberdade e sua emancipação (ARROYO, 1998).

Portanto essa dinâmica da formação dos professores por competências de ordem neoliberal impacta negativamente a formação de crianças e jovens e desestimula a verdadeira formação e o desenvolvimento profissional dos professores como profissionais e intelectuais capazes de pensar e transformar a Educação.

Consideramos importante romper com a lógica imposta pelo capitalismo e suas determinações na Educação, ao refletir na docência dentro de suas especificidades, com o professor podendo considerar o desenvolvimento de suas competências ao relacionar conhecimentos, teorias pedagógicas e bases objetivas para uma ação pedagógica. Assim, segue-se uma perspectiva de atuação mais humana junto aos discentes, como a valorização de aspectos relacionais numa dimensão social que precisa fazer-se presente na construção do conhecimento e no desenvolvimento dos estudantes.

Uma reflexão apresentada que julgamos essencial é a condição para o exercício da docência com uma qualificação própria, oferecida em cursos de licenciatura, que deve oferecer aos professores conhecimentos inerentes ao exercício do magistério e conteúdos pedagógicos e didáticos essenciais para a compreensão do processo de ensino-aprendizagem e suas especificidades.

---

[17] O Decreto n.º 2.208/97 prevê que a educação profissional de nível técnico será complementar ao ensino médio, podendo ocorrer de forma concomitante ou sequencial a ele, impossibilitando a integração da modalidade profissionalizante com o ensino médio (BRASIL, 1997). Já o Decreto n.º 5.154/04 possibilita a oferta de cursos técnicos integrados ao ensino médio, indicando também mais flexibilização e elevação do nível de escolaridade do trabalhador (BRASIL, 2004).

6.2.3 O tratamento das competências docentes nos artigos selecionados como fontes de evidências

Modelski *et al.* (2019) realizaram uma pesquisa para investigar quais competências, no sentido de conhecimentos, habilidades e atitudes, teriam os docentes que empreendem boas práticas com a utilização pedagógica das TDs.[18] Para isso, objetivaram buscar indicativos na formação de docentes que lhes permitiram desenvolver práticas significativas no contexto do uso de Tecnologias Digitais, relacionando essa prática ao desenvolvimento de competências indicado por Perrenoud (2002).

Como objetivo específico, propuseram-se contribuir com a reflexão sobre a formação docente no contexto de cibercultura e sua inter-relação com saberes, habilidades e atitudes da atuação dos professores no espaço educacional, cada dia mais impactado pela utilização de Tecnologias Digitais.

Conforme apontam os autores, o conceito de cibercultura compreende o conjunto de Tecnologias Digitais que usamos para acessar, produzir e compartilhar informações, resultando na comunicação com o mundo, considerando os aspectos específicos da cultura, ou seja, as pessoas, o espaço e suas inter-relações. Dessa forma, as possibilidades de conexões entre os indivíduos e as informações dão-se pela mediação de artefatos tecnológicos conectados à internet e este é o diferencial: não são esses artefatos que possibilitam a cultura digital que nos cerca, mas a conexão em si é que apresenta problemas e possibilidades que nos desestabilizam e permitem-nos reavaliar e pensar novas práticas no cenário de atuação docente (MODELSKI *et al.*, 2019).

O referido estudo consistiu numa pesquisa qualitativa com professores da Pontifícia Universidade Católica do Rio Grande do Sul, desenvolvida como um estudo de caso, com dados coletados com entrevistas semiestruturadas, que foram analisadas mediante análise textual discursiva. A amostra utilizada para o estudo foi de oito docentes, indicados por meio de amostragem não probabilística por julgamento, uma técnica que não utiliza seleção aleatória, confiando no julgamento pessoal do pesquisador (MALHOTRA, 2006).

O estudo possibilitou a compreensão das competências evidenciadas pelos professores que empreendem boas práticas pedagógicas com TDs, resul-

---

[18] Nesta pesquisa utiliza-se as siglas TICs (Tecnologias da Informação e Comunicação) e TDs (Tecnologias Digitais), de acordo como são usadas nas fontes de evidências analisadas.

tando em dados que permitem considerar o planejamento de ações formativas no âmbito do desenvolvimento acadêmico e profissional de professores em atividade (MODELSKI *et al.*, 2019). Foram identificadas quatro competências para análise, sendo elas a fluência digital (apresentada no presente estudo), a prática pedagógica, o planejamento e a mediação pedagógica.

Em relação à fluência digital, os autores explicam que ela refere-se à utilização dos recursos tecnológicos de forma integrada, ou seja, quando o docente usa artefatos e produz conteúdo e material por meio deles de maneira crítica, reflexiva e inovadora. Assim, o maior contato com os recursos resulta em maior familiaridade para a ampliação de possibilidades do usuário. Por isso é essencial a atualização para acompanhar as transformações vindas dos avanços tecnológicos que mudam a nossa sociedade (MODELSKI *et al.*, 2019).

A investigação revelou que os professores que desenvolveram a competência fluência digital vêm alterando suas práticas pedagógicas e utilizando TDs porque criaram possibilidades de uso a partir de experiências e ações de seus pares, numa relação coletiva de construção de saberes. Foi possível perceber que o progresso ocorreu em nível didático e a instrumentalização para utilização de tecnologias deixa de ser o conteúdo principal nas discussões de formação e de desenvolvimento docente para destacar-se na criação e/ou adaptação de práticas apoiadas nas TDs (MODELSKI *et al.*, 2019). Nesse processo podemos compreender que o destaque é a maneira como se utilizam esses recursos e como os professores socializam suas práticas e enriquecem suas atuações docentes.

Silva e Behar (2019) indicam como seu objetivo realizar uma análise sistemática acerca do conceito de Competências Digitais (CDs) na Educação, tendo como objetivo específico esclarecer esse conceito e apresentar as diferenças entre os termos mais utilizados e ligados a ele.

A referida pesquisa foi feita nas bases de dados Banco de Teses e Dissertações da Capes, Portal de Periódicos da Capes e Google Acadêmico, utilizando as palavras-chave: competências digitais, competência digital e *digital competence*. Foram utilizadas publicações do período 1997 a 2017, com a exclusão de textos coincidentes. As autoras constataram a relevância de se compreender o conceito de CD, já que a complexidade tecnológica fez surgir diferentes necessidades. Dessa maneira, foi necessário traçar um histórico de termos que se conectam, como Letramento Computacional, Letramento Informacional, Letramento em Mídias e Letramento Digital.

Numa dimensão conceitual, discutindo os trabalhos de vários pesquisadores, as autoras discorrem que o Letramento Computacional refere-se ao nível de experiência e de ligação com o computador; o Letramento Informacional significa a capacidade das pessoas para identificar, procurar, apreciar, usufruir e criar, por meio da informação, o que transcende o uso do computador; já o Letramento em Mídias indica a aptidão de acessar, explicar, avaliar e produzir os meios de comunicação; e o Letramento Digital é determinado pela faculdade de pensar e usar a informação em diversos formatos com base em uma variedade de fontes do computador (SILVA; BEHAR, 2019).

As autoras trazem a reflexão de Ferrari, Punie e Redecker (2012) de que há duas vertentes ao abordarmos o conceito de competências digitais. Na primeira, observa-se a competência digital como a confluência dos letramentos; na segunda, um novo letramento, com novos elementos e uma maior dificuldade. As conclusões revelam que a maioria dos autores abordam as competências digitais como um conjunto de elementos constituídos por Conhecimentos, Habilidades e Atitudes (CHA) fundamentais para que a pessoa atue por intermédio das tecnologias.

Elas identificaram, ainda, que o conceito de competências digitais foi se formando à medida que as TDs provocaram mudanças na sociedade, inclusive na Educação. Por isso a complexidade tecnológica trouxe diferentes necessidades, uma vez que ter as ferramentas digitais não assegura que o sujeito seja digitalmente competente. Nessa ótica, espera-se que esse sujeito possa incorporar os meios tecnológicos suficientemente para saber utilizar as informações, ser crítico e conseguir comunicar-se utilizando uma variedade de ferramentas (SILVA; BEHAR, 2019).

O artigo de Villarreal-Villa *et al.* (2019) tem como objetivo analisar as habilidades digitais de professores no contexto da educação superior em Barranquilla, Colômbia. A revisão de literatura buscou identificar os modelos de instituições mais aceitas para a integração das TICs em ambientes acadêmicos. Esses modelos resultaram no European Framework for the Digital Competence of Educators (DigCompEdu), da Comissão Europeia e o padrão da International Society for Technology in Education (ISTE), dos Estados Unidos.

O estudo realizou uma abordagem mista com instrumentos quantitativos e qualitativos, com o apoio de um questionário do tipo Likert, aplicado a uma amostra dirigida (intencional) de 20 professores. Os autores apresentam o significado das competências relacionadas com a aplicação das TICs: treinamento e informações atuais sobre TICs na Educação; gerenciamento de ambientes de aprendizagem; promoção de TICs; gestão de informações; promoção do uso ético, legal e seguro das TICs; desenho e avaliação de atividades com TICs; atividades de inovação com TICs; cidadania digital; TICs para a produtividade e prática profissional (VILLARREAL-VILLA *et al.*, 2019).

Para melhor compreensão da temática, os autores apresentam as concepções de Tecnologias de Informação e Comunicação: Tecnologias de Aprendizagem e Conhecimento (TAC) e Tecnologias de Empoderamento e Participação (TEP) no contexto de aprendizagem acadêmica. A primeira refere-se a um conjunto de procedimentos desenvolvidos e executados com dispositivos tecnológicos que relacionam processamento, acumulação e transmissão (LUZ, 2018). Já a segunda corresponde ao uso mais formativo do que informativo, no sentido de aprender mais e melhor.

Assim, se um professor não sabe implementar uma ferramenta TIC, entram em cena as TACs, para os que objetivam não só aprender a usar as TICs, mas também aproveitá-las para o ensino, a formação e o saber (GIL, 2017). Por fim, as TEPs referem-se a outra organização utilizada no meio educacional que, geralmente, utilizam as redes sociais para realizar comentários livres sobre qualquer tendência para que o público em geral possa se manifestar (PÉREZ *et al.*, 2017).

Dessa maneira, as TEPs podem ser conceituadas como o conjunto de tecnologias usadas para possibilitar a intervenção das pessoas em um conteúdo específico, resultando numa consciência cidadã do lugar que os sujeitos ocupam na sociedade (GRANADOS, 2015). Complementarmente, elas revelam o poder da informação construída com base em vários pontos de vista, relacionando os conhecimentos individual e coletivo, propiciando mais participação e mais empoderamento, que favorecem uma aprendizagem proativa que evidencia as competências individuais (PERIS; LINDAHL, 2015).

Na conclusão dessa pesquisa, os autores indicaram que há uma alta autopercepção (superior a 80%) dos professores pesquisados sobre a presença de competências digitais nos processos de ensino e aprendizagem. Nessa ótica, destacaram a formação e a informação, a utilização de tecnologias de informação e comunicação, assim como a gestão de ambientes de aprendizagem. Os autores concluíram que se deve ofertar aos professores a possibilidade de renovação do conhecimento e da informação, assim como reforçar a produção de conteúdos digitais que desenvolvam competências nos alunos (VILLARREAL-VILLA *et al.,* 2019).

A pesquisa de Polonia e Santos (2020) objetivou caracterizar as representações sociais sobre o desenvolvimento de competências acadêmicas no ensino superior e os reflexos nas práticas pedagógicas. As autoras embasaram-se em Tardif e argumentaram que, segundo Tardif (2007) e Tardif e Lessard (2013), ao reconhecerem que a prática docente tem categorias fundamentais para a promoção do desenvolvimento e da aprendizagem, os autores indicam diversos conhecimentos, tais como os profissionais, vindos das disciplinas relacionadas à docência e aos conteúdos, os curriculares e os ligados à *práxis* docente.

Complementarmente a essa questão, destacam que Tardif (2007) indica que o saber está relacionado às pessoas, por isso está em constante mutação e pode ser adquirido em diversos espaços, com ênfase no cotidiano escolar, que é o ambiente de trabalho do professor. Por ser uma construção complexa, esse saber estrutura-se e revela-se nas experiências pessoais e profissionais, nas formações inicial e continuada e nas relações entre professores e alunos.

Outra perspectiva também considerada pelas autoras foi a de Perrenoud (2002), que aborda a concepção de competências reforçando tratar0se de uma condição que compreende diversos recursos cognitivos para agir nas situações da vida, sejam eles pessoais ou profissionais. Como suporte de análises e discussões, Polonia e Santos (2020) recorreram à Teoria das Representações Sociais, que permite alcançar, deduzir e recuperar o percurso da formação do conhecimento e dos saberes construídos socialmente e que se alteram de acordo com posicionamentos, ações e falas demonstrados pelas condições do ambiente e da diversidade simbólica que os formam (JODELET, 2001).

O estudo, que realizou entrevistas semiestruturadas com 12 professores do Centro Universitário Euro-Americano (Unieuro), compreendeu análises realizadas por meio do *software* Iramuteq e gerou três classes de textos de acordo com as entrevistas transcritas. A primeira classe foi composta pelas práticas direcionadas ao desenvolvimento do aluno no âmbito da formação de estudantes de bacharelado e abordou a questão do desenvolvimento de competências acadêmicas no ensino de graduação. Dessa forma, os docentes enfocam o processo de aprendizagem na competência para atuarem na área, ajustando o conteúdo e articulando a competência com o que é preciso para o aluno desenvolver-se na disciplina de acordo com as demandas da profissão.

Na segunda classe textual, que centra no sentido do papel formativo do educador ao considerar a formação para a licenciatura, destacam-se os discursos voltados ao papel do professor, assim como a sua influência na formação do estudante, com base em visões éticas, estéticas, de saberes e de conhecimentos, e na preocupação em oferecer condições para os estudantes superarem suas dificuldades no processo.

Já na terceira classe de textos apresenta-se a problemática da realização da tarefa na formação do estudante tecnólogo, percebendo-se que as tarefas operacionalizam-se de acordo com as orientações e a estrutura da atividade organizada pelo professor. Podemos verificar que há um ponto comum entre a tarefa relacionada a um domínio e conforme um objetivo, assim como a preocupação para o entendimento do processo de trabalho, em que a prática é o fator em destaque (POLONIA; SANTOS, 2020).

Os resultados da investigação apontaram que a representação social dos professores sobre o desenvolvimento das competências acadêmicas e seus reflexos nas práticas pedagógicas vinculam-se aos contextos da atuação profissionais e realizam ações ligadas à futura prática laboral dos alunos (POLONIA; SANTOS, 2020).

No artigo de Bastos e Boscarioli (2021), os autores objetivaram apresentar o resultado de uma revisão sistemática de literatura, buscando as visões, as caracterizações e a elaboração do conceito de competências, aprofundando a discussão de maneira democrática e trazendo uma reconstrução do conceito voltada para a profissão docente. Como objetivo específico de investigação, buscaram identificar as discussões atuais, verificando as concordâncias e as discordâncias, bem como realizar uma reconstrução do conceito de competência como proposta mais abrangente.

O estudo realizou-se em bases de dados nacionais e internacionais, sendo a Biblioteca Digital do IEEE, a Biblioteca Digital da ACM, a Springer Link, a Education Resources Information Center (ERIC), e, ainda, o Portal de Busca Integrada USP; o Banco de Teses e Dissertações da Capes; a Biblioteca Digital Brasileira de Teses e Dissertações e a The Scientific Electronic Library Online (SciELO).

Os gêneros textuais de investigação consistiram em artigos, dissertações e teses, estudados sob os aspectos de uma análise crítica, buscando os diversos percursos, concordâncias e discordâncias, e a apresentação de classificações de competências que organizam e apresentam um foco prático e direcionado à profissão docente por meio de análise textual com o uso do *software* Iramuteq.

Os resultados indicaram que a discussão sobre o conceito de competência ainda está longe de ser finalizada e que, possivelmente, essa conclusão nem seja concebível, uma vez que o conceito tem em si uma propriedade dinâmica, várias significações e capacidade de se adequar ao contexto em que se insere (BASTOS; BOSCARIOLI, 2021). Nessa dinâmica, pode-se inferir que a competência é a base para o desenvolvimento de circunstâncias e para a ação, assim como o caminho para outros aspectos cognitivos. A sua conceituação reconstruída pode ser definida como

> [...] a capacidade individual de mobilizar e integrar recursos cognitivos como conhecimentos, habilidades, aspectos comportamentais (atitudes, valores e crenças) e relacionais (participação, interação e experiência), com o objetivo de um agir responsável direcionado à situação de ensino e aprendizagem e às atividades envolvidas neste processo (BASTOS; BOSCARIOLI, 2021, p. 21).

Nesse sentido, podemos compreender que o tema competência docente merece debates permanentes, ao reconhecermos seu caráter dinâmico e transitório, muitas vezes relacionado ao contexto em que se situa e aos atores envolvidos no processo, assim como demandas atuais que se impõem. Esse caráter de mudança também se relaciona com a natureza complexa e a dinâmica da profissão docente.

Na análise dos artigos apresentados neste subtítulo, ficou evidente que há nos pesquisadores uma preocupação dominante com o tema das competências digitais dos professores. Temos a impressão de que alguns pesquisadores pensam que o domínio das competências digitais docentes seria suficiente para resolver os enormes problemas que hoje apresenta a prática pedagógica dos professores e, consequentemente, a aprendizagem dos alunos nos mais diferentes níveis de ensino. Como já refletimos por meio da análise das outras fontes de evidências nos subtítulos anteriores, esse domínio é relevante, mas não é suficiente para resolver os problemas do ensino-aprendizagem na era digital.

É certo que o uso das Tecnologias Digitais de Informação e Comunicação na Educação requer conhecimento, capacidades, destrezas, habilidades e domínio da Fluência Tecnológica Digital, mas ainda há que se considerar que a formação do professor não pode se restringir a isso. A formação colaborativa dos docentes em outros domínios, como o da disciplina que ensina, no âmbito da pedagogia, da didática, da psicologia da educação, da organização escolar, entre outras ciências do exercício da profissão, é igualmente indispensável na atualidade. Esse panorama revela-nos a enorme complexidade e os desafios que envolvem a formação dos professores em qualquer sistema educativo.

CONCLUSÕES

O presente estudo permitiu verificar que, no mundo atual, há dois padrões dominantes de competências em nível global. Eles são o padrão de competências da European Framework for the Digital Competence of Educators (DigCompEdu), da Comissão Europeia, e o padrão de competências da International Society for Technology in Education (ISTE), dos Estados Unidos.

Como se compreende, esses dois organismos internacionais encontram-se subordinados aos grandes centros de poder do capitalismo internacional. Sendo assim, por intermédio desses padrões de competências, os centros de poder global têm ingerência nos sistemas educativos ao redor do mundo, tanto na formação dos professores quanto na educação de crianças e jovens para o mercado de trabalho. Um braço poderoso dessa ingerência nos sistemas educativos é a OCDE (Organização para a Cooperação e Desenvolvimento Econômico), que a realiza pelo sistema de avaliação externa chamado de Programa Internacional de Avaliação de Alunos (PISA), que avalia competências nos estudantes em língua, matemática e ciências.

Essa atuação explica a grande preocupação que os padrões de competências dominantes têm com a formação dos professores, pois a prática pedagógica desses profissionais tem impacto decisivo no cumprimento dos objetivos da Pedagogia das Competências, de instrumentalizar as novas gerações para dar resposta às demandas do trabalho assalariado e alienado do capitalismo mundial.

A formação de crianças e jovens em competências permite que os futuros trabalhadores conquistem um posto de trabalho elementar, que tenham acesso mínimo ao consumo e não causem problemas ao capital em razão da conservação do emprego. Ao mesmo tempo, sabe-se que nunca sairão de sua condição de marginados sociais, com escasso acesso à cultura, aos esportes e ao lazer de qualidade.

A conceituação das competências como a capacidade para mobilizar conhecimentos, capacidades e habilidades em determinadas situações da vida profissional, social ou particular para resolver problemas concretos é bem eloquente sobre o caráter instrumental desse recurso formativo. A pergunta é: por que se omite aqui a formação cultural geral, a dimensão afetivo-emocional da personalidade, o desenvolvimento do pensamento teórico, o papel das humanidades na completude da cultura integral dos indivíduos? A quem interessa uma formação apenas instrumentalizada, com foco principal nos domínios das tecnologias que aceleram a produção capitalista?

O estudo revelou a grande preocupação dos pesquisadores com o uso pedagógico das Tecnologias Digitais de Informação e Comunicação, já que esse tema é trabalhado em 33% dos textos selecionados. No entanto cabe a reflexão de que as tecnologias sempre estiveram presentes no contexto educacional, sejam elas digitais ou não, e compreendemos que o objetivo maior deve ser a melhoria da qualidade do processo de ensino-aprendizagem, visando à formação integral e humana dos alunos, que não pode ser realizada no mundo atual sem os usos das TICs. Nesse contexto, o papel dos professores é determinante.

Outra tendência revelada pela pesquisa é que em 20% das fontes de evidências analisadas aparece uma postura crítica no tratamento das competências, ancorada na epistemologia dialético-materialista. Esse enfoque filosófico tem a capacidade hermenêutica de estabelecer as relações entre capital e trabalho, entre indivíduo e sociedade, entre a formação integral e o acesso à cultura, entre a teoria, as condições de vida e educação e a prática social humana. Ao mesmo tempo, a análise dialético-materialista permite a interpretação das necessidades materiais e espirituais dos sujeitos em determinados contextos sociais. Tudo isso mobiliza um arcabouço teórico que permite a desconstrução do discurso capitalista neoliberal.

Outra conclusão resulta de que em 20% dos textos revisados são estudadas as contradições inerentes ao Reconhecimento de Saberes e Competências (RSCs) nos professores da Educação Técnica e Profissional, criando-se enorme contradição entre a falta de titulação real e as bondades de reconhecimento de competências docentes que não podem ser certificadas. Isso tende à acomodação de certos docentes, em virtude do benefício financeiro, mas não garante a qualidade da formação que realizam.

Em 65% das pesquisas revisadas destacam-se a relevância social e a profissional dos educadores, assim como sua participação ativa nos processos formativos e na melhoria dos processos de ensino-aprendizagem e da Educação em geral. Ao mesmo tempo, 35% dos trabalhos usam a pesquisa bibliográfica e documental para penetrar na análise conceitual e política das competências em geral e das competências docentes em particular. Em geral, os estudos valorizam a formação e o trabalho docente.

A realização do presente estudo serviu, também, como processo de construção do problema de pesquisa, já que foi possível elaborar o seguinte problema de investigação: *como elaborar um padrão alternativo de competências docentes para os professores do ensino médio integrado, que atuam nos Institutos de Educação, Ciência e Tecnologia, que tenha seu foco na formação integral dos alunos e fundamente-se na epistemologia dialético-materialista e no enfoque histórico-cultural da psicologia e da didática desenvolvimental?* Já o objetivo geral da pesquisa trata-se de: elaborar *um padrão alternativo de competências docentes para os professores do ensino médio integrado com foco na formação integral dos alunos e fundamentado na epistemologia dialético-materialista e no enfoque histórico-cultural da psicologia e da didática desenvolvimental.*

REFERÊNCIAS

ARAÚJO, R. M. L. **Desenvolvimento de competências profissionais**: as incoerências de um discurso. 2001. 218f. Tese (Doutorado em Educação) – Universidade Federal de Minas Gerais (UFMG), Belo Horizonte, 2001. Disponível em: https://repositorio.ufmg.br/ bitstream/1843/FAEC-87YK2V/1/tese_ronaldo_marcos_de_lima_araujo.pdf. Acesso em: 24 abr. 2023.

ARAÚJO, J. J. C. N.; MOURÃO, A. R. B. O trabalho precário nos institutos federais: uma análise dos processos de intensificação do trabalho verticalizado. **Educação e Pesquisa**, [*S.l.*], v. 47, p. e226325, 2021. Disponível em: https://www.revistas.usp.br/ep/article/view/186946. Acesso em: 24 abr. 2023.

ARROYO, M. Trabalho, educação e teoria pedagógica. *In*: FRIGOTTO, G. (org.). **Educação e crise do trabalho. Perspectivas de final de século**. 2. ed. Petrópolis: Vozes, 1998.

BACCIN, E. V. C. **Reconhecimento de saberes e competências no ensino básico técnico e tecnológico**: impactos sobre a carreira e o trabalho docente. 2018. 294f. Tese (Doutorado em Educação) – Universidade Federal de Santa

Catarina (UFSC), Florianópolis, 2018. Disponível em: https://repositorio.ufsc.br/handle/123456789/193593. Acesso em: 21 jan. 2022.

BARBACELI, J. T. **A formação por competências como modelo atual de formação de professores e os desafios para a profissionalização da docência**. 2017. 152f. Tese (Doutorado em Educação) – Universidade de São Paulo (USP), São Paulo, 2017. Disponível em: https://www.teses.usp.br/teses/disponiveis/48/48134/tde-30012018-135854/pt-br.php. Acesso em: 21 jan. 2022.

BASTOS, Th. B. M. C.; BOSCARIOLI, C. A competência docente e sua complexidade de conceituação: uma revisão sistemática. **Educação em Revista**, Belo Horizonte, v. 37, e235498, 2021. Disponível em: https://www.scielo.br/j/edur/a/WbXMQk7cMMYWWTsBYK7v8Vp/?lang=pt. Acesso em: 15 fev. 2022.

BRAGA DOS SANTOS, P. B. **Fundamentos epistemológicos e políticos da inovação na educação e formação de professores**. 2020. 192f. Dissertação (Mestrado em Educação) – Universidade de Brasília (UnB), Brasília, 2020. Disponível em: https://sucupira.capes.gov.br/sucupira/public/consultas/coleta/trabalhoConclusao/viewTrabalhoConclusao.jsf?popup=true&id_trabalho=9395921. Acesso em: 20 jan. 2022.

BRASIL. **Decreto n.º 2.208, de 17 de abril de 1997**. Regulamenta o art. 36 e os artigos 39 a 42 da Lei n.º 9394/96. Disponível em: http://portal.mec.gov.br/seesp/arquivos/pdf/dec2208.pdf. Acesso em: 6 nov. 2022.

BRASIL. **Decreto n.º 5.154, de 23 de julho de 2004**. Regulamenta o art. 36 e os artigos 39 a 41 da Lei n.º 9.394/96. Disponível em: http://www.planalto.gov.br/ccivil_03/_ato2004-2006/2004/decreto/d5154.htm. Acesso em: 6 nov. 2022.

BRASIL. **Lei n.º 11.784, de 22 de setembro de 2008**. Dispõe sobre a reestruturação do Plano Geral de Cargos do Poder Executivo – PGPE, de que trata a Lei n.º 11.357, de 19 de outubro de 2006 [...]. Disponível em: https://www.planalto.gov.br/ccivil_03/_ato2007-2010/2008/lei/l11784.htm. Acesso em: 15 abr. 2022.

BRASIL. **Lei n.º 12.772, de 28 de dezembro de 2012**. Dispõe sobre a estruturação do Plano de Carreiras e Cargos de Magistério Federal; [...]. Disponível em: https://www.planalto.gov.br/ccivil_03/_ato2011-2014/2012/lei/l12772.htm. Acesso em: 15 abr. 2022.

BRASIL. Ministério da Educação (MEC). **Resolução n.º 1, de 20 de fevereiro de 2014**. Estabelece os pressupostos, as diretrizes e os procedimentos para a concessão de Reconhecimento de Saberes e Competências (RSC) aos docentes da Carreira de Magistério do Ensino Básico, Técnico e Tecnológico, por meio de processo avaliativo especial. Disponível em: http://www.conif.org.br/images/Resolu%C3%A7%C3%A3o_Diretri zes_RSC.pdf. Acesso em: 15 abr. 2023.

MICHILOT-CHAMBERGO, D.; DIAZ-BARRERA, E.; BENITES-ZAPATA, V. A. Revisiones de alcance, revisiones paraguas y síntesis enfocada en revisión de mapas: aspectos metodológicos y aplicaciones. **Revista Peruana de Medicina Experimental y Salud Publica**, Lima, v. 38, n. 1, p. 136-42, 2021. Disponible em: http://www.scieloSciELO.org.pe/scieloSciELO.php?script=sci_arttext&pid=S1726-46342021000100136. Acesso em: 03 de abr. 2022.

CIAVATTA, M. Trabalho como princípio educativo. **Dicionário da Educação Profissional em Saúde**. 2009. Disponível em: http://www.sites.epsjv.fiocruz.br/dicionario/verbetes/trapriedu.html. Acesso em: 15 jun. 2022.

CRESWELL, J. W. **Projeto de pesquisa**. Métodos qualitativo, quantitativo e misto, Porto Alegre: Artmed, 2007.

EVANGELISTA, O. Apontamentos para o trabalho com documentos em política educacional. *In*: ARAUJO, R. M. L.; RODRIGUES, D. S. (org.). **A pesquisa em trabalho, educação e políticas educacionais**. Campinas: Alínea, 2012.

FERRARI, A.; PUNIE, Y.; REDECKER, Ch. Understanding digital competence in the 21st century: An analysis of current frameworks. *In*: RAVENSCROFT, S. A.; LINDSTAEDT, C.; DELGADO, K.; HERNÁNDEZ-LEO, D. (ed.). **Proceedings 7th European Conference on Technology Enhanced Learning**, EC-TEL 2012, p. 79-92. New York: Springer, 2012.

GIL, J. J. S. Del TIC al TAC: una aproximación al modelado e impresión 3D en educación superior. **Revista de Educación en Ciencias de la Salud.** Chile, v.14, n. 1, p. 23-29, 2017.

GRANADOS, J. R. Las TIC, TAC, TEP como instrumento de apoyo al docente de la universidad del siglo XXI. **Gestión Pedagógica con Uso TIC**, Reposital. Universidad Autónoma de México, 2015. Disponível em: http://hdl.handle.net/20.500.12579/4009. Acesso em: 3 maio 2022.

GUTIÉRREZ-MARTÍN, A.; PINEDO-GONZÁLEZ, R.; GIL-PUENTE, C. Competencias TIC y mediáticas del profesorado. Convergencia hacia un modelo integrado AMI-TIC. **Revista Científica de Educomunicación – Comunicar**, OMUNICAR, 70; 2022-1. Disponível em: https://doi.org/10.3916/C70-2022-02. Acesso em: 20 jan. 2022.

JODELET, Denise. Representações sociais: um domínio em expansão. *In*: JODELET, D. (org.). **As representações sociais**. Rio de Janeiro: Editora da Universidade do Estado do Rio de Janeiro, 2001. p. 17-44.

LUZ, María C. G. **Educación y tecnología**: estrategias didácticas para la integración de las TIC. Madrid: Uned, 2018.

MADURO, Bárbara M. **Percepção dos professores sobre a utilização de suas competências**: princípios da Unesco e de Perrenoud. 2020. 92f. Dissertação (Mestrado em Educação) – Universidade do Vale do Sapucaí (Univas), Pouso Alegre, 2020. Disponível em: https://sucupira.capes.gov.br/sucupira/public/consultas/coleta/trabalhoConclusao/viewTrabalhoConclusao.jsf?popup=true&id_trabalho=9904481. Acesso em: 20 jan. 2022.

MALHOTRA, Naresh K. **Pesquisa de marketing**: uma orientação aplicada. 4. ed. Porto Alegre: Bookman, 2006.

MODELSKI, Daiane; GIRAFFA, Lúcia M. M.; CASARTELLI, Alan de O. Tecnologias Digitais, formação docente e práticas pedagógicas. **Educação e Pesquisa**, São Paulo, v. 45, e-180201, 2019. Disponível em: https://www.scielo.br/j/ep/a/qGwHqPyjqbw5JxvSCnkVrNC/?lang=pt. Acesso em: 15 fev. 2022.

MONTSE, Guitert; ROMEU, Teresa. **Competencias "digitales" del siglo XXI**. v. 2. Universitat Oberta de Catalunya: 20 maio 2022. Disponível em: https://innovaciondocente.ucv.cl/ wp-content/uploads/2022/06/Competencias_digitales_Siglo_XXI-mayo.pdf. Acesso em: set. 2022.

NEGREIROS, Paulo Roberto V. de. **Formação/profissionalização de professores**: um estudo realizado em duas instituições da Rede Federal de Educação Profissional Científica e Tecnológica (RFEPCT). 2020. 278f. Tese (Doutorado em Educação) – Pontifícia Universidade Católica de Minas Gerais (PUC Minas), Belo Horizonte, 2020. Disponível em: https://sucupira.capes.gov.br/sucupira/public/consultas/coleta/trabalhoConclusao/viewTrabalhoConclusao.jsf?popup=true&id_trabalho=9498715. Acesso em: 21 jan. 2022.

OCDE. Melhores competências, melhores empregos, melhores condições de vida: Uma abordagem estratégica das políticas de competências. **OECDiLibrary**, OCDE, 10 mar. 2014. Disponível em: http://dx.doi.org/10.1787/9788563489197-pt. Acesso em: 20 jan. 2023.

PÁSCOA, Emanuela G. **As competências socioemocionais na educação básica**: a Revista Nova Escola em pauta. 2021. 140f. Dissertação (Mestrado em Educação)

– Universidade do Vale do Rio dos Sinos (UNISINOS), São Leopoldo, 2021. Disponível em: https://sucupira.capes.gov.br/sucupira/public/consultas/coleta/trabalhoConclusao/viewTrabalhoConclusao.jsf?popup=true&id_trabalho=11067249. Acesso em: 20 jan. 2022.

PEREIRA, Rodrigo da S. Avaliação de sistemas e política de competências e habilidades da OCDE. **Práxis Educativa**, Universidade Estadual de Ponto Grossa, v. 13, n. 1, p. 107-127, Ponta Grossa, jan. /abr. 2018. Disponível em: http://www.revistas2.uepg.br/index.php/praxiseducativa. Acesso em: 12 abr. 2022.

PÉREZ, Rosa; PALOMARES, Hilmer; SILVA, Franahid. Cibercomunidad AVED. Experiencias de integración tecnológica para el fomento y desarrollo de la educación a distancia. *In*: MOGOLLÓN, Ivory; RAMA, Claudio. **Impacto de las tecnologias en la educación superior a distancia en Venezuela. Uma década de retos**. 2017. p. 117-132. Disponível em: https://www.researchgate.net/ publication/318404757_Cibercomunidad_AVED_Experiencias_de_Integracion_Tecnologica_para_el_Fomento_y_Desarrollo_de_la_Educacion_A_Distancia. Acesso em: 12 abr. 2022.

PERIS, Marta O.; LINDAHL, José M. M. **Aprendizagem sustentável no ensino superior**. Berlim: Primavera, 2015.

PERRENOUD, Philippe. **Construir as competências desde a escola**. Porto Alegre: Artes Médicas Sul, 1999.

PERRENOUD, Philippe. A formação de professores no século XXI. *In*: PERRENOUD, P. (org.). **As competências para ensinar no século XXI**: a formação dos professores e o desafio da avaliação. Porto Alegre: Artmed, 2002. p.11-30.

PERRENOUD, Philippe. **10 novas competências para ensinar**. Porto Alegre: Artmed, 2014.

POLONIA, Ana da C.; SANTOS, Maria de Fátima S. O desenvolvimento de competências acadêmicas no ensino superior: A prática docente em foco. **Educação em Revista**, Belo Horizonte, v. 36, e216223, 2020. Disponível em: https://www.scielo.br/j/edur/a/gQPgWkQrJpJqtBxCssWFqRn/?lang=pt. Acesso em: 15 fev. 2022.

RODRIGUES, Míriam. **Educação emocional positiva**: saber lidar com as emoções é uma importante lição. Hamburgo: Sinopsys, 2015.

RODRIGUES, Solange. **Reconhecimento de saberes e competências dos professores do IFMG**: uma (re)constituição do discurso histórico-social sobre a implementação da Lei do Magistério Federal. 2019. 127f. Tese (Doutorado em Educação) – Pontifícia Universidade Católica de Minas Gerais (PUC Minas), Belo Horizonte, 2019. Disponível em: https://sucupira.capes.gov.br/sucupira/public/consultas/coleta/trabalhoConclusao/viewTrabalhoConclusao.jsf?popup=true&id_trabalho=7929437. Acesso em: 21 jan. 2022.

SANTOS, Adriana dos. **As competências do professor do século XXI**: possibilidades de formação em espaços disruptivos de aprendizagem. 2019. 164f. Dissertação (Mestrado em Educação) – Universidade de Passo Fundo (UPF), Passo Fundo, 2019. Disponível em: https://sucupira.capes.gov.br/sucupira/public/consultas/coleta/trabalhoConclusao/viewTrabalhoConclusao.jsf?popup=true&id_trabalho=7882287. Acesso em: 20 jan. 2022.

SANTOS, Jennifer Susan W. **Carreira do Ensino Básico, Técnico e Tecnológico – EBTT:** impactos do reconhecimento de saberes e competências na formação e trabalho docente da UFPA. 2019a. 280f. Tese (Doutorado em Educação) – Universidade Federal do Pará (UFPA), Belém, 2019a. Disponível em: http://ppgedufpa.com.br/arquivos/File/jennifer.pdf. Acesso em: 21 jan. 2022.

SCHNEIDER, Daniele da R. **Prática dialógico-problematizadora dos tutores na UAB/UFSM:** fluência tecnológica no *moodle*. 2012. 203f. Dissertação (Mestrado em Educação) – Universidade Federal de Santa Maria (UFSM), Santa Maria, 2012. Disponível em: https://repositorio.ufsm.br/handle/1/7000. Acesso em: 2 jul. 2022.

SHIROMA, Eneida O.; EVANGELISTA, Olinda. A colonização da utopia nos discursos sobre profissionalização docente. **Perspectiva**, Universidade Federal de Santa Catarina, v. 22, n. 02, p. 525-545, Florianópolis, jul./ dez. 2004. Disponível em: https://periodicos.ufsc.br/index.php/perspectiva/article/view/9665. Acesso em: 11 jan. 2023.

SILVA, Camila A. da. **A reforma da educação profissional de nível médio no Brasil**: Um debate sobre a pedagogia das competências e o trabalho como princípio educativo. 2020. 224f. Tese (Doutorado em Educação) – Universidade Nove de Julho (UNINOVE), São Paulo, 2020. Disponível em: https://bdtd.ibict.br/vufind/Record/NOVE_373db5e6de2b853419a23c8893b89ff9. Acesso em: 15 fev. 2022.

SILVA, Ketia Kellen A. da; BEHAR, Patrícia A. Competências digitais na educação: Uma discussão acerca do conceito. **Educação em Revista**, Belo Horizonte, v. 35, e209940, 2019. Disponível em: https://www.scielo.br/j/edur/a/wPS3NwLTxtKgZBmpQyNfdVg/?lang=pt. Acesso em: 15 fev. 2022.

SOUZA, Denise S.; SILVA, Cristine S. de S. da.; BEDIN, Everton. Relevância da observação na formação inicial docente com vistas no desenvolvimento da prática reflexiva. **Revista Insignare Scientia**, [*S.l.*], v. 3, n. 1. jan./abr. 2020. Disponível em: https://periodicos.uffs.edu.br/index.php/RIS/article/view/11250/7391. Acesso em: 30 nov. 2022.

TARDIF, Maurice. **Saberes docentes e formação profissional**. 8. ed. Petrópolis: Vozes, 2007.

TARDIF, Maurice; LESSARD, Claude. **O trabalho docente**: elementos para uma teoria da docência como profissão de interações humanas. 8. ed. Petrópolis: Vozes, 2013.

TRICCO, Andrea C. *et al.* Extensão PRISMA para revisões de escopo (PRISMA--ScR): Lista de verificação e explicação. **Anais de Medicina Interna**, n. 169, p. 467-473, 2018. Disponível em: http://www.prismastatement.org/Extensions/ScopingReviews. Acesso em: 12 abr. 2022.

UNESCO. Desafios da educação. **UNESDOC – Digital Library**, 2000. Disponível em: http://unesdoc.unesco.org/images/0015/001591/159155s.pdf. Acesso em: 20 abr. 2023.

VEIGA-NETO, Alfredo. **Crítica pós-estruturalista e educação**. Porto Alegre: Sulina, 1995.

VILLARREAL-VILLA, Sandra; GARCÍA-GULIANY, Jesús; HERNÁNDEZ-PALMA, Hugo; STEFFENS-SANABRIA, Ernesto. Competencias docentes y transformaciones en la educación en la era digital. **Formación Universitaria**, v. 12, n. 6, 2019. Disponível em: https://www.scielo.cl/scielo.php?script=sci_arttext&pid=S071850062019000600003&lng=en&nrm=iso&tlng=en. Acesso em: 11 mar. 2022.

ZABALA, Antoni. **A prática educativa**: como ensinar. Porto Alegre: ArtMed, 1998.

ZABALA, Antoni; ARNAU, Laia. **Como aprender e ensinar competências**. Porto Alegre: ArtMed, 2010.

ZABALZA, Miguel. A. **Competências docentes de professores universitários**: qualidade e desenvolvimento profissional. Madri: Narcea, 2003.

7

SAÚDE MENTAL DO PROFESSOR EM ANÁLISE: UMA REVISÃO DE ESCOPO

Ana Carolina Gonçalves Correia
Orlando Fernández Aquino
Tiago Zanquêta de Souza

INTRODUÇÃO

Estudos sobre a saúde mental têm sido cada vez mais frequentes nas produções científicas, mostrando interesse da sociedade sobre o assunto. Diversas áreas do conhecimento têm se dedicado a pesquisar o tema saúde mental, o que pode ser visto no crescente número de produções científicas da área da psicologia e da saúde, incluindo saúde ocupacional, quando relacionada ao trabalho, à psiquiatria e à saúde mental em geral. Além disso, estudos sobre a saúde mental em grupos específicos, abrangendo diferentes segmentos sociais e profissões, têm se destacado nas publicações recentes. Em relação aos profissionais da educação, a saúde mental de professores tem ganhado destaque, indicando uma preocupação com esse aspecto e o bem-estar deles.

Inicialmente cabe conceituar o termo saúde mental. Segundo a Organização Mundial de Saúde (OMS), pode ser compreendida como um estado de bem-estar, no qual a pessoa reconhece suas habilidades, trabalha de maneira produtiva, tem capacidade para lidar com problemas cotidianos e consegue colaborar com a comunidade (WORLD HEALTH ORGANIZATION, 2014).

A partir dessa concepção é possível entender que saúde mental não se relaciona apenas a transtornos mentais, uma vez que o bem-estar pode alcançar níveis satisfatórios ou não, independentemente do diagnóstico de uma doença, visto que esse conceito contempla capacidades, limitações e habilidades de uma pessoa. Além disso, o conceito da OMS leva em consideração o fato de que fatores sociais e biológicos, além dos psicológicos, influenciam a saúde mental da pessoa, indicando que problemas socioeconômicos e violência são capazes de influenciar como a pessoa se sente.

A literatura recente mostra que os problemas de saúde mental entre os professores têm ocupado cada vez mais espaço em relação às doenças de ordem física, como doenças osteomusculares, problema na voz e alergias. A Confederação Nacional dos Trabalhadores em Educação (CNTE) (2017) aponta para o aumento de problemas relacionados à saúde mental, com o estresse ocupando a primeira posição entre as doenças de maior incidência entre os professores, seguido da depressão, dos problemas de voz e da alergia ao pó do giz, tanto em mulheres quanto em homens.

Entre as mulheres, o estresse alcançou uma frequência de 67,5%, enquanto a depressão e os problemas de voz apareceram com 60,2% cada, e a alergia ao pó com 53,3% (CNTE, 2017). Entre os homens, de acordo com a CNTE (2017), o estresse apareceu com uma frequência de 63%, a depressão e os problemas de voz tiveram 43,4% cada e a alergia ao pó, 37,7%.

Outros autores fazem observações semelhantes, apontando os transtornos mentais como uma das principais doenças relacionadas ao trabalho do professor, alcançando índices maiores do que as doenças na voz e as osteomusculares, até então comuns à profissão (PEREIRA; SANTOS; MANENTE, 2020).

Outro aspecto que se destaca nos dados da CNTE (2017) refere-se à grande frequência de sintomas, que incluem ansiedade, cansaço e fadiga, indicando o crescimento de problemas relacionados à saúde mental dos docentes. Diante desses números, nota-se a importância de aprofundar o conhecimento sobre a saúde mental desses profissionais a fim de compreender os fatores relacionados ao trabalho e sua relação com a saúde mental.

O trabalho do professor é constituído por diferentes atividades, que incluem a capacidade de se relacionar pessoalmente, a necessidade de atualização e planejamento, entre outras, que demandam esforços físico, mental e emocional. De acordo com Ferreira-Costa e Pedro-Silva (2019), ser professor consiste em um trabalho de adaptação constante e que exige tanto empenho do profissional que pode contribuir para seu adoecimento.

Considerando a necessidade de se pesquisar o tema abordando diferentes contextos no trabalho dos professores, este artigo tem como objetivo realizar um levantamento bibliográfico sobre a saúde mental de professores por meio de uma revisão de escopo, a fim de conhecer o que tem sido publicado de mais recente sobre o assunto em artigos, dissertações e teses.

As publicações foram selecionadas em bases de dados específicas, considerando descritores pertinentes ao tema e relevantes para a pesquisa.

Para aprofundamento do assunto, as publicações selecionadas foram analisadas e organizadas segundo suas contribuições para esta pesquisa. As fontes pesquisadas destacam o aumento dos casos de transtornos mentais entre professores nos últimos anos, além de apresentarem informações referentes à estreita relação entre condições de trabalho docente e saúde mental.

É possível perceber nessas fontes que as inúmeras características e condições do trabalho têm potencial para desencadear sentimentos negativos e consequente sofrimento mental entre os educadores. Destaca-se também a importância de estratégias voltadas à promoção da saúde mental, adotadas como forma de cuidado, enfrentamento de problemas e prevenção do sofrimento mental.

7.1 METODOLOGIA

A pesquisa é resultado de um seminário temático, cursado no doutorado em Educação do Programa de Pós-Graduação em Educação da Universidade de Uberaba (Uniube), denominado: "A redação de artigos científicos para revistas de alto impacto". Na disciplina foram trabalhados aspectos conceituais da redação científica e realizadas diversas aulas práticas, finalizando com a elaboração de um artigo de revisão sistemática de literatura.

O estudo, de natureza bibliográfica, consiste em uma revisão de escopo (*Scoping Review*), seguindo o modelo proposto pela Extensão PRISMA ScR (TRICCO *et al.*, 2018). A Extensão PRISMA ScR foi elaborada a partir da lista de verificação PRISMA, com o propósito de orientar as revisões de escopo de acordo com itens a serem cumpridos na elaboração de artigos de revisão da literatura (TRICCO *et al.*, 2018). Segundo os autores, as revisões de escopo fornecem uma síntese sobre determinado assunto, como uma visão geral do conhecimento, permitindo aprofundamentos no tema. Esse tipo de revisão também é útil por possibilitar futuras investigações, levando à elaboração de novos problemas de pesquisa para determinado tema.

A Extensão Prisma ScR (*Scoping Review*) configura-se em um protocolo com 22 itens a serem seguidos para se escrever um artigo, abordando título, resumo, introdução, metodologia, resultados, discussão e conclusões, entre outros itens capazes de orientar a elaboração de uma revisão de escopo (TRICCO *et al.*, 2018).

Para esta pesquisa foram utilizadas as bases de dados Scielo (Scientific Electronic Library Online – que pode ser traduzido como Biblioteca Científica Eletrônica On-line) e o Catálogo Nacional de Teses e Dissertações da Capes, na busca de material publicado nos últimos cinco anos, com a finalidade de mapear publicações atuais que abordam aspectos relacionados à saúde mental de professores.

A busca nas bases de dados selecionadas aconteceu no mês de novembro de 2022, contemplando as publicações realizadas no período de 2018 a 2022, utilizando-se os seguintes descritores, definidos pelo Thesaurus Brasileiro de Educação: "professores" AND "saúde mental". Os critérios de elegibilidade das fontes foram os seguintes: 1) artigos, teses e dissertações publicados entre 2018 e 2022; 2) estudos teóricos e empíricos publicados só na língua portuguesa; 3) apenas fontes de evidência de acesso gratuito.

A pesquisa passou por três etapas, iniciando-se pela busca nas bases de dados Scielo e no Catálogo de Teses e Dissertações da Capes, de acordo com o recorte temporal, descritores, área e idioma estabelecidos, obtendo-se 60 resultados, sendo 20 artigos, 29 dissertações e 11 teses. Em seguida foi realizada a leitura dos resumos para verificar sua relação com a temática pesquisada, além da exclusão de artigos não disponíveis on-line, resultando em 21 publicações, sendo sete artigos, 13 dissertações e uma tese.

Como última etapa da pesquisa, as publicações selecionadas foram submetidas a leitura e análise, sendo organizadas quanto aos descritores, problema investigado, objetivos, metodologia, participantes da pesquisa, achados e conclusões, visando facilitar a exploração e o aprofundamento das informações encontradas e posterior discussão dos resultados.

7.2 RESULTADOS E DISCUSSÃO

As publicações selecionadas foram organizadas em sequência numérica, segundo o ano de publicação, da mais recente à mais antiga, possibilitando a visualização das principais informações contidas nos artigos, dissertações e tese, respectivamente apresentadas nos quadros 1, 2 e 3.

Quadro 1 – Artigos selecionados para revisão de escopo

Ordem	Ano de publicação	Autores	Disponibilidade na internet
1	2020	TEIXEIRA, T. da S. C.; MARQUEZE, E. C.; MORENO, C. R. de C.	Disponível em: https://www.revistas.usp.br/rsp/article/view/179939. Acesso em: 2 dez. 2022.
2	2020	SANTOS, E. C. *et al.*	Disponível em: https://doi.org/10.1590/0034-7167-2019-0832. Acesso em: 2 dez. 2022.
3	2020	SANTOS, E. C.; ESPINOSA, M. M.; MARCON, S. R.	Disponível em: https://acta-ape.org/en/article/quality-of-life-health-and--work-of-elementary-school-teachers/. Acesso em: 2 dez. 2022.
4	2019	FERREIRA--COSTA, R. Q.; PEDRO-SILVA, N.	Disponível em: https://doi.org/10.1590/1980-6248-2016-0143. Acesso em: 2 dez. 2022.
5	2018	ALBUQUERQUE, G. S. C. *et al.*	Disponível em: https://doi.org/10.1590/1981-7746-sol00145. Acesso em: 2 dez. 2022.
6	2018	DALCIN, L.; CAR-LOTTO, M. S.	Disponível em: https://doi.org/10.1590/2175-35392018013718. Acesso em: 2 dez. 2022.
7	2018	TOSTES, M. V. *et al.*	Disponível em: https://doi.org/10.1590/0103-1104201811607. Acesso em: 2 dez. 2022.

Fonte: elaborado pelos autores (2023)

Conforme o Quadro 1, é possível perceber que os artigos encontrados nas bases de dados Scielo foram publicados nos anos 2018, 2019 e 2020, indicando a ausência de publicações sobre o tema saúde mental de professores nos anos 2021 e 2022, conforme recorte temporal definido para a pesquisa.

Quadro 2 – Dissertações selecionadas para revisão de escopo

Ordem	Ano de publicação	Autores	Disponibilidade na internet
1	2022	MOTA, L. O. E.	Disponível em: https://sucupira.capes.gov.br/sucupira/public/consultas/coleta/trabalhoConclusao/viewTrabalhoConclusao.jsf?popup=true&id_trabalho=11525013. Acesso em: 3 dez. 2022.
2	2021	ROCHA, G. dos S. da.	Disponível em: https://tede.unioeste.br/handle/tede/5746. Acesso em: 3 dez. 2022.
3	2020	BREUNIG, Y.	Disponível em: https://repositorio.unisc.br/jspui/handle/11624/2758. Acesso em: 3 dez. 2022.
4	2020	SILVA, P. K. S. e	Disponível em: https://sucupira.capes.gov.br/sucupira/public/consultas/coleta/trabalhoConclusao/viewTrabalhoConclusao.jsf?popup=true&id_trabalho=9643596. Acesso em: 3 dez. 2022.
5	2020	JAKOMULSKY, E.	Disponível em: https://sucupira.capes.gov.br/sucupira/public/consultas/coleta/trabalhoConclusao/viewTrabalhoConclusao.jsf?popup=true&id_trabalho=9364021. Acesso em: 3 dez. 2022.
6	2019	FERNANDES, Sc. B.	Disponível em: https://sucupira.capes.gov.br/sucupira/public/consultas/coleta/trabalhoConclusao/viewTrabalhoConclusao.jsf?popup=true&id_trabalho=7646451. Acesso em: 3 dez. 2022.
7	2019	FILIPPSEN, O. A.	Disponível em: https://sucupira.capes.gov.br/sucupira/public/consultas/coleta/trabalhoConclusao/viewTrabalhoConclusao.jsf?popup=true&id_trabalho=7691870. Acesso em: 3 dez. 2022.

Ordem	Ano de publicação	Autores	Disponibilidade na internet
8	2019	ANTUNES, J. C.	Disponível em: https://repositorio.ufmg.br/bitstream/1843/33595/1/O%20sofrimento%20mental%20contemporaneo%20na%20universidade%20-%20a%20perspectiva%20docente%20FINAL.pdf. Acesso em: 3 dez. 2022
9	2018	CAMPOS, M. F. de	Disponível em: https://repositorio.unisc.br/jspui/handle/11624/2042. Acesso em: 3 dez. 2022.
10	2018	ALIANTE, G.	Disponível em: https://lume.ufrgs.br/handle/10183/187611. Acesso em: 3 dez. 2022.
11	2018	RESENDE, L. C. F.	Disponível em: https://sucupira.capes.gov.br/sucupira/public/consultas/coleta/trabalhoConclusao/viewTrabalhoConclusao.jsf?popup=true&id_trabalho=6430678. Acesso em: 3 dez. 2022.
12	2018	TENORIO, M. C. A.	Disponível em: https://www.repositorio.ufal.br/handle/riufal/4516. Acesso em: 3 dez. 2022.
13	2018	MOURA, J. da S.	Disponível em: http://www2.uesb.br/ppg/ppged/wp-content/uploads/2020/05/JULIANA-DA-SILVA-MOURA.pdf. Acesso em: 3 dez. 2022.

Fonte: elaborado pelos autores (2023)

Dentre as dissertações selecionadas no Catálogo Nacional de Teses e Dissertações da Capes, observa-se o número reduzido de produções sobre o tema nos anos 2022 e 2021, em comparação com os anos anteriores, conforme mostra o Quadro 2. Já em relação à tese selecionada no mesmo banco de dados (Quadro 3), a publicação aconteceu no ano de 2018. Considerando o número de artigos, dissertações e teses encontrados nesta pesquisa, justifica-se a necessidade de aprofundar os conhecimentos relacionados à saúde mental dos professores, por meio da realização e publicação de novos estudos, em especial àqueles desenvolvidos nos cursos de mestrado e doutorado, que contribuem para produções científicas atualizadas.

Quadro 3 – Tese selecionada para revisão de escopo

Ordem	Ano de publicação	Autora	Disponibilidade na internet
1	2018	BRUN, L. G.	Disponível em: https://sucupira.capes.gov.br/sucupira/public/consultas/coleta/trabalhoConclusao/view TrabalhoConclusao.jsf?popup=true&id_trabalho=6432623. Acesso em: 1 dez. 2022.

Fonte: elaborado pelos autores (2023)

Em relação ao contexto e participantes das pesquisas selecionadas, os resultados foram organizados e apresentados nos quadros 4, 5 e 6. Nas fontes selecionadas foram predominantes as pesquisas realizadas com professores do ensino fundamental. Isso mostra a necessidade de se aprofundar estudos com professores de outros níveis, como educação infantil, ensino médio e ensinos superior, técnico e tecnológico, uma vez que cada nível ou modalidade de ensino tem suas especificidades e exigências, produzindo realidades de trabalho diferentes e exercendo influências também diferentes sobre a saúde mental. Além disso, predominaram os estudos em instituições públicas, mostrando grande interesse sobre o ensino público e indicando a escassez de pesquisas sobre os professores de instituições privadas, cujo contexto de trabalho pode ser diferente se comparado à instituição pública, possibilitando outras formas de influência sobre a saúde mental.

Quadro 4 – Contexto das pesquisas publicadas em forma de artigo

Referência	Participantes	Instituição
TEIXEIRA, T. da S. C.; MARQUEZE, E. C.; MORENO, C. R. de C., 2020.	Professores do ensino superior (pós-graduação).	Pública
SANTOS, E. C. *et al.*, 2020.	Professores do ensino fundamental.	Pública

Referência	Participantes	Instituição
SANTOS, E. C.; ESPINOSA, M. M.; MARCON, S. R., 2020.	Professores do ensino fundamental.	Pública
FERREIRA-COSTA, R. Q.; PEDRO-SILVA, N., 2019.	Professores da educação infantil e do ensino fundamental.	Pública
ALBUQUERQUE, G. S. C. *et al.*, 2018.	Professores do ensino fundamental.	Pública
DALCIN, L.; CARLOTTO, M. S., 2018.	Professores do ensino fundamental.	Pública
TOSTES, M. V. *et al.*, 2018.	Professores do ensino fundamental do ensino médio.	Pública

Fonte: elaborado pelos autores (2023)

Quadro 5 – Contexto das pesquisas publicadas em forma de dissertações

Referência	Participantes	Instituição
MOTA, L. O. E., 2022.	Professores da educação infantil e do ensino fundamental.	Pública
ROCHA, G. dos S. da., 2021.	Professores do ensino fundamental.	Pública
BREUNIG, Y., 2020.	Professores do ensino fundamental.	Pública
SILVA, P. K. S. e, 2020.	Professores (coordenadores de cursos) do ensino superior.	Pública
JAKOMULSKY, E., 2020.	Professores da educação infantil, do ensino fundamental e do ensino médio.	Privada
FERNANDES, Sc. B., 2019.	Professores do ensino fundamental.	Pública
FILIPPSEN, O. A., 2019.	Professores do ensino técnico.	Privada
ANTUNES, J. C., 2019.	Professores do ensino superior.	Pública
CAMPOS, M. F. de, 2018.	Professores do ensino fundamental.	Pública
ALIANTE, G., 2018.	Professores do ensino fundamental.	Pública
RESENDE, L. C. F., 2018.	Professores do ensino fundamental.	Pública
TENORIO, M. C. A., 2018.	Professores do ensino fundamental.	Pública

Referência	Participantes	Instituição
MOURA, J. da S., 2018.	Professores do ensino fundamental.	Pública

Fonte: elaborado pelos autores (2023)

Quadro 6 – Contexto da pesquisa publicada em forma de tese

Referência	Participantes	Instituição
BRUN, L. G., 2018.	Professores de todos os níveis de ensino.	Privada

Fonte: elaborado pelos autores (2023)

Entre as fontes pesquisadas foi possível organizar as discussões de acordo com os problemas investigados em cada publicação. Assim, foram organizados dois temas para análise, sendo o primeiro voltado para a relação trabalho e saúde mental, abordando aspectos sobre saúde, sofrimento mental e qualidade de vida, e o segundo relacionado às estratégias de promoção e/ou cuidado à saúde mental do professor.

7.2.1 Trabalho e saúde mental de professores: discussão

Neste tópico realizamos uma análise da relação entre o trabalho e a saúde mental de professores com base nas fontes de evidências selecionadas. Além das fontes que trazem discussões a respeito da relação trabalho e saúde mental, também são apresentadas aquelas que abordam aspectos relacionados à qualidade de vida e ao trabalho, com potencial influência sobre a saúde mental.

Os estudos de Santos *et al.* (2020) e Santos, Espinoza e Marcon (2020) estabelecem uma relação entre trabalho, qualidade de vida e saúde mental de professores, indicando que fatores como sono, atividade física, lazer e deslocamento para o trabalho podem gerar níveis diferentes de satisfação, com consequências sobre a saúde mental. Esses fatores podem resultar em situações de cansaço, desgaste, desânimo, insônia, sedentarismo, estresse e ansiedade, culminando em sofrimento mental, a exemplo da depressão e da síndrome de Burnout, entre outros transtornos.

Para Santos, Espinoza e Marcon (2020), o trabalho é visto como um determinante social dentro do processo saúde-doença, o que significa que várias condições podem influenciar aspectos da saúde por estarem relacionadas ao contexto social do indivíduo, como subjetividade e questões socioeconômicas. Em especial no que se refere ao trabalho do professor, os autores consideram que é uma atividade que exige equilíbrio constante entre aspectos físicos, emocionais, psíquicos e sociais, e a presença ou ausência de equilíbrio acabam interferindo na qualidade de vida dos docentes, repercutindo na saúde mental.

De acordo com os resultados encontrados por Santos *et al.* (2020), questões relacionadas ao trabalho interferem na qualidade de vida e nos níveis de satisfação com a própria saúde. Os autores identificaram algumas situações relacionadas ao trabalho capazes de interferir na qualidade de vida e na saúde dos professores. Entre elas foi evidenciada a falta de tempo para cumprir todas as tarefas na escola, com a consequente necessidade de realização das atividades em casa e fora do horário de trabalho, ocupando momentos que seriam destinados ao descanso, ao lazer ou à prática de atividade física, por exemplo. Além disso, eles identificaram a baixa qualidade de sono, a ocorrência de transtornos mentais, problemas osteomusculares e distúrbios da voz como fatores capazes de influenciar negativamente a satisfação com a saúde por parte desses profissionais.

Em sua pesquisa, Mota (2022) destaca que entre os vários fatores que podem contribuir para o surgimento de problemas de saúde mental, questões relacionadas ao trabalho docente são muito frequentes, com destaque para a sobrecarga de atividades, as relações interpessoais e a falta de valorização profissional. De modo semelhante, Filippsen (2019) mostra que as relações interpessoais também são importantes aspectos do trabalho capazes de influenciar a saúde mental.

Já o estudo de Albuquerque *et al.* (2018) identificou uma relação entre transtornos mentais, carga de trabalho e número de alunos por sala. Os resultados obtidos pelos autores permitem compreender que a grande quantidade de alunos por sala é capaz de gerar sobrecarga de trabalho ao professor, visto que aumentam as demandas de atividades se comparada com salas com menos alunos. Segundo os autores, muitos alunos por sala configura-se exploração do trabalho docente, uma vez que aumenta a carga de trabalho nas atividades a serem realizadas, como correção de provas, supervisões e atendimentos individuais.

O número excessivo de alunos também aparece na pesquisa de Ramos (2018) como um fator estressor no trabalho do docente, junto a outras condições precárias de trabalho, incluindo ritmo intenso, extensa carga horária, falta de valorização e má remuneração. Todo esse conjunto contribui para o estresse do professor, manifestado sob a forma de cansaço frequente, irritabilidade, preocupação e angústia (RAMOS, 2018).

O estudo realizado por Tenório (2018) mostrou que fatores do trabalho docente estabelecem uma importante relação com o desenvolvimento de transtornos mentais, assim como fatores genéticos, sociais, pessoais e de saúde em geral. Entre as situações capazes de contribuir para o comprometimento da saúde mental dos professores foram citadas: aumento da jornada e da carga de trabalho, cansaço, desinteresse dos estudantes, dificuldades de aprendizagem, falta de valorização profissional e desgaste nos relacionamentos interpessoais (TENÓRIO, 2018). Além disso, a autora destacou que esses fatores estão fortemente associados a sentimentos e a sintomas relacionados a distúrbios mentais, incluindo cansaço, estresse, falta de motivação, ansiedade, tristeza, frustração e outras emoções negativas.

A sobrecarga de atividades no trabalho do professor também foi evidenciada no estudo de Campos (2018), indicando que as inúmeras tarefas atribuídas exigem muito além da carga horária destinada ao trabalho e desmedido esforço para o cumprimento de suas funções.

Por sua vez, a pesquisa de Ferreira-Costa e Pedro-Silva (2019) teve como objetivo analisar ansiedade e depressão entre professores, indicando um expressivo número desses profissionais com sintomas de adoecimento mental. Os autores identificaram fatores significativos para o surgimento de sintomas desses transtornos, com destaque para baixa remuneração, escassez de recursos materiais nas escolas, estrutura física das salas de aula e relacionamento interpessoal com estudantes e seus pais, colegas professores e gestores (FERREIRA-COSTA; PEDRO-SILVA, 2019).

A falta de recursos para o trabalho também foi observada no estudo de Aliante (2018), que pesquisou a síndrome de Burnout e sua associação com o trabalho do docente. Ainda que o estudo não tenha identificado o diagnóstico desse transtorno nos professores pesquisados, demonstrou que o trabalho desses profissionais resulta em sintomas relacionados ao desgaste emocional e ao estresse, com potencial prejuízo à saúde mental. Outros fatores do trabalho foram verificados como fontes de estresse entre eles, como baixa remuneração, condições precárias na estrutura das escolas, turmas muito lotadas e, não menos importante, a culpa que é atribuída ao professor nos fracassos escolares (ALIANTE, 2018).

No estudo de Teixeira, Marqueze e Moreno (2020), realizado com professores do ensino superior, algumas características do trabalho capazes de influenciar a saúde mental acabaram se destacando. Os autores apontam a cobrança por produções científicas, que demanda grande comprometimento no trabalho e cujo esforço nem sempre é recompensado. Diante dessa cobrança, o professor vê-se com menos tempo disponível, já que precisa realizar atividades de pesquisa e escrita de artigos científicos. Isso exige empenho e tempo, que nem sempre são possíveis de quantificar, ocupando horários de descanso, além de finais de semana e férias, o que não costuma ser reconhecido.

Além disso, a pressão por publicação está aliada ao ritmo de trabalho acelerado, o que faz com que o educador leve serviço para casa, diminuindo suas horas de descanso e gerando a necessidade de reorganizar o seu tempo, cada vez mais ocupado pelo trabalho (TEIXEIRA; MARQUEZE; MORENO, 2020). O excesso de atividades contribui para maiores sobrecargas emocional e física e pode influenciar a saúde mental do professor e trazer inúmeras consequências, como o estresse.

Em relação à cobrança por publicação experimentada no ensino superior, o estudo de Antunes (2019) mostra que a produção científica perde o propósito de gerar conhecimento para se tornar meio de avaliação e competitividade entre os professores. Exige-se do professor que tenha um currículo com muitas publicações científicas, mas seu empenho e seu desgaste para que isso aconteça são pouco valorizados. A cobrança por publicação associa-se ao sofrimento no trabalho, uma vez que envolve sobrecarga e relações de competitividade.

Ainda em relação ao ensino superior, Silva (2020) analisa o trabalho de professores coordenadores de curso e sua relação com o sofrimento mental. O estudo aponta para o desgaste emocional dos professores diante do acúmulo de atividades de gestão, reforçando os efeitos da sobrecarga de tarefas sobre a saúde mental.

Outro aspecto a ser considerado ao se analisar a relação trabalho e saúde mental refere-se a atividade em instituições de ensino privadas, que apresentam uma dinâmica de trabalho diferente de instituições públicas, como a necessidade de manter-se no mercado e a ausência de vínculo efetivo de contratação de professores.

A tese elaborada por Brun (2018) contou com a participação de professores de instituições privadas de diferentes níveis de ensino e mostrou características dessa profissão em instituições privadas capazes de contribuir para o adoecimento mental, com destaque para a depressão. Foram destacados pela autora fatores como sobrecarga de tarefas, cobrança para cumprimento de prazos, falta de apoio por parte da chefia e falta de liberdade de expressão (BRUN, 2018). Em especial ao que se refere à depressão, Brun (2018) cita pressões no trabalho, medo de perder o emprego, competitividade entre colegas e baixa remuneração.

Desse modo, o trabalho docente em instituições privadas inclui aspectos específicos que, aliados às demais características dessa atividade discutidas até aqui, são capazes de influenciar negativamente a saúde mental dos professores, contribuindo para o sofrimento e o surgimento de transtornos mentais.

Tostes *et al.* (2018) preocuparam-se em pesquisar os afastamentos e o uso de medicamentos por professores. Os autores verificaram que o sofrimento mental ocupa uma parcela significativa dentre os afastamentos por doença. Isso mostra que entre tantas morbidades que geram incapacidade temporária para o trabalho, os problemas de saúde mental têm se destacado, igualando-se ou mesmo superando doenças osteomusculares e de voz, que por muito tempo foram as principais causas de afastamento entre professores. Além disso, outro fator apontado por Tostes *et al.* (2018) é o uso de medicamentos, com significativa frequência no uso de psicotrópicos, usados para tratar transtornos como ansiedade e depressão.

A preocupação com o uso de medicamentos por professores desponta no estudo de Resende (2018), realizado com docentes do ensino fundamental. A autora sugere que as dificuldades vivenciadas no trabalho levam ao sofrimento psíquico, que vem sendo medicalizado cada vez mais. Segundo ela, o aumento do uso de medicamentos para problemas de saúde mental reflete os crescentes casos de transtornos mentais entre os educadores, reforçando ser um problema cada vez mais grave e frequente entre eles.

Outro importante e recente aspecto a ser considerado na profissão está relacionado às transformações ocorridas no ensino com a pandemia da Covid-19. Para enfrentamento da pandemia, buscando-se reduzir o contágio da doença causada pelo coronavírus, as autoridades sanitárias propuseram o distanciamento social em praticamente todo o mundo. Então as aulas presenciais foram suspensas e deram lugar ao ensino remoto, que modificou a forma de trabalho dos professores, produzindo alterações nas rotinas pessoal, doméstica e familiar. Se antes da pandemia estudos já apontavam para características do trabalho docente que contribuíam para precarização, sobrecarga e exaustão, com reflexos negativos na saúde mental, a partir dela esses fatores intensificaram-se.

Entre as fontes selecionadas, apenas uma abordou o contexto da pandemia, com o objetivo de compreender as repercussões desse período sobre a saúde mental de professores do ensino fundamental. A pesquisa de Rocha (2021) constatou que as atividades do professor passaram por intensas transformações, com consequências negativas sobre a saúde mental.

No grupo de professores participantes de sua pesquisa, a autora constatou sentimentos de esgotamento e receio de não cumprir as atividades de trabalho, domésticas e familiares. Além disso, foram apontados sintomas como insônia, ideação suicida, irritabilidade, angústia, tristeza, culpa, baixa autoestima e outros sentimentos relacionados a transtornos mentais de ansiedade e/ou depressão (ROCHA, 2021). Os resultados apresentados por essa fonte servem de alerta, indicando a necessidade de novos estudos sobre o tema e ações de cuidado e promoção.

Diante dos estudos apresentados é possível reconhecer que as condições precárias do trabalho prejudicam a saúde mental do professor. Para Tostes *et al.* (2018), os problemas a ela relacionados vêm prevalecendo quando se estuda o adoecimento de educadores, resultado das condições de trabalho identificadas nessa profissão.

Por fim, cabe destacar que o adoecimento mental do professor pode influenciar negativamente todo o processo educativo, com prejuízos não só para ele, mas também para os estudantes, para a escola e para a sociedade. De acordo com Moura (2020), os transtornos mentais acabam gerando consequências negativas para a carreira do professor em virtude dos afastamentos e das ausências de atividades que contribuem para seu desenvolvimento profissional. Assim, o próprio professor é prejudicado profissionalmente, com repercussões no salário ou mesmo na valorização do seu trabalho.

Além disso, o adoecimento e a ausência da escola prejudicam o processo de ensino-aprendizagem, já que o professor fica ausente na mediação desse processo, repercutindo no desenvolvimento do aluno. Conforme destacado por Ferreira-Costa e Pedro-Silva (2019), isso acontece porque a escola adoece com o professor, uma vez que não cumpre adequadamente sua função na formação e cidadania.

7.2.2 Estratégias de promoção e cuidado à saúde mental do professor: discussão

Neste tópico apresentamos as fontes que abordaram adoção de medidas voltadas à promoção à saúde mental do professor. Os estudos realizados por Dalcin e Carlotto (2018), Breunig (2020), Jakomulsky (2020) e Fernandes (2019) indicaram estratégias para favorecer a saúde mental do professor, e os resultados apontam que o cuidado e prevenção são importantes para se manter o bem-estar desse profissional. O Quadro 7 apresenta uma síntese dessas estratégias, cujos resultados serão discutidos adiante.

Quadro 7 – Estratégias de promoção e cuidado à saúde mental pesquisadas pelas fontes de evidência

Referência	Tipo de publicação	Estratégia pesquisada
DALCIN, L.; CARLOTTO, M. S., 2018	Artigo	Intervenção do tipo oficina, com encontros orientados por psicóloga, para realização de atividades para controle do estresse.
JAKOMULSKY, E., 2020	Dissertação	Intervenção do tipo meditação concentrada na respiração, com encontros semanais.
BREUNIG, Y., 2020	Dissertação	Estudo sobre saberes e adoção de estratégias individuais de mediação de sofrimento.
FERNANDES, S. B., 2019	Dissertação	Intervenção do tipo avaliação terapêutica, realizada por psicóloga, com sessões individuais.

Fonte: elaborado pelos autores (2023)

O estudo realizado por Dalcin e Carlotto (2018) teve como objetivo avaliar a influência de uma intervenção orientada por psicóloga sobre a síndrome de Burnout. Segundo as autoras, essa intervenção foi caracterizada por oficinas com professores e os encontros envolveram discussões sobre o trabalho docente e orientação de atividades para se lidar com o estresse.

Entre os resultados obtidos na intervenção foram citadas a identificação das emoções e suas formas de expressão. As autoras ainda destacam que após a intervenção, os professores passaram a procurar novas formas de lidar com fatores estressores no trabalho, gerenciando as emoções e os riscos psicossociais existentes (DALCIN; CARLOTTO, 2018).

Jakomulsky (2020) pesquisou como a meditação influencia no estresse e na qualidade de vida e promoveu encontros para orientar essa prática entre os docentes. A meditação é uma prática originada no Oriente e busca o equilíbrio entre corpo e mente. De acordo com a autora, existem muitas técnicas de meditação, mas todas são centradas no controle da atenção. A estratégia utilizada por ela consistiu na atenção voltada à respiração, ou seja, com foco nos movimentos de inspiração e expiração. Os resultados dessa pesquisa indicam que a meditação pode ser uma importante ferramenta para enfrentar e controlar o estresse.

Já o estudo desenvolvido por Breunig (2020) descreve as estratégias adotadas por professores para lidar com as adversidades do trabalho. Essas estratégias visam minimizar o sofrimento e manter um estado normal de saúde e podem ser defensivas, de resistência e de enfrentamento (BREUNIG, 2020). Em seus resultados, a autora indicou que as de resistência são as mais utilizadas pelos professores, que usam sua experiência e sua inteligência para lidarem com o sofrimento no trabalho.

Por fim, Fernandes (2019) abordou a avaliação terapêutica em seu estudo, a fim de identificar as contribuições dessa intervenção para promoção da saúde mental de professores. Essa avaliação consiste em um processo de colaboração entre psicólogo e cliente, com diálogo e estímulo à postura ativa (FERNANDES, 2019). A partir das sessões realizadas com professores, Fernandes (2019) identificou que essa estratégia favoreceu o bem-estar, com significativa melhora dos sintomas relacionados ao sofrimento mental, além de proporcionar mudança no enfrentamento de problemas.

Como é possível perceber, as fontes selecionadas indicam que diferentes estratégias podem ser adotadas para promoção da saúde mental. Sejam individuais ou coletivas, elas são úteis para reduzir o estresse e para lidar com as adversidades do trabalho, buscando soluções para os problemas vivenciados. Mesmo com o número reduzido de publicações abordando o assunto, os resultados encontrados mostram a importância de se conhecer e desenvolver técnicas que contribuam para o cuidado da saúde mental dos professores e, consequentemente, para seu bem-estar.

CONCLUSÕES

As recentes produções científicas têm destacado o aumento expressivo de transtornos mentais entre os professores. Desse modo, torna-se importante conhecer a relação entre trabalho docente e a saúde mental, para identificar as características do trabalho com potencial de influenciar sentimentos, emoções e sintomas de sofrimento mental.

Diante desse contexto, esta pesquisa teve o objetivo de realizar um levantamento bibliográfico sobre a saúde mental de professores por meio de uma revisão de escopo, de acordo com o modelo proposto pela Extensão PRISMA ScR. Para seleção das fontes foram pesquisados artigos, teses e dissertações nas bases de dados Scielo e Catálogo Nacional de Teses e Dissertações da Capes, utilizando os descritores do Thesaurus Brasileiro da Educação "professores" AND "saúde mental". Foram estabelecidos os seguintes critérios de elegibilidade para pesquisa: artigo, tese ou dissertação sobre o tema que tenha sido publicado entre os anos 2018 e 2022, em língua portuguesa, na área de ciências humanas e educação, com acesso on-line gratuito. Os resultados da pesquisa incluíram 21 fontes, sendo sete artigos, 13 dissertações e uma tese, que foram analisadas e organizadas de acordo com o problema investigado, surgindo como temas para discussão a relação trabalho e saúde mental e a promoção à saúde mental de professores.

Sobre a relação entre trabalho e saúde mental foi possível perceber que o trabalho docente consiste em atividades complexas, que exigem esforço físico e emocional do professor. As fontes selecionadas apresentaram fatores do trabalho docente que podem levar a cansaço, tristeza e irritabilidade, entre outros sentimentos que se relacionam ao sofrimento mental, como sobrecarga de tarefas, extensa jornada de trabalho, número excessivo de estudantes nas salas de aula, atividades de gestão, cobrança por publicação, estruturas físicas e recursos materiais escassos ou inadequados e problemas interpessoais, como competitividade e conflitos.

As fontes pesquisadas indicaram estratégias individuais ou coletivas que podem ser adotadas a fim de se promover a saúde mental. Foram apresentados resultados eficazes de intervenções: oficinas em grupo, meditação, estratégias para mediação do sofrimento e avaliação terapêutica, todas orientadas por profissional da saúde mental, devidamente capacitado. Essas estratégias são importantes recursos para o enfrentamento de problemas no trabalho e para a redução do estresse nos docentes.

Os resultados apresentados na presente revisão de escopo permitiram aprimorar o objeto de estudo, o problema e o objetivo geral da tese de doutorado da primeira autora do presente estudo. Essas formulações ficaram como segue: objeto de estudo: *as relações entre trabalho docente e saúde mental de professores durante a pandemia de Covid-19, no ensino superior privado da cidade de Uberlândia, MG.* Problema de pesquisa: *como se configuram as relações entre trabalho docente e saúde mental de professores durante a pandemia de Covid-19, no ensino superior privado da cidade de Uberlândia, MG?* Objetivo geral: *compreender como se configuram as relações entre trabalho docente e saúde mental dos professores, assim como as principais tendências e regularidades que se manifestam nessas relações durante a pandemia de Covid-19, no ensino superior privado da cidade de Uberlândia, MG.*

Como limitação da pesquisa podemos citar o número de publicações, indicando ser um tema ainda pouco estudado pelos programas de pós-graduação (mestrado e doutorado). Além disso, a opção por pesquisar em apenas um idioma (português) e publicações de acesso livre podem limitar os resultados. Outras investigações sobre o assunto tornam-se importantes para compreender como a saúde mental pode ser influenciada por diferentes contextos, contemplando o trabalho do professor tanto em instituições públicas quanto privadas, além de abordar cada nível de ensino.

REFERÊNCIAS

ALBUQUERQUE, Guilherme Souza Cavalcanti de *et al*. Exploração e sofrimento mental de professores: um estudo na rede estadual de ensino do Paraná. **Trabalho, Educação e Saúde** [on-line], v. 16, n. 3, p. 1.287-1.300, 2018. Disponível em: https://doi.org/10.1590/1981-7746-sol00145. Acesso em: 2 dez. 2022.

ALIANTE, Gildo. **Síndrome de Burnout e trabalho**: um estudo junto a professores moçambicanos do ensino fundamental das escolas da rede pública na cidade de Nampula. 2018. 132f. Dissertação (Mestrado em Psicologia Social e Institucional) – Programa de Pós-Graduação em Psicologia, Universidade Federal do Rio Grande do Sul (UFRGS), Porto Alegre, 2018. Disponível em: https://lume.ufrgs.br/handle/10183/187611. Acesso em: 3 dez. 2022.

ANTUNES, Juliana Coelho. 2019. 132f. **O sofrimento mental contemporâneo na universidade**: a perspectiva docente. Dissertação (Mestrado em Psicologia) – Programa de Pós-Graduação em Psicologia, Universidade Federal de Minas Gerais (UFMG), Belo Horizonte, 2019. Disponível em: https://repositorio.ufmg.br/bitstream/1843/33595/1/O%20sofrimento%20mental%20contemporaneo%20na%20universidade%20-%20a%20perspectiva%20docente%20FINAL.pdf. Acesso em: 3 dez. 2022.

BREUNIG, Yohanna. **Saberes docentes e estratégias de mediação do sofrimento relacionado ao trabalho**: um estudo com professores da rede pública de educação básica. 2020. 157f. Dissertação (Mestrado em Educação) – Programa de Pós-Graduação em Educação, Universidade de Santa Cruz do Sul (UNISC), Santa Cruz do Sul, 2020. Disponível em: https://repositorio.unisc.br/jspui/handle/11624/2758. Acesso em: 3 dez. 2022.

BRUN, Luciana Gisele. **O adoecimento mental dos professores do ensino privado do Rio Grande do Sul**. 2018. 152f. Tese (Doutorado em Psicologia) – Programa de Pós-Graduação em Psicologia, Universidade do Vale do Rio dos Sinos (UNISINOS), São Leopoldo, 2018. Disponível em: https://sucupira.capes.gov.br/sucupira/public/consultas/coleta/trabalhoConclusao/viewTrabalhoConclusao.jsf?popup=true&id_trabalho=6432623. Acesso em: 1 dez. 2022.

CAMPOS, Marlon Freitas de. **Trabalho docente e saúde mental:** um estudo com professoras da rede pública estadual. 2018. 110f. Dissertação (Mestrado em Educação) - Programa de Pós-Graduação em Educação, Universidade de Santa Cruz do Sul (UNISC), Santa Cruz do Sul, 2018. Disponível em: https://repositorio.unisc.br/jspui/handle/11624/2042. Acesso em: 3 dez. 2022.

CONFEDERAÇÃO NACIONAL DOS TRABALHADORES EM EDUCAÇÃO. **Pesquisa sobre saúde e condições de trabalho dos (as) profissionais da educação básica pública**. Brasília, ago. 2017. Disponível em: https://www.cnte.org.br/images/stories/2018/relatorio_pesquisa_saude_completo.pdf. Acesso em: 30 mar. 2022.

DALCIN, Larissa; CARLOTTO, Mary Sandra. Avaliação de efeito de uma intervenção para a Síndrome de Burnout em professores. **Psicologia Escolar e Educacional** [on-line], v. 22, n. 1, p. 141-150, 2018. Disponível em: https://doi.org/10.1590/2175-35392018013718. Acesso em: 2 dez. 2022.

FERNANDES, Scarlett Borges. **Avaliação terapêutica como recurso à saúde mental de professores**. 2019. 148f. Dissertação (Mestrado em Educação) – Programa de Pós-Graduação em Educação, Universidade Estadual do Ceará (UECE), Fortaleza, 2019. Disponível em: https://sucupira.capes.gov.br/sucupira/public/consultas/coleta/trabalhoConclusao/viewTrabalhoConclusao.jsf?popup=true&id_trabalho=7646451. Acesso em: 3 dez. 2022.

FERREIRA-COSTA, Rodney Querino; PEDRO-SILVA, Nelson. Níveis de ansiedade e depressão entre professores do ensino infantil e fundamental. **Pro-Posições** [on-line], v. 30, 2019. Disponível em: https://doi.org/10.1590/1980-6248-2016-0143. Acesso em: 2 dez. 2022.

FILIPPSEN, Osvaldo André. **Clima escolar e transtornos mentais comuns em professores do ensino técnico de nível médio privado.** 2019. 93f. Dissertação (Mestrado em Psicologia) – Programa de Pós-Graduação em Psicologia, Universidade do Vale do Rio dos Sinos (UNISINOS), São Leopoldo, Rio Grande do Sul. Disponível em: https://sucupira.capes.gov.br/sucupira/public/consultas/coleta/trabalhoConclusao/viewTrabalhoConclusao.jsf?popup=true&id_trabalho=7691870. Acesso em: 3 dez. 2022.

JAKOMULSKY, Elizabeth. **Influência da meditação na qualidade de vida e estresse percebido em professores de duas escolas privadas da Zona Sul da Cidade de São Paulo.** 2020. 74f. Dissertação (Mestrado em Psicologia) – Programa de Pós-Graduação em Psicologia, Universidade Ibirapuera (UNIB), São Paulo, 2020. Disponível em: https://sucupira.capes.gov.br/sucupira/public/consultas/coleta/trabalhoConclusao/viewTrabalhoConclusao.jsf?popup=true&id_trabalho=9364021. Acesso em: 3 dez. 2022.

MOURA, Juliana da Silva. **Transtornos mentais e comportamentais em professores e as implicações para a carreira docente.** 2018. 178f. Dissertação (Mestrado em Educação) – Programa de Pós-Graduação em Educação, Universidade Estadual do Sudoeste da Bahia (UESB), Vitória da Conquista, 2018. Disponível em: http://www2.uesb.br/ppg/ppged/wp-content/uploads/2020/05/JULIANA--DA-SILVA-MOURA.pdf. Acesso em: 3 dez. 2022.

MOTA, Lidiane Oliveira Eduardo. **Possíveis fatores de risco e proteção para o bem-estar e saúde mental da categoria docente**: um estudo bioecológico com professores readaptados da SEDF. 2022. 281f. Dissertação (Mestrado em Educação) – Programa de Pós-Graduação em Educação, Universidade de Brasília (UnB), Brasília. Disponível em: https://sucupira.capes.gov.br/sucupira/public/consultas/coleta/trabalhoConclusao/viewTrabalhoConclusao.jsf?popup=true&id_trabalho=11525013. Acesso em: 3 dez. 2022.

PEREIRA, Hortência Pessoa; SANTOS, Fábio Viana; MANENTI, Mariana Aguiar. Saúde mental de docentes em tempos de pandemia: os impactos das atividades remotas. **Boletim de Conjuntura (BOCA)**, Boa Vista, v. 3, n. 9, p. 26-32, ago. 2020. Disponível em: https://revista.ufrr.br/boca/article/view/Pereiraetal. Acesso em: 10 jun. 2021.

RESENDE, Lívia Carvalho da Fonseca. 2018. **Representações sociais do trabalho e da saúde mental do professor e do uso de medicamentos para o trabalho docente segundo professores do ensino fundamental**: uma contribuição sobre a medicalização docente. 2018. 74f. Dissertação (Mestrado em Psicologia) – Programa de Pós-Graduação em Psicologia, Universidade Católica de Petrópolis (UCP), Petrópolis, 2018. Disponível em: https://sucupira.capes.gov.br/sucupira/public/consultas/coleta/trabalhoConclusao/viewTrabalhoConclusao.jsf?popup=true&id_trabalho=6430678. Acesso em: 3 dez. 2022.

ROCHA, Geovane dos Santos da. 2021. **Saúde mental e pandemia**: um estudo com professores do ensino fundamental – Anos iniciais do município de Cascavel/PR. 2021. 177f. Dissertação (Mestrado em Educação) – Programa de Pós-Graduação em Educação, Universidade Estadual do Oeste do Paraná (UNIOESTE), Cascavel, 2021. Disponível em: https://tede.unioeste.br/handle/tede/5746. Acesso em: 3 dez. 2022.

SANTOS, Edilia Costa; ESPINOSA, Mariano Martínez; MARCON, Samira Reschetti. Qualidade de vida, saúde e trabalho de professores do ensino fundamental. **Acta Paulista de Enfermagem**, Universidade Federal de São Paulo, v. 33, eAPE20180286, maio 2020. Disponível em: https://acta-ape.org/en/article/quality-of-life-health--and-work-of-elementary-school-teachers/. Acesso em: 2 dez. 2022.

SANTOS, Ediálida Costa *et al*. Factors associated with health dissatisfaction of elementary school teachers. **Revista Brasileira de Enfermagem** [on-line], v. 73, suppl 5, 2020. Disponível em: https://doi.org/10.1590/0034-7167-2019-0832. Acesso em: 2 dez. 2022.

SILVA, Paula Katrina Silva e. **Trabalho e saúde mental de professores-coordenadores no contexto universitário**. 2020. 79f. Dissertação (Mestrado em Educação) – Programa de Pós-Graduação em Educação, Universidade Federal do Mato Grosso do Sul (UFMS), Corumbá, 2020. Disponível em: https://sucupira.capes.gov.br/sucupira/public/consultas/coleta/trabalhoConclusao/viewTrabalhoConclusao.jsf?popup=true&id_trabalho=9643596. Acesso em: 3 dez. 2022.

TEIXEIRA, T. da S. C.; MARQUEZE, E. C.; MORENO, C. R. de C. Produtivismo acadêmico: quando a demanda supera o tempo de trabalho. **Revista de Saúde Pública**, [*S.l.*], v. 54, p. 117, 2020. Disponível em: https://www.revistas.usp.br/rsp/article/view/179939. Acesso em: 2 dez. 2022.

TENORIO, Mylena Carla Almeida. **"O que tenho a comemorar? O que foi que eu fiz da minha vida?"**: a saúde mental de professores da educação básica de

Garanhuns/PE. 2018. 148f. Dissertação (Mestrado em Educação) – Programa de Pós-Graduação em Educação, Universidade Federal de Alagoas (UFAL), Maceió, 2018. Disponível em: https://www.repositorio.ufal.br/handle/riufal/4516. Acesso em: 3 dez. 2022.

TOSTES, Maiza Vaz *et al*. Sofrimento mental de professores do ensino público. **Saúde em Debate** [on-line], v. 42, n. 116, p. 87-99, 2018. Disponível em: https://doi.org/10.1590/0103-1104201811607. Acesso em: 2 dez. 2022

TRICCO, A.C. *et al*. Extensión PRISMA para revisiones de alcance (PRISMA-ScR): lista de verificación y explicación. **Anales de Medicina Interna**, Madrid, v. 169, n. 7, p. 467-486, out. 2018.

World Health Organization. **Mental health**: strengthening our response. Fact sheet 220; 2014. Disponível em: https://www.who.int/en/news-room/fact-sheets/detail/mental-health-strengthening-our-response. Acesso em: 12 abr. 2022.

SOBRE OS AUTORES

Abaporang Paes Leme Alberto

Doutorando em Educação pela Universidade de Uberaba (UNIUBE) desde 2021; mestre em Educação pela mesma instituição (2018); especialista em Novas Tecnologias para Educação pela Universidade Cândido Mendes (UCAM) (2017); licenciado em Computação pelo Instituto Federal do Triângulo Mineiro (IFTM) (2015). Está cursando Psicologia na Universidade do Estado de Minas Gerais (UEMG). É servidor público na Universidade Federal de Uberlândia (UFU). Desde 2002, atua como professor de Tecnologias e diretor voluntário da Casa dos Velhos Adolfo Bezerra de Menezes (CVBM) de Ituiutaba, MG. É pesquisador do Grupo de Estudos e Pesquisas em Instrução, Desenvolvimento e Educação (GEPIDE) (UNIUBE); do Grupo Comunitário de Saúde Mental (GCSM) (USP) e de Germinando Interlocuções Fenomenológicas-Existenciais (GIFE) (UEMG).

E-mail: abaporang@yahoo.com.br

Orcid: 0000-0002-1305-2294

Adriana Rodrigues

Pós-doutoranda em Educação pela Universidade Federal do Triângulo Mineiro (UFTM); doutora em Educação pela Universidade Federal de Uberlândia (UFU) (2015); mestre em Educação pela Universidade Federal de Uberlândia (UFU) (2006). Especialista em Formação de Professores para Educação a Distância pela Universidade Federal do Paraná (UFPR) (2002). Licenciada em Pedagogia pela Universidade Federal de São Carlos (UFSCar) (2013). Graduada em Tecnologia em Processamento de Dados pela Universidade de Uberaba (Uniube) (1998); Licenciada em Ciências Físicas e Biológicas e Matemática pela Faculdade de Filosofia, Ciências e Letras (FFCL- Ituverava) (1992). É professora permanente do Programa de Pós-Graduação em Educação da Universidade de Uberaba (PPGE) (Uniube). É membro do Grupo de Estudos e Pesquisas em Instrução, Desenvolvimento e Educação (GEPIDE), da Rede (Internacional) de Estudos sobre Educação (REED) e do Grupo de Estudos e Pesquisa em Formação de Professores (GEPFORM) (UFTM).

E-mail: adriana.rodrigues@uniube.br

Orcid: 0000-0002-5435-394X

Alice Goulart da Silva

Doutoranda em Educação pela Universidade de Uberaba (UNIUBE), desde 2022; mestre em Desenvolvimento Regional pela Universidade Estadual de Minas Gerais (UEMG) (2015); especialista em Literaturas de Língua Portuguesa pela Pontifícia Universidade Católica de Minas Gerais (PUC-MG) (2006); licenciada em Letras pelo Centro Universitário de Formiga (UNIFOR) (2004) e em Pedagogia pela Universidade Cruzeiro do Sul (UNICSUL) (2021). Desde 2009, trabalha como Técnica em Assuntos Educacionais no Instituto Federal de Educação, Ciência e Tecnologia de Minas Gerais, Campus Bambuí. Membro do Grupo de Estudos e Pesquisas em Instrução, Desenvolvimento e Educação (GEPIDE) desde 2021.

E-mail: alice.goulart@ifmg.edu.br

Orcid: 0000-0002-3197-1729

Ana Carolina Gonçalves Correia

Doutoranda em Educação pelo Programa de Pós-Graduação em Educação da Universidade de Uberaba (UNIUBE); mestre em Educação Profissional e Tecnológica pelo Instituto Federal de Educação, Ciência e Tecnologia do Triângulo Mineiro (IFTM) (2019); especialista em Enfermagem do Trabalho pela Faculdade de Enfermagem Luiza de Marillac do Instituto São Camilo (São Camilo) (2007); especialista em Enfermagem em Psiquiatria e Saúde Mental pela Faculdade Uny EaD Educacional (Unyleya) (2020); graduada em Enfermagem – bacharelado e licenciatura –, pela Universidade Federal de Uberlândia (UFU) (2003). Docente do curso técnico em Enfermagem da Escola Técnica de Saúde da Universidade Federal de Uberlândia (ESTES/UFU).

E-mail: anacarolinagcorreia@yahoo.com.br

Orcid: 0000-0002-3315-3156

Cibele Caetano Resende

Doutoranda em Educação pela Universidade de Uberaba (UNIUBE) desde 2021; Mestre em Educação pela mesma Universidade (UNIUBE) (2019); Licenciada em Ciências Biológicas pela Universidade Federal de Uberlândia (UFU) (2000); Licenciada em Pedagogia pela Faculdade Venda Nova do Imigrante (FAVENI) (2020); Especialista e pesquisadora em Educação Ambiental, Formação Docente e Educação Básica; Professora efetiva no município de Uberaba-MG desde de 2007, PEBII Ciências da Natureza, no

Ensino Fundamental II. Atuou como professora Universitária e como Chefe de Seção no Departamento de Programas e Projetos na Rede Municipal de Uberaba-MG (2011) e técnica em projetos de educação ambiental na mesma Secretaria Membro da Rede Internacional de Estudos sobre Educação (REED) e no Grupo de Estudos e Pesquisas em Instrução, Desenvolvimento e Educação (GEPIDE).

Lidiana Simões Marques

Doutora em Educação pela Universidade de Uberaba (UNIUBE) (2022); mestre em Fisioterapia pela Universidade Federal de São Carlos (UFSCar) (2001; especialista em Educação a Distância (EaD) pela Universidade de Uberaba (Uniube) (2012); bacharel em Fisioterapia pela Universidade de Alfenas (Unifenas) (1999). Desde 2001 é professora nível 2 do curso de graduação de Fisioterapia da Universidade de Uberaba (Uniube).

E-mail: lidiana.marques@uniube.br

Orcid: 0000-0001-6087-0639

Orlando Fernández Aquino

Pós-doutor em Educação pela Pontifícia Universidade Católica de Goiás (PUC-GO) (2014); doutor em Ciências Pedagógicas pela Universidad Central de Villa Clara (UCLV), Cuba (2001), homologado como doutor em Educação pela Universidade de São Paulo (USP-SP) (2009); licenciado em Língua e Literaturas Hispânicas pela Universidad Central de Las Villas (UCLV), Cuba (1982). Desde 2010 é professor-pesquisador do Programa de Pós-Graduação em Educação (Mestrado e Doutorado) da Universidade de Uberaba (UNIUBE). Coordena a Comissão de Implantação do Programa de Pós-Graduação em Educação do Centro Universitário de Patos de Minas (UNIPAM). É Pesquisador Sênior (Nível II) de la Comunidad Internacional de Investigación Educativa (CIIED). É líder do Grupo de Estudos e Pesquisas em Instrução, Desenvolvimento e Educação (GEPIDE). Coordena o Núcleo Brasil da Rede Internacional de Estudos sobre Educação (REED).

E-mail: orlando.aquino@uniube.br

Orcid: 0000-0002-3784-8908

Sarah Rachel Gonczarowska Vellozo

Doutoranda em Educação pela Universidade de Uberaba (Uniube) desde 2021; mestre em Gestão Organizacional pela Universidade Federal de Catalão (UFCAT) (2021); licenciada em Pedagogia pelo Centro de Ensino Superior de Catalão (CESUC) (2002). É bolsista do Programa TAXA/PROSUP/Capes. Desde 2001 é professora efetiva da Prefeitura Municipal de Caldas Novas; também atua na Educação a Distância desde 2013 como tutora presencial e a distância. É membro do Grupo de Estudos e Pesquisas em Instrução, Desenvolvimento e Educação (GEPIDE).

E-mail: sarahrgvellozo@gmail.com

Orcid: 0000-0003-0774-905X

Tiago Zanquêta de Souza

Doutor em Educação pela Universidade Federal de São Carlos (UFSCar) (2017); mestre em Educação pela Universidade de Uberaba (UNIUBE) (2012); especialista em Docência do Ensino Superior (2008) e em Gestão Ambiental (2009) pela FIJ/Jacarepaguá; licenciado em Ciências Biológicas pela Universidade de Uberaba (UNIUBE) (2006). É professor e coordenador do Programa de Pós-Graduação em Educação e professor do Programa de Mestrado Profissional em Educação: formação docente para a educação básica, ambos da UNIUBE. É segundo líder do Grupo de Estudos e Pesquisa Educação na Diversidade para a Cidadania (GEPEDiCi/CNPq-PPGE) (Uberaba); líder do Grupo de Pesquisa em Formação Docente, Direito de Aprender e Práticas Pedagógicas (FORDAPP/CNPq-PPGEB) (Uberlândia); vice-coordenador da Rede de Pesquisadores sobre Professores(as) da Região Centro-Oeste/Brasil (REDECENTRO); coordenador da Rede Cooperativa de Ensino, Pesquisa e Extensão em Escolas de Educação Básica (RECEPE); vice-coordenador do Fórum de Coordenadores de Programas de Pós-Graduação em Educação da região Centro-Oeste (FORPREd/CO), biênio 2023-2024. Tem pesquisas na área de Educação, atuando nos seguintes temas: processos educativos em práticas sociais, educação ambiental, educação popular, extensão popular e formação de educadoras/es.

E-mail: tiago.zanqueta@uniube.br

Orcid: 0000-0002-2690-4177